Andreas Fischer

Deutsch lernen mit Rhythmus

Andreas Fischer

Deutsch lernen mit Rhythmus

Der Sprechrhythmus
als Basis einer integrierten Phonetik
im Unterricht Deutsch als Fremdsprache

Methode und Material

Die beigefügte CD enthält Ton- und Videoaufnahmen
als „Beispiele aus der Werkstatt".

SCHUBERT • Leipzig

Mein Dank geht an

Prof. Ursula Eckart † (Köln) und Prof. Ursula Hirschfeld (Martin-Luther-Universität Halle-Wittenberg) für die Ermutigung, dieses Werkstattbuch zu schreiben, an Dr. Heidrun Popp für die kritische Durchsicht des Manuskripts sowie an Matthias Fischer, der sich der computertechnischen Seite mit Rat und Tat angenommen hat.

Eichstetten/Kaiserstuhl, im Herbst 2006 *Andreas Fischer*

© SCHUBERT-Verlag Leipzig
www.schubert-verlag.de
1. Auflage 2007
Alle Rechte vorbehalten
Printed in Germany
ISBN-10: 3-929526-84-0
ISBN-13: 9783929526844

Inhaltsverzeichnis

Vorbemerkungen 7
Einführung (Prof. Dr. Ursula Hirschfeld) 9

1 Situationsbeschreibung
    1.1 Hören 13
    1.2 Sprechen 14
    1.3 Umstellung auf die Zielsprache 16
    1.4 Verständnisprobleme 17
    1.5 Redeangst und Sprechlust 18
    1.6 Lücken im Lehrmaterial 19
    1.7 Zusammenfassung 20

2 Zum Fremdsprachenerwerb
    2.1 Spracherwerb als Gemeinschaftsarbeit 21
    2.2 Der gute Fremdsprachenlerner 21
    2.3 Zusammenfassung 24

3 Sprechrhythmus: Wasserzeichen der Sprache
    3.1 Prosa, Rhythmus, Sprechrhythmus 25
    3.2 Authentische Aussprache 27
    3.3 Zusammenfassung 28

**4 Bausteine für eine integrierte Ausspracheschulung
    von A (Akzeptanz) bis Z (Zungenbrecher)** 29

5 Praktische Beispiele
5.1 Sprechstücke, Rhythmen, Rap
    1. Appel-di-dappel 62
    2. Das Berühren der Figuren 64
    3. Das Frühstück 66
    4. Das ist der Daumen 70
    5. Das riecht gut. Das schmeckt gut 72
    6. Donnerstag, der 7. August 75
    7. Der Mond ist rund 76
    8. Die Kiste 78
    9. Die kleine Raupe Nimmersatt 80
    10. Chamäleon Kunterbunt 82
    11. Ich spreche leise. Ich spreche laut 83
    12. Ein langer Weg 84
    13. Einkaufen 86
    14. Es fliegt ein Vogel, ganz allein 88
    15. Es regnet, es schneit 90
    16. Familie Michel 92
    17. Sonntag, Montag, Dienstag 95
    18. Da oben auf dem Berge 96

19.	Ein schlechter Schüler	97
20.	Ein Frühlingsblumenstrauß	98
21.	Guten Morgen, Frau Charlotte	100
22.	Guten Morgen, ihr lieben Beine	102
23.	Halt! Stopp!	104
24.	Komm her! Geh raus!	107
25.	Ich wollt', ich wär ein Huhn	108
26.	Januar, Februar, März, April	110
27.	Male mir ein Haus	112
28.	Meine Mi-, meine Ma-, meine Mutter	115
29.	Meine Lieblingsfarbe	116
30.	Mozart und Napoleon	118
31.	Reden ist Silber, Schweigen ist Gold	121
32.	Punkt, Punkt, Komma, Strich	122
33.	Wortsalat (Hans Manz)	125
34.	Quark macht stark	126
35.	Telefon-RAP	128
36.	Wenn Vaterland (Heinrich Heine)	131
37.	Verblühter Löwenzahn (Josef Guggenmoos)	132
38.	San Salvador (Peter Bichsel)	134
39.	Heimkehr (Franz Kafka)	136

5.2 sowieso-RAPs

	Vorbemerkungen	138
	Abbildungen KIKI und AMADEUS	139
1.	sowieso-RAP	140
2.	Die Schreibmaschine	141
3.	Amadeus-RAP	142
4.	Abc-RAP	144
5.	Schulsachen-Appell	146
6.	Zahlensalat	148
7.	Dumme Kuh!	150
8.	Ich-bin-RAP	152
9.	Ich-habe-RAP	154
10.	Familienfoto	156
11.	Kino-RAP	158
12.	Für dich	160
13.	Gut und gern	162
14.	Jens und Sandra	164
	Schüler-Zeichnungen zum Thema „ß" (Abc-RAP)	166

Literaturverzeichnis 167

Dem Buch ist eine CD mit Audio- und Videobeispielen beigefügt.

Falls die CD in Ihrem PC nicht von selbst startet, rufen Sie bitte die Datei „start" auf. Diese Datei öffnet ein Menü in Ihrem Internet-Browser, über das Sie bequem die gewünschten Audio- und Videodateien aufrufen können.

Vorbemerkungen

Das Anliegen

Das Grundanliegen dieses Medienpaketes ist die Vermittlung des Klanges der Fremdsprache Deutsch, um von der ersten Stunde an eine möglichst authentische Aussprache zu erreichen. Der Sprechrhythmus dient dabei als Basis. Jeder Sprechakt erhält in dieser Optik einen integrierten phonetischen Aspekt.

Das Buch möchte Argumente und Material für eine „Ausspracheschulung von Anfang an" liefern. Es werden praktikable, motivierende, nachhaltige Übeformen für die Grundstufe Deutsch – besonders im Primarbereich – angeboten. Im Prinzip sind sie auf alle Stufen übertragbar.

Mit dem hier vorgestellten methodischen Ansatz einer integrierten Ausspracheschulung wird bei Lernanfängern Sprechlust geweckt und zugleich Geläufigkeit hergestellt. Bei Fortgeschrittenen stellen sich neue Motivation und überraschende Erfolge ein, wenn der Lehrende auch in ihren Unterricht den rhythmisch-dynamischen Aspekt einkehren lässt.

Einem seit langem beklagten Mangel an praktikablem Material für die Ausspracheschulung soll hiermit abgeholfen werden.

Die Unterrichtsvorschläge zeigen Lehrenden einen Weg, wie sie je nach Bedarf eigene Übeformen und -texte schaffen können.

Die Methode

Der methodische Ansatz und das sprachliche Material wurden im Laufe einer mehrjährigen Tätigkeit für Deutsch als Fremdsprache (DaF) im Primarbereich in Frankreich entwickelt. Im übrigen romanischen sowie im englischen Sprachraum, in Nord- und in Osteuropa ließ sich in derselben Weise und mit demselben Material erfolgreich arbeiten.

Die Phonetik wird als Eingangstor zum Reich der Fremdsprache aufgefasst. Wer fragt: *Wie heißt das auf Deutsch?* meint damit: *Wie klingt das auf Deutsch?*

Das Einbeziehen von Körpersprache, Theatertechniken und von rhythmischen Begleitinstrumenten mindert oder verhindert sogar Verkrampfungen bei der Lautbildung in der Fremdsprache. Der Lernakt tritt im Bewusstsein zurück, das Körpererlebnis gewinnt die Oberhand.

Derartige Phasen sollten in jede Stunde eingeplant werden, mal kürzer, mal länger – je nach Bedarf der Gruppe. Sie schaffen positive Erfahrungen mit den Ausspracheschwierigkeiten und verscheuchen jede Müdigkeit. So können besondere phonetische Übungen im Unterricht weitgehend entfallen.

Beim Lernenden und beim Lehrenden werden fächerübergreifende Kompetenzen vorausgesetzt, angesprochen und gefördert. Der ganze Körper mit allen Sinnen wird einbezogen.

Das vorliegende Material enthält Vorschläge, die sich für die erste Deutschstunde eignen, und solche, die in ihren Anforderungen so vielfältig sind, dass sie auch im dritten und vierten Lernjahr eine Herausforderung darstellen. Das Spektrum reicht vom Tagesdatum über literarische Texte bis zum Rap. Ein großer Teil der Vorschläge eignet sich, wie die Praxis gezeigt hat, gut für den Einsatz im Anfangsunterricht der Sekundarstufe, wenn man davon ausgeht, dass methodische Grundsätze der Primarstufe auch dort ihre Berechtigung behalten (sollten).

Die Darstellung des Sprechrhythmus der Texte in Notengrafiken soll helfen, die Betonung und die Pausen, die rhythmisch-musikalischen Einheiten zu erkennen. Die Notation ist nicht mathematisch exakt aufzufassen, sondern dynamisch und abhängig vom emotionalen Umfeld.

Auf der zugehörigen CD kann in allen Fällen gehört, oft auch gesehen werden, wie die Texte gemeint sind. Die Ton- und Videoaufnahmen sind als „Beispiele aus der Werkstatt" aufzufassen; man hört und sieht Klassen, Seminargruppen oder Einzelsprecher. Die Aufnahmequalität ist zuweilen nicht optimal und das Gezeigte erreicht nicht immer den gewünschten Standard.

Das Symbol 🎧 verweist auf eine auf der CD befindliche Audiodatei, das Symbol 🎥 auf eine Videodatei. Die zugehörigen Zahlenangaben bezeichnen die entsprechende Datei.

Der Inhalt

Die **Teile 1 bis 3** umreißen aus der Sicht eines Praktikers das Problem Aussprache im Unterricht Deutsch als Fremdsprache.

In **Teil 4** (*Bausteine von A bis Z*) werden Verfahren vorgestellt, mit deren Hilfe Ausspracheschulung integrativ und nachhaltig betrieben werden kann. Sie gehören verschiedenen Kategorien an und überschreiten die Fachgrenzen. Ihre Gewichtung ergibt sich aus der Situation im Unterricht.

In den *Bausteinen* wird gezeigt, wie erfolgreiche Ausspracheschulung vom Klang und vom Sprechrhythmus her angepackt werden kann. Mancher Leser wird überrascht sein zu entdecken, wie viel phonetisches Potential in jedem beliebigen Text ruht. Die *Bausteine* spiegeln aber auch die methodische Vielfalt und das Spektrum von Kompetenzen wider, die für einen lebendigen Fremdsprachenunterricht wünschenswert sind.

In **Teil 5** (*Sprechstücke, Rhythmen, Rap*) folgt eine Reihe bewährter Vorschläge, wie beliebige Texte für eine integrierte Phonetik erfunden, übernommen oder modifiziert werden können.

Begriffe, die auf das entsprechende Stichwort in den *Bausteinen* (Teil 4) verweisen, stehen nach dem betreffendem Abschnitt mit Seitenangabe in Klammern, z. B. Übertreibung ⇨ [vgl. *Übertreibung*, S. 59].

Die Gestaltungsvorschläge können in jeder Hinsicht verändert oder erweitert werden, also z. B. im Wortlaut, in der inhaltlichen Aussage, in der Körpersprache, in den Begleitformen, nur hinsichtlich einer authentischen Phonetik sollten keine Abstriche oder Zugeständnisse gemacht werden. So kann jeder Text dazu dienen, den immanenten Sprechrhythmus und die entsprechende Intonation zu etablieren.

Andreas Fischer

Deutsch lernen, Phonetik inklusive:
mit Liedern, Reimen, Rhythmen – und Spaß

Einführung von Prof. Dr. phil. habil. Ursula Hirschfeld, Institut für Sprechwissenschaft und Phonetik, Martin-Luther-Universität Halle-Wittenberg

Für „Deutschlernen mit Hand und Fuß" plädiert Andreas Fischer in diesem Multimedia-Paket. Damit legt er eine Zusammenfassung und Begründung seiner Seminare, Broschüren, Kassetten und Videos vor, die er in den letzten Jahren für den Unterricht Deutsch als Fremdsprache erarbeitet hat. Sein methodischer Ansatz zeichnet sich dadurch aus, dass er den phonetischen Aspekt der Fremdsprache Deutsch von **Anfang an in den Unterricht integriert**, auf besondere Weise, mit Hand und Fuß.

In seinem Unterricht mit französischen Kindern, bei dem ich ihn einmal begleiten konnte, setzt er diese Idee dynamisch um – und die Kinder empfinden die Deutschstunden nicht als „Unterricht". Sie sind mit Hand und Fuß und Kopf und Seele dabei, für sie ist es ein **spannendes und viel zu schnell vorübergehendes Spiel**, sind es bleibende Eindrücke und Lernerfolge. Genauso geht es Erwachsenen, zum Beispiel Studierenden in Seminaren oder Lehrenden in Veranstaltungen zur Lehrerfortbildung: Sie sind fasziniert, lassen sich mitreißen und wenden das Erfahrene im eigenen Unterricht an. Entsprechende Rückmeldungen sind in diesem Material dokumentiert.

Was so spielerisch und leicht aussieht, ist wohlbedacht und **fußt auf linguistischen und lernpsychologischen Erkenntnissen**. Auf einige Aspekte soll im Folgenden kurz eingegangen werden.

Jede Sprache hat ihren Klang, der sie von anderen Sprachen unterscheidet und der beim Fremdsprachenlernen eine ebenso große Rolle spielt (oder besser: spielen sollte) wie der neue Wortschatz oder die neue Grammatik. Die knappe Unterrichtszeit, fachliche Unsicherheiten bei den Lehrenden und fehlende Materialien führen oft dazu, dass im Unterricht auf Ausspracheübungen verzichtet wird. Eine schöne und für die Kommunikation sowie die soziale Akzeptanz wichtige Seite der neuen Sprache bleibt den Kindern so verschlossen bzw. erschließt sich nur zum Teil. Sie sprechen die fremde Sprache so (aus), wie ihre eigene. Dabei lohnt es sich, auch den Klang des Deutschen zu erlernen. Bei der Arbeit an der Aussprache geht es nämlich keineswegs um die Korrektur kleiner „Schönheitsfehler", sondern um die Befähigung zur mündlichen Kommunikation in der Fremdsprache und um die Entwicklung grundlegender Fertigkeiten im Hören, Sprechen, Lesen und Schreiben.

Der typische Klang einer Sprache entsteht nicht nur durch die Vokale und Konsonanten. Auch und vor allem Melodie und Rhythmus, Betonungen und Pausen prägen ihn und unterscheiden andere Sprachen deutlich vom Deutschen. Diese intonatorischen Elemente sind für die Kommunikation bestimmt: Sie sichern die Verständlichkeit, indem sie Äußerungen strukturieren, Wichtiges hervorheben, Sachlichkeit oder Emotionalität signalisieren und den Rollenwechsel im Gespräch steuern.

Ein wichtiger Teilbereich der Intonation ist der **Rhythmus**. Er gibt der Sprache das spezifische klangliche Gepräge. In der Linguistik werden zwei Rhythmustypen unterschieden:
    a) Sprachen mit einem ausgeglichenen, wenig kontrastreichen Rhythmus und von der Struktur und der zeitlichen Dimension her im wesentlichen gleichartigen Silben
    b) Sprachen mit einem unausgeglichenen, stark kontrastierenden Rhythmus und unterschiedlich strukturierten, unterschiedlich langen Silben, aber etwa gleichlangen rhythmischen Einheiten.

Beide Gruppen divergieren also in wesentlichen phonetischen Merkmalen. Das Deutsche gehört zur zweiten Gruppe, wie auch das Englische oder das Russische. Die romanischen und viele asiatische Sprachen haben dagegen einen silbenzählenden Rhythmus.

Während Vorschulkinder in der Regel noch in der Lage sind, eine zweite und vielleicht dritte Sprache akzentfrei sprechen zu lernen, treten bei 8- bis 10-Jährigen oft schon Hör- und Ausspracheprobleme auf. Viele von ihnen sind nicht mehr ohne Weiteres – ohne die Hilfe des Lehrers, ohne Übungen – fähig, die neue Sprache und ihre phonetischen Besonderheiten wahrzunehmen und zu imitieren. Der Einfluss der muttersprachigen Hör- und Sprechgewohnheiten (die Interferenz) führt zum sogenannten „fremden Akzent", das Deutsch klingt dann zum Beispiel sehr französisch, russisch oder türkisch. Die bei den Schülern vorhandenen Begabungen, wie Musikalität und die Fähigkeit zur Imitation, müssen erkannt, genutzt und gefördert werden.

Wichtig ist ein gezieltes sowie gleichermaßen **spielerisches und ganzheitliches Vorgehen**, ein behutsames Eingreifen durch den Lehrer. Wenn die Imitation, also die Nachahmung, nicht ausreicht, muss nach zusätzlichen Übungsformen und Übungsmitteln gesucht werden. **Musikalische Elemente** sind hierfür besonders geeignet, sie können rhythmische und melodische Strukturen verstärken und die Imitationsleistung unterstützen. Nützlich ist die zusätzliche Bewusstmachung phonetischer Merkmale auf kindgerechte Art. Intonations- und Lautformen von Anfang an richtig zu lernen, erspart zeitaufwändige spätere Korrekturen.

Kinder im Primar- und Sekundarbereich sind **offen für Neues**, sie sind gut zu motivieren und zu steuern, sie sind leicht mitzureißen. Es kommt darauf an, sensibel und behutsam mit Ausspracheproblemen umzugehen, sie nicht in den Vordergrund zu stellen, Übungsmonotonie und Druck zu vermeiden. Der Lehrer ist also nicht nur Vorbild und „Experte" in der Aussprache, er ist auch Spielleiter und Unterhaltungskünstler.

Wichtig ist, bei Ausspracheübungen mit jüngeren Schülern
- möglichst oft (jede Stunde), wenn auch nur für kurze Zeit zu üben,
- das Hören zu trainieren, dabei Handzeichen und Körperbewegungen für eine schnelle Kontrolle der Hörergebnisse zu nutzen,
- sehr anschaulich vorzugehen, Körperbewegungen einzubeziehen,
- möglichst an Sätzen, Versen, Texten usw. zu üben, die sich einprägen und den intonatorischen Bereich in den Mittelpunkt stellen, nur punktuell Laute herauszugreifen und deren Bildung bewusst machen,
- Hör- und Ausspracheübungen situativ, möglichst als Spiel anzulegen,
- Übungen interessant, abwechslungsreich, spannend und lustig zu gestalten.

Die letzten beiden Aspekte sind außerordentlich wichtig, um den erforderlichen Automatisierungsgrad zu erreichen. Das gelingt nicht, wenn nur gelegentlich Laute oder Wörter wiederholt werden.

Für jede Ausgangssprache lassen sich – auf Grund der im Bereich der Aussprache besonders starken muttersprachigen Interferenz – **spezifische Übungsthemen** angeben. Im Folgenden sollen einige genannt werden, die für viele Ausgangssprachen in Frage kommen und die für die Kommunikation mit deutschen Muttersprachlern besonders wichtig sind.

An erster Stelle stehen die suprasegmentalen oder prosodischen Merkmale, die als grundlegende Klangmerkmale auch den Schwerpunkt von Übungen bilden sollten:
- die Akzentuierung auf Wort-, Akzentgruppen- und Äußerungsebene,
- Rhythmus und Gliederung,
- die Sprechmelodie, besonders in der Endphase von Äußerungen.

Es folgen die Vokale, die den Akzent tragen (können) und die den Kern der Sprechsilben bilden. Zu nennen sind insbesondere:
- die für das Deutsche charakteristischen Merkmale lang – gespannt vs. kurz – ungespannt, z. B. *Staat – Stadt, Mühler – Müller,*
- die Ö- und Ü-Laute,
- die E-Laute,
- die reduzierten Vokale, z. B. *Liebe – lieber,*
- der Vokalneueinsatz im Wort- und Silbenanlaut, z. B. *von|Ina – von‿Nina, be|achten.*

Für die Konsonanten lassen sich folgende Schwerpunkte nennen:
- die Merkmale fortis (stimmlos) vs. lenis, z. B. *Oper – Ober, reißen – reisen,*
- die Auslautverhärtung, z. B. *Kinder – Kind* ([t]),
- Ich- und Ach-Laute, z. B. *spre**ch**en – Spra**ch**e,*
- der H-Laut, z. B. *Hund – und,*
- die R-Laute, gesprochen als Konsonant oder Vokal, z. B. *Ohren – Ohr* [oːɐ̯],
- Konsonantenverbindungen, z. B. ***sprichst**,*
- Assimilationen, z. B. *au**ss**ehen.*

Oft sind die **Laut-Buchstaben-Beziehungen** des Deutschen ein Problem. Sie unterscheiden sich in vielen Fällen von denen der Ausgangssprache. Es lohnt sich z. B., Lernenden den Zusammenhang zwischen der unterschiedlichen Aussprache des <ch> und den vorangehenden Vokalen zu erklären.

Das vorliegende Medienpaket zielt in erster Linie auf den Deutschunterricht der Primar- und Sekundarstufe. Es erscheint zu einem wichtigen Zeitpunkt: Immer häufiger wird – aus gutem Grund – versucht, den Fremdsprachenunterricht in eine frühere Phase zu legen. Kinder, die noch imitieren können, lernen eine neue Aussprache leichter. Ihre Lehrer müssen besonders gut ausgebildet sein, sie sollten nicht nur etwas über die phonetischen Grundlagen des Deutschen und der jeweiligen Ausgangssprache wissen sowie dies im Unterricht vermitteln – sie sollten auch die didaktischen Möglichkeiten dafür kennen und entsprechende Übungsmethoden beherrschen und gezielt einsetzen (vgl. Hirschfeld/Kelz, 2002 ff.). Der dem Material zugrunde liegende, immer wieder und in verschiedenen Varianten aufgegriffene rhythmisch-dynamische Aspekt ist ein für diese Zielgruppe bestens geeigneter Ausgangspunkt.

Die im vorliegenden Material zu findenden methodischen Überlegungen, Übungsansätze und die vielen konkreten, sofort umsetzbaren Übungsvorschläge für Sprechstücke, Verse, Raps und Lieder – für Rhythmen aller Art – sind zweckvoll und kenntnisreich zusammengestellt worden. Sie können Lehrenden helfen, den oben genannten Anforderungen besser gerecht zu werden. Durch die zahlreichen Ton- und Videobeispiele ist das Material außerordentlich anschaulich. Die angebotenen Übungen können eine seit Langem beklagte Lücke schließen und zeigen einen Weg, Ähnliches selber zu erfinden. Sie sind leicht und vielseitig einsetzbar, sie können bei wiederholter Anwendung zu einem hohen Automatisierungsgrad führen, sie machen Lernenden und Lehrenden Spaß. Und sie sind nicht zuletzt ein kleiner Einblick in das deutsche Kulturgut.

Nachahmung ist erwünscht!

1 Situationsbeschreibung

1.1 Hören

„Hier in Frankreich ist mir gleich nach meiner Ankunft in Paris mein deutscher Name ‚Heinrich' in ‚Henri' übersetzt worden, da ersterer dem französischen Ohr nicht zusagte und überhaupt die Franzosen sich alle Dinge in der Welt recht bequem machen. Auch den Namen *Henri Heine* haben sie nie recht aussprechen können, und bei den meisten heiße ich *Mr. Enri Enn;* von vielen wird dieses in ein *Enrienne* zusammengezogen, und einige nannten mich *Mr. Un rien*[1]. (Heine, 1997, S. 54)

Mit dem ihm eigenen Spott führt Heinrich Heine als Grund für die Ausspracheprobleme der Franzosen deren Neigung an, sich „alle Dinge in der Welt recht bequem machen" zu wollen. Er wusste wohl selber, dass das Problem woanders lag. Denn diese Neigung trifft sicher nicht allein auf „die Franzosen" zu. Wenn er im selben Atemzug äußert, dass sein Name „dem französischen Ohr nicht zusagte", dann nimmt er präzise vorweg, was heute eine allgemeine psycholinguistische Erkenntnis ist: Der deutsche Klang ging nicht durch den französischen Hörfilter, „l'oreille nationale"[2] (Hagège, 1996, S. 34).

Es ist nicht überliefert, ob Heine versucht hat, seiner französischen Umgebung die deutsche Lautung seines Namens zu vermitteln. Ich hätte ihm vorgeschlagen, nicht die Einzellaute zu üben, sondern suprasegmental [vgl. S. 56] vorzugehen. Vielleicht so:

Ich hei - ße Hein - rich Hei - ne, Schul - den hab' ich kei - ne.

001

Damit hätte er in der zweiten Hälfte des Verses zwar gelogen, aber rein klanglich wäre von Anfang an klar geworden: Im Deutschen gibt es (unter anderem)
- eine Melodie mit steigender und fallender Linie,
- einen deutlich vernehmbaren Rhythmus, in diesem Fall – nach dem Auftakt *ich* – regelmäßig betont/unbetont,
- keine einheitliche Silbenbetonung, für den ganzen Satz ein bis zwei Hauptakzente,
- kurze und lange bzw. gespannte und ungespannte Vokale,
- den hörbaren [h]-Laut (Heine hätte eine phonetische Geste [vgl. S. 47] verwenden können),
- den Knacklaut und den Ich-Laut in *ich*,
- deutlich reduzierte Endsilben wie in *heiße, Heine, Schulden, keine,*
- Elisionen wie in *hab' ich*.

Am Ende der beiden Vershälften hätte ich an Heines Stelle die Sprechpausen mit einem Klangeffekt (z. B. das Weinglas anstoßen) oder mit einer Körpergeste gefüllt (z. B. an den Zylinder tippen).

Wenn er je versucht haben sollte, die deutsche Aussprache seines Namens zu vermitteln, so ist das Wissen darüber in Frankreich nicht haften geblieben. Auf dem Bahnhof von Metz wird der Eurocity „Heinrich Heine" immer noch so ausgerufen:

L'Eurocity HEINRICH HEINE [ˈai̯nriʃ ˈai̯n] *va entrer en gare en quelques minutes.*[3]

---

[1] Monsieur Un rien = Herr Nichts
[2] „l'oreille nationale" = „das nationale Ohr"
[3] Der EC „HEINRICH HEINE" fährt in wenigen Minuten ein.

Ausspracheprobleme beruhen primär auf Hörproblemen:
> „Die Sprachwahrnehmung orientiert sich an Klangbildern der Muttersprache. Die neuen Laut- und Intonationsmerkmale werden durch das muttersprachliche Filter aufgenommen und verarbeitet. Dabei kann es zur Unterdifferenzierung kommen: Relevante Merkmale der Fremdsprache werden nicht als relevant gewertet, weil sie es in der Muttersprache nicht sind (z. B. die Vokallänge bei Spanischsprechenden). Oder es kommt zur Überdifferenzierung: Irrelevante Merkmale der Fremdsprache werden wegen ihrer Relevanz in der Muttersprache als relevant gewertet (z. B. Töne bei Lernenden, die eine Tonsprache sprechen)." (Hirschfeld/Kelz, 2002 ff., S. 3)

Unser Bemühen muss also darauf zielen, das muttersprachliche Hörfilter wieder durchlässig zu machen für ungewohnte phonematische und intonatorische Klänge. Bei jungen Lernern (bis etwa neun Jahre) soll – um den Ausdruck von Hagège wieder aufzunehmen – eine „oreille européenne" erhalten bleiben, bei älteren Lernern muss die „oreille nationale" wieder auf eine „oreille européenne"[1] erweitert werden.

Die mangelnden Basisfertigkeiten Hören und Sprechen sind im Fremdsprachenunterricht nicht selten auf beiden Seiten zu finden – beim Schüler und beim Lehrer. Wenn der Lehrer nicht hörbar machen kann, wie etwas in der Zielsprache klingen muss, wird es für den Schüler auch nicht sprechbar:
> „Es kommt auf die Lehrkraft an – sie ist der Schlüssel, auch der Schlüssel zum Erfolg. Das wird sich trotz der modernen Medien, die in die Klassenzimmer einziehen, auch in Zukunft nicht allzu sehr ändern." (Hirschfeld, 1995a, S. 7)

Man braucht keine Tonkassette und keinen Videokurs, um bereits mit dem Tagesdatum – dem alltäglichen Ritual – die deutsche Intonation hörbar und sprechbar zu machen. Die CD zeigt, wie das aussehen kann [vgl. *Donnerstag, der 7. August*, S. 75].

1.2 Sprechen

Die Fremdsprache Deutsch wird an manchen Orten für noch schwerer als Latein gehalten, denn zu der komplizierten Grammatik käme noch die schwierige Aussprache hinzu.

Jemandem, der Latein spricht, wird man kaum begegnen. Latein findet schriftlich statt. Aber Leuten, die Deutsch sprechen, kann man begegnen. Davon gibt es ziemlich viele. Und ob die mich verstehen?

Votum einer Studentin:
> „Ich spreche nicht so gern Deutsch, weil ich weiß, dass ich keinen guten Akzent habe und ich habe Angst nicht verstanden zu werden." (zit. aus Perrefort, 1994, Übersetzung A. F.)

Votum eines Linguisten:
> „Das hat ihnen (den nicht-romanischen Sprachen, Anm. A. F.) und auch dem Italienischen und Spanischen ein Sprachprofil mit beweglichem Sprechakzent gegeben, der also je nach den Wörtern auf diese oder jene Silbe fällt. Das sind für die Ohren eines einsprachigen erwachsenen Franzosen recht eigenartige Idiome." (Hagège, 1996, S. 197, Übersetzung A. F.)

Als Deutschlehrer in Frankreich kann man die Erfahrung machen, dass aus der Tradition des Landes heraus, aus seiner Geschichte und seinem Selbstverständnis die anderen Sprachen „gallozentrisch" betrachtet werden: Lexik und Grammatik werden intensiv studiert, aber beim Klang wird die Nabelschnur nicht gekappt. „Wir sprechen das hier so aus", kann man zuweilen hören; als ob die „Bereitschaft zur Umstellung" (siehe unter 1.3) im Inland nur bedingt gelte. Hingegen spürt der Lerner an der Reaktion von Muttersprachlern, dass ihm noch etwas fehlt. Eine hier-

---

[1] „Europäisches Ohr" meint einen Hörfilter, der potenziell offen ist für die in europäischen Sprachen vorkommenden Phoneme. Mit dieser Ausdrucksweise sollen weitere Sprachen nicht ausgeschlossen werden!

auf nicht seltene Reaktion von Collège-Schülern können wir bei Hagège (1996, S. 36, Übersetzung A. F.) beschrieben finden:

„Manche werden sagen, verschlimmernd komme die nationale Charaktereigenschaft der Franzosen hinzu, für die offenbar nichts unerträglicher ist als für dumm gehalten zu werden. Wie dem auch sei, im Extremfall kann die Fehlerangst nicht nur zum zeitweiligen schlichten Schweigen führen – in Sprachklassen häufig zu beobachten –, sondern zu einer ausgewachsenen Sprachlosigkeit."

[Zu den Stichwörtern *Sprachlosigkeit* und *Redeangst* siehe unter 1.5.]

Vokabeln und Grammatik einer Sprache zu lernen ist nicht leicht. Um beides aber richtig anwenden zu können, kommt es darauf an, dass sowohl die neuen Wörter als auch die grammatischen Erscheinungen zugleich mit der zielsprachigen Phonotaktik vermittelt und angewendet werden. Dazu gilt es

„eine beharrliche Barriere zu überwinden: Die Effektoren, d. h. die Impulsgeber für die Sprachwerkzeuge sind [...] konservativ und neigen dazu, einzelne Laute auf die Weise wiederzugeben, die für die Muttersprache gilt." (Häussermann/Piepho, 1996, S. 51)

Ab einem Alter von etwa zehn Jahren tritt das (soziopsychologische) Problem hinzu, dass Normen und Abweichungen von Normen eine wachsende, ja teilweise bestimmende Rolle spielen. Das allgemeine Auftreten (besonders Erwachsenen gegenüber), die Kleidung, die Freizeitgestaltung und nicht zuletzt die Sprache unterliegen einem vorher nicht gekannten Drang zur sozialen Integration. In allen Bereichen, so auch im Bereich der Mutter- und Fremdsprachen, stellt sich eine Fehlerangst (Latophobie) ein, d. h. eine Angst, nicht der Norm zu genügen, nicht dazuzugehören:

„Diese soziale Wendung trägt für die Muttersprache gute Früchte, insofern sie die letzten Justierungen an den Standard gewährleistet und sicherstellt. Was das Erwerben oder Erlernen einer Zweitsprache angeht, verhält es sich leider umgekehrt. Die Fehlerangst schränkt die Äußerungsversuche ein." (Petit, 2000, S. 240)

Sie führt im Extremfall zur Sprachunterlassung aus Angst sich zu blamieren („lathophobische Aphasie"). Als Blamage wird unter Umständen schon empfunden, seine Sprechwerkzeuge auf andere Art als in der Bezugsgruppe üblich zu bewegen, fremde Laute in einer fremden Intonation hervorzubringen. Das kann zum Beispiel zu der bizarren Situation führen, dass ein bilingualer Schüler aus einer deutsch-französischen Familie es im Collège vorzieht, im Deutschunterricht die in der Klasse übliche Aussprache „à la française" zu übernehmen, um nicht die Zugehörigkeit zu seiner Bezugsgruppe (peer-group) aufs Spiel zu setzen.

Das ist ein Eingriff ins Psychogramm mit umgekehrtem Vorzeichen bzw. eine „Bereitschaft zur Umstellung" in die falsche Richtung. Der Sprachlehrer sollte eine derartige Situation verhindern und ganz bewusst von der Präsenz eines Autochtonen profitieren.

Je früher der Fremdsprachenunterricht allerdings einsetzt, desto weniger spielt dieses Identitätsproblem schon eine Rolle. Wenn in der Sekundarstufe bereits die zweite Fremdsprache gelernt wird, wird sich die oben geschilderte Fehlerangst weit weniger scharf auswirken, denn die sprachliche Identität wurde bereits relativiert.

Aussprachefehler, die dem Lerner nicht bewusst sind oder unerheblich erscheinen mögen, können in einer Kommunikationssituation zu Problemen führen, wenn die Information beim Muttersprachler nicht richtig „ankommt". Irritation, Missverständnis, negative Emotion, Spannung oder Verstummen auf beiden Seiten können die Folge sein („Ich geb's auf. Der versteht mich nicht."). Aussprachprobleme beim Lesen [vgl. S. 40] beruhen auf dem für junge Lerner unerwarteten Phänomen, dass im Schriftbild der Zielsprache andere Laut-Buchstaben-Beziehungen [vgl. S. 39] gelten als in dem der Muttersprache. Für sie galten sie bisher als naturgegeben. Nirgends waren sie darauf gestoßen (worden), dass diese Beziehungen innerhalb ihrer Muttersprache auf einer Übereinkunft beruhen. Nun müssen sie lernen: Ein *r* ist in der Fremdsprache klanglich oft kein *r* mehr, ein *u* plötzlich kein *u*, ein *ch* kein *ch*, ein *e* kein *e* mehr: *der Kuchen* [deɐ̯'kuːxn̩].

Da der Sprechakzent im Schriftbild nicht markiert ist, muss man ihn kennen. Daher sollte die Lautung schon vor dem Lesen oder Schreiben gut verankert sein, um Interferenzfehlern vorzubeugen. Man spricht eben nicht, wie man schreibt. Im suprasegmentalen Bereich kommt das ganze intonatorische Spektrum hinzu, die Satzmelodie, der Rhythmus, das Tempo und – davon abhängig – die Reduktionen oder sogar Elisionen:

Der Kuchen hat allen wunderbar geschmeckt. Es ist nichts mehr da!
[deɐ̯'kuːxn̩   hat 'aln   vʊndeba:gə'ʃmɛkt   , ɛsɪs'nɪçtsmeɐ̯'daː]

Die ungewohnte Lautung und Intonation trainiert man am besten spielerisch. Das heißt, man lernt
- in einem Sinnzusammenhang,
- mit gestischen, szenischen, dialogischen Elementen,
- offen für kreative Abwandlungen (z. B. Lautstärke, Tempo, Stimmung),
- mit verschiedenen Partnern,
- mit Rollenwechseln,
- durch „Überspielung" von Spannungen, Angst oder Abneigung.

Emotional ansprechendes Übungsmaterial weckt die Spielfreude besonders junger Lerner und führt unmerklich zu einer Automatisierung der ungewohnten Artikulation und Intonation. Das trägt zugleich zum Sichern der Lexik und zum Aufbau einer Lernergrammatik[1] bei.
[vgl. *Appel-di-dappel*, S. 62; *Male mir ein Haus*, S. 112; *Telefon-RAP*, S. 128; *Zungenbrecher*, S. 60]

1.3 Umstellung auf die Zielsprache

Es kommt vor, dass Vorgesetzte oder auch Eltern einer Klasse dem Sprachlehrer zu verstehen geben, das Anliegen einer „Phonetik-Schulung von Anfang an" sei übertrieben. Man hätte es schließlich mit **A**fghanen beziehungsweise **Z**yprioten zu tun und das würden sie auch immer bleiben. Eine perfekte Aussprache sei nicht das Ziel, das es zu verfolgen gelte.

Was für ein Missverständnis! Als ob es um Perfektion ginge! Doch eine derartige Äußerung führt uns zu einem entscheidenden Punkt von Fremdsprachenunterricht überhaupt: die Bereitschaft zur Umstellung auf die andere Sprache. Um es in einem Bild zu sagen: Ein Auto mit Frontantrieb fährt man anders als eines mit Heckantrieb. Man muss sich umstellen.

---

[1] Lernergrammatik: „Von den Lernenden selbst erkannte und angewendete grammatische Regularitäten." (Dieling/Hirschfeld, 2000, S. 182)

Keßler (1994) betitelt den ersten Abschnitt seines Artikels „Phonetik und Körpermotorik" mit „Der Prozess der Abstoßung" und schreibt:

> „Seit langem ist bekannt, dass weniger die Artikulation des fremden Einzellautes als vielmehr die sogenannte ‚Umstellungsbereitschaft' auf das gesamte artikulatorisch-stimmliche Zusammenspiel der zu erlernenden Fremdsprache zu Ausspracheproblemen führt. Nach Welitschkowa müssen sich die Übenden im Phonetikunterricht von den muttersprachlichen Artikulations- und Intonationsgewohnheiten abstoßen. Allein der Begriff der Abstoßung weist auf einen Aktivität fordernden Prozess hin, bei dem die muttersprachlichen Muster u. a. bezüglich Akzentuierung, Rhythmisierung, Melodisierung sowie Sprechspannung und anderer Artikulationsmerkmale überwunden werden müssen. ..." (S. 142)

Dem von Welitschkowa gewählten Begriff „Abstoßung" wird im Folgenden der Begriff „Umstellung" vorgezogen, lässt er sich doch im Unterricht leicht und spielerisch [vgl. *Ich spreche leise. Ich spreche laut*, S. 83] realisieren. Die Umstellung kann man als Rollenwechsel auffassen und im Klassenraum praktizieren. Besonders junge Lerner gehen mit Vergnügen darauf ein. Älteren hat es die Schule weitgehend abgewöhnt, sich auf Spielformen einzulassen. Dabei sind diese in besonderem Maße geeignet, verfestigte Aussprachefehler (Fossilierung) zu beheben. [vgl. *Theatertechniken*, S. 57; *Übertreibung*, S. 59]

Das psychologische Problem einer Umstellung äußert sich in den Klassenzimmern linguistisch unter anderem so, wie es Kadar (1997) für französische Verhältnisse beschreibt:

> „Verallgemeinernd scheint die Tatsache, dass in der französischen „chaîne phonémique"[1] keine Entspannung der Mundmuskulatur, kein Absinken der Stimme (außer bei Sinneinschnitten, die dann durch ein Komma gekennzeichnet sind, vgl. die französischen Interpunktionsregeln) vom Sprecher bei Beginn seiner Äußerung einkalkuliert wird, dazu zu führen, dass die akzenttragende Silbe im Deutschen einfach „verpasst" wird. Der Satzrhythmus ist damit entstellt und die erste Fehlerquelle zieht nur noch weitere Fehlleistungen (in der Akzentuierung, in der Wiedergabe von Einzelphonemen) nach sich. [...] Entscheidend ist, dass die verständniserschwerenden Aussprachefehler durch die falsche Intonation bedingt werden." (S. 27)

[vgl. *Phonetische Gesten*, S. 47]

1.4 Verständnisprobleme

Verständnisprobleme für den (muttersprachlichen) Hörer beruhen zu einem großen Teil auf Aussprachefehlern des Lerners. Es gibt tolerierbare Mängel und es gibt Fehler, die korrigiert werden müssen, wenn Kommunikation gelingen soll. Der Lehrende muss wissen, wo für seine Gruppe die Grenze zu ziehen ist. Es wäre fatal, wenn er vor phonetischen Fehlern kapituliert und sich darauf einlässt, sie zu tolerieren; und wenn – quasi zur Kompensierung – „andere Fehlerarten mehr oder weniger streng geahndet werden", wie Dieling (1991, S. 115) anmerkt.

Ein Grund für zu weit gehende Toleranz kann sein, dass

> „sich der Lehrer meist schnell an die phonetischen Fehler seiner Lernenden gewöhnt, auch grobe Abweichungen sehr schnell ‚zurechthört' und sie nach kurzer Zeit nicht mehr bewusst registriert" (Dieling, 1992, S. 9).

Ein anderer Grund kann sein, dass der Lehrer die Umstellung auf die Zielsprache selber zu wenig konsequent vollzieht, ein dritter ist oft die Unsicherheit wegen fehlender Ausbildung in diesem Bereich.

Die Lehrbücher bieten für Ausspracheschulung bis in jüngste Zeit (fast) kein oder kein brauchbares Material an. Zeitweilige Erfolge nach Einzelübungen bleiben nicht haften. Das ist frustrierend.

---

[1] etwa „Redefluss"

Kadar – wie viele andere Autoren auch – beklagt im zitierten Artikel: „Spezielles Übungsmaterial zur deutschen Prosodie ist kaum erreichbar." (S. 28). Mit dem vorliegenden Buch soll dem abgeholfen werden.

Das Ziel aller Ausspracheschulung muss vom muttersprachlichen Hörer her definiert werden. Dieling (1989) drückt das so aus:

> „Viëtor zitierend, könnte man polemisierend formulieren: Der Phonetikunterricht muss umkehren, er muss mit der Intonation beginnen. [...] Ob man einen Ausländer gut oder schlecht versteht, hängt – und darin sind sich viele einig – nicht so sehr davon ab, ob er einzelne Laute und Lautverbindungen adäquat artikuliert, als vielmehr davon, wie weit er sich auf der Ebene der Intonation dem Erwartungsmuster des Muttersprachlers annähert." (S. 50)

Eine derartige „Ausspracheschulung von Anfang an" ist nicht gleichzusetzen mit „perfekter Aussprache". Die ist selbst bei Sprechern mit deutscher Muttersprache selten zu finden – von den Varianten und zahlreichen Dialekten ganz abgesehen. Ein fremder Akzent kann für den Hörer durchaus Charme haben, doch

> „der Muttersprachler ermüdet leicht, wenn er in der Kommunikation mit Deutsch sprechenden Ausländern bei der Identifizierung der Zeichenkörper häufiger fehlerhafte Phonemrealisationen korrigieren muss. Orthoepische Bemühungen dienen folglich auch dazu, Kontakthemmnisse abzubauen. Sie dürfen deshalb nicht vernachlässigt werden." (Stock, 1993, S. 100)

Im Deutschen zeigen die Sprechakzente, worauf man zu achten hat. Sie geben die rhythmische Einteilung des Satzes. Sie ebnen dem Ohr den Weg zur Gliederung des gesprochenen Kontinuums. Mit den Sprechakzenten steht und fällt das Verständnis.

Um es mit einem Bild zu sagen: Das Vehikel der deutschen Sprache fährt über eine Hängebrücke, wo die Akzente optisch und statisch (hör- und verstehensmäßig) von hoch ragenden Strebepfeilern gesetzt werden. Die Haupt-Trageseile schwingen sich von Pfeiler zu Pfeiler. Die Konstruktion besteht aus einem dynamischen Ganzen, das stabil bleibt, selbst wenn es in Schwingungen gerät. Gute Sprache kommt auch ins Schwingen.

Wenn eine französische Kollegin am Ende ihres begeisterten Berichts von einem Sprachkurs am Goethe-Institut sagt: „Wir abben uhns mit Trennen getränt", dann wissen die deutschen Zuhörer nach interner Korrektur der irrtümlich hervorgerufenen Lautbilder /trennen/ und /getränt/, dass die Teilnehmer sich „mit Tränen getrennt" hatten. Wir kennen aber auch die Situation, wo selbst wohlwollendes Umdeuten mit der Frage endet: *Wie bitte? Was meinen Sie?* Solch ein Erlebnis kann den Lerner stark entmutigen. Ihn davor zu bewahren ist ein wesentliches Motiv für gründliche Ausspracheschulung von Anfang an.

1.5 Redeangst und Sprechlust

In seinem Artikel „Wenn der Laut nicht herauskommt" berichtet Wild (1995) von drei Deutschlernern: Der neunjährige Sean, Sohn amerikanischer Eltern, geht seit zwei Jahren in eine deutsche Grundschule. Seine Aussprache kommt der korrekten am nächsten. Der Lebensmittelhändler

Bülent aus Anatolien hat einige Jahre im schwäbischen Autobau gearbeitet und spricht recht gut Deutsch, wenn auch mit schwäbischem Akzent. Die sechzehnjährige Austauschschülerin Josianne aus Frankreich spricht nach fünf Jahren Deutschunterricht

> „ein grammatikalisch einwandfreies ‚französisches' Deutsch. Die Verständigung ist daher unproblematisch, ihre Aussprache entbehrt keineswegs eines gewissen Charmes. Allerdings tut sie sich bei der Aussprache bestimmter Laute und Lautverbindungen merklich schwer. […] Bei Josianne dürfte die Diskrepanz zwischen ihrer und der korrekten, akzentfreien Aussprache am größten sein, obwohl sie vermutlich am intensivsten mit der deutschen Sprache ‚befasst' wurde. […] Josianne lernt vermutlich emotionslos, weder erlebnis- noch handlungsorientiert Vokabeln und Grammatik. Sean und Bülent dagegen werden bzw. wurden ständig in verschiedenen Lebenslagen und Befindlichkeiten handelnd mit der deutschen Sprache konfrontiert (learning by doing). Dagegen dürften Wortschatz und Grammatik besonders bei Josianne den Voraussetzungen entsprechend optimal vorhanden sein. (S. 28)

Wild führt die Beispiele an für die bekannte Tatsache, dass die Aussprache der Lerner nur so gut sein kann wie die ihrer sprachlichen Vorbilder. Für eine Verbesserung der Aussprachequalität im schulischen Unterricht mit seiner oft so künstlichen Realität fordert er:

> „Die Konsequenz ist, die auditive Wahrnehmung als Prinzip, aber auch als organisierte Veranstaltung stärker in den Fremdsprachenunterricht einzubauen." (S. 29)

Die Vermutung von Wild, in welchem Stil, in welcher Atmosphäre Josiannes Deutschunterricht stattgefunden hat, ist wohl leider realitätsnah. Das stimmt traurig. In ihrer „Streitschrift gegen die Schweigsamkeit" stellt Schwerdtfeger (1987) den deprimierenden Erscheinungen REDEANGST UND LANGEWEILE die ich-zentrierten Muntermacher SPRECHLUST UND NEUGIER entgegen. Sie fordert von uns Lehrern die Entfaltung der Sprechlust ein, mit

> „Inhalte(n), die in sich bereits den Keim zum Wachsen von Neugier, von Sprechlust haben […]. Zu den Regeln der Sprache tritt die sozial-psychologische Realität ihrer Verwendung hinzu. Das Gefüge von Regeln einer Sprache wird also nicht mehr als etwas Pergament-Trockenes gesehen, sondern tritt uns entgegen als das, was gesellschaftlich ist (und war): Es wird erkannt, gelehrt und gelernt als Leitinstrument für die Schaffung gesellschaftlicher Wirklichkeit, somit auch als ein Verteiler von Gefühlen und als ein Instrument der Macht." (S. 25)

[vgl. *Motivation*, S. 44; *Tonbandaufnahmen*, S. 57]

1.6 Lücken im Lehrmaterial

Eine Trendwende ist gefordert! Die Forderung geht an die Fachleute in den Bildungsinstitutionen, aber auch an den einzelnen Lehrer. Denn noch immer muss man feststellen:

> „Im Allgemeinen kann man nicht davon ausgehen, dass Lehrwerke ausreichend Übungsangebote zur Phonetik machen. Als Lehrender ist man also aufgefordert, Lücken im Lehrmaterial zu schließen." (Dieling/Hirschfeld, 2000, S. 83)

In Teil 5 (*Sprechstücke, Rhythmen, Rap*) werden Beispiele vorgestellt, wie man aus beliebigen Texten Übungsangebote zur Phonetik gewinnen kann. Sie werden von den Lernenden nicht als solche empfunden, weil sie in direktem Zusammenhang mit der laufenden Arbeit stehen und diese in neuer Mixtur vertiefen. Die Lernenden können an ihrer Erfindung mitwirken, sie abwandeln und übertragen. Die Schulung der Fertigkeiten Hören und Sprechen wird von Anfang an und prinzipiell in andere Kompetenzen und Disziplinen eingebettet.

1.7 Zusammenfassung

- Ausspracheprobleme sind ursächlich Hörprobleme. Die Basisfertigkeit Hören muss als organisierte Veranstaltung systematisch geschult werden.
- Ausspracheprobleme entstehen auch aus psycholinguistischen Gründen: Besonders jugendliche Lerner geraten in einen Identitätskonflikt, wenn sie die mühsam verinnerlichten Normen ihrer Muttersprache für eine Fremdsprache wieder aufgeben sollen.
- Ausspracheprobleme beruhen auf einem Mangel oder dem Unvermögen (Fossilierung), sich auf die Zielsprache umzustellen.
- In Spielformen ist – besonders für Lernanfänger – die Umstellung am ehesten zu erreichen.
- Ausspracheprobleme bedeuten zugleich Verständnisschwierigkeiten des Kommunikationspartners. Sie können damit die Kommunikation behindern. Nicht die perfekte Aussprache ist das Ziel, sondern eine möglichst gute Annäherung an die intonatorischen Erwartungsmuster der Muttersprachler.
- Redeangst im Fremdsprachenunterricht wandelt sich zu Sprechlust, wenn das Textmaterial emotional anspricht und den Bezug zum Alltag wahrt.
- Derartiges Übungsmaterial weckt die natürliche Spielfreude und führt unmerklich zu einer Automatisierung neuer Artikulationsabläufe. Das trägt zugleich zum Sichern der Lexik und zum Aufbau einer Lernergrammatik bei.
- Fehlendes Übungsmaterial muss der Lehrer aus der Situation und für die Situation selber schaffen (können).

2 Zum Fremdsprachenerwerb

Es ist hier nicht der Ort, ausführlich auf den aktuellen Stand der Diskussion über das Lernen von Erst- und Zweitsprachen einzugehen. Wenden wir uns vielmehr der Frage zu, wie wir den „Erwerb einer guten Aussprache" angehen können.

2.1 Spracherwerb ist Gemeinschaftsarbeit

Spracherwerb hat eine Nehmer- und eine Geberseite. Die Gewichte sind dabei ungleich verteilt. Auf der Geberseite, der Seite des Schon-Sprechenden (Mutter, Lehrender), ist das ganze Sprachsystem schon vorhanden, auf der Nehmerseite (Kleinkind, Lernender) stellt sich das Problem der Aneignung eines ganzen Systems in angemessenen Schritten. Dem Schon-Sprecher fällt gegenüber dem Noch-Nicht-Sprecher die Aufgabe zu, ihn auf das eigene Niveau hinzuführen, ihm „hinüberzuhelfen".

Wolfgang und Jürgen Butzkamm (1999) formulieren unter der Überschrift „Das Einverständnis ungleicher Partner" für den Erstspracherwerb:

> „Spracharbeit ist Gemeinschaftsarbeit. Jeder Spracherwerb ist zugleich Sprachvermittlung. So gesehen können auch Lehrer, die in den Schulen unter ganz anderen Bedingungen eine Muttersprache, Zweit- oder Fremdsprache vermitteln, von der Art und Weise lernen, wie die Natur Unterricht quasi inszeniert. Ausgangspunkt ist das Einverständnis der Beteiligten.
> Wie ungleich sind doch die Partner in diesem Spiel! Die einen kennen sich in der Welt aus, der andere muss sie sich noch erobern. Die einen haben die Sprache, der andere hat sie nicht. Sprache will Schritt für Schritt, ja Laut für Laut gewonnen werden. Dabei ist dem Neugeborenen nicht einmal gezielte Gestik möglich. So müssen die Eltern die Führungsrolle übernehmen und Einvernehmen herstellen. Sie tun das auf eine Weise, deren Raffinement ihnen zumeist gar nicht bewusst wird. Mit welcher Freude, mit welchem Stolz registrieren Eltern selbst kleinste Entwicklungsschritte ihrer Sprösslinge!" (S. 34)

Wenn wir hier das Wort „Eltern" durch „Lehrer" ersetzen, zeichnet sich sogleich ein ideales Bild von „natürlicher Künstlichkeit" im Unterricht ab. Den gewichtigen Unterschied, dass wir es in der Klasse mit gleichzeitig vielen Lernern zu tun haben, stellen wir uns als ausgeglichen vor durch die Tatsache, dass Lehrer kraft ihrer Professionalität Raffinement gezielt einsetzen. Die Kapitel dieses Buches wollen speziell für das „Stiefkind Phonetik" dazu beitragen, dass auch hier das „Einverständnis der Beteiligten" hergestellt und aufrechterhalten werden kann. [vgl. *Körpersprache*, S. 38; *Lehrerprofil*, S. 40; *Motivation*, S. 44; *Phonetische Gesten*, S. 47]

2.2 Der gute Fremdsprachenlerner

Unter dem Titel „Der gute Fremdsprachenlerner. Eine strukturale Beschreibung seiner kognitiven Gesten und Lernstrategien" lenkt Petra Campadieu (1998, S. 225 ff.) den Blick auf den Lerner. Ausgangspunkt ihrer Untersuchung war die Frage,

> „warum manche Menschen leicht und erfolgreich eine Fremdsprache lernen, während andere mit dem Fremdspracherwerb Mühe haben und eine Lernersprache entwickeln, die von Fossilierungen auf verschiedenen Ebenen gekennzeichnet ist." (S. 227)

Mit dem „guten Fremdsprachenlerner" meint sie aber nicht den strebsamen, erfolgreichen Schüler, sondern sie geht der Frage nach der effizienten Lernstrategie nach, die ihn sprachlich erfolgreich sein lässt:

> „Die sich hieraus ergebende Arbeitshypothese lautete, dass, wenn es gelänge, die kognitive Vorgehensweise von guten Fremdsprachenlernern zu verstehen, es eventuell möglich sein könnte, sie den Lernern mit Lernschwierigkeiten zu vermitteln und so deren Lernerfolg zu verbessern." (S. 228)

Der Aufsatz ist für unser Anliegen sehr aufschlussreich und wird deshalb ausführlich wiedergegeben. In Kapitel 5 wird an einfachen und an komplexeren Beispielen gezeigt, wie man mit Texten im Sinne einer Prävention von Lernproblemen umgehen kann, um besonders junge Lerner von vornherein mit einer guten Lernstrategie vertraut zu machen.

Die „gute Fremdsprachen-Lernstrategie" leitet Campadieu aus einer sensiblen Selbstbeobachtung ab, schildert in zwei Fallbeispielen Lernerstrategien, die zu frühen Fossilierungen [vgl. S. 35] geführt haben und zeigt dann einen Weg, wie ein Lehrer dazu beitragen kann, dass Lerner sich auf die effizientere Strategie umstellen.

„Eines Morgens höre ich einen spanischen Sender. Musik und gesprochene Beiträge wechseln sich ab. Ich bemerke plötzlich, dass meine Aufmerksamkeit völlig vom Klang absorbiert ist, d. h. ich folge, ohne an etwas anderes zu denken und ohne zu versuchen, den Sinn des Gesagten zu verstehen, ausschließlich dem Klang. Man könnte sagen, dass ich dem Klang zuhöre, als ob es ein Musikstück sei. In diesem Zuhören gibt es keine Trennung zwischen mir und dem Sprecher. In einer Art ‚gleichschwebender Aufmerksamkeit' folge ich allen klanglich-rhythmischen Manifestationen des Gesprochenen.[1]

Durch diese Fokussierung auf potentiell alle Klangelemente entsteht nach einiger Zeit des Hörens eine Art klanglicher Osmose mit dem Sprecher; ich habe den Eindruck, gleichzeitig mit ihm zu sprechen. Wenn der Sprecher eine kurze Pause macht, wiederhole ich schnell einzelne Satzfragmente, indem ich die Stimme des Sprechers imitiere, d. h. ich achte darauf, dass sich das, was ich sage, so anhört wie das, was der Sprecher sagt.

Da ich kein Spanisch spreche, verstehe ich den Sinn des Gesagten nicht; dieses Nicht-Verstehen stört mich jedoch nicht. Ich versuche auch nicht zu verstehen, sondern mein Bemühen gilt ausschließlich dem Klang, wobei ich zunächst den prosodischen Elementen (Geschwindigkeit, Akzentuierungen, Rhythmus) besondere Beachtung schenke und die prosodische Stimmführung in den kurzen Sprechpausen so gut wie möglich nachzuahmen suche. Ich bediene mich dabei beliebiger Silben, da ich die einzelnen Phoneme noch nicht genau heraushören kann.

Dieser Zuhörmodus, dieses von Nebengeräuschen freie, auf das Ensemble der Klangelemente gerichtete Hören, getragen vom Vorhaben, so zu sprechen wie der *native speaker*, den ich höre, zieht mich in die ‚gesprochene Kette'[2] hinein.

Es entsteht nach einiger Zeit dieses nicht selektiven Zuhörens eine Differenzierung der Wahrnehmung. Die Phoneme, die zu Beginn noch kaum wahrnehmbar sind, differenzieren sich aus und werden für mein Ohr immer besser wahrnehmbar. Diese Ausdifferenzierung ist das natürliche, sich sozusagen von selbst einstellende Resultat des auf alle klanglichen Elemente gerichteten Zuhörens.

Die Vergegenwärtigung anderer Situationen, in denen ich mit einer mir unbekannten Sprache konfrontiert bin, zeigt mir, dass ich immer diesen hier beschriebenen Zuhörmodus anwende, wobei ich in informellen Situationen mit *native speakers*, die ich nicht oder nur kaum verstehe, dieses klangfokalisierende Zuhören durch die Beobachtung des Sprechers unterstütze. Es handelt sich dabei um eine Art gedankenfreier Wahrnehmung, die frei ist von analysierenden Prozessen. Ich versuche in dieser Anfangsphase nicht, den Sprecher zu verstehen, sondern bemühe mich nur, die Klangstruktur so präzise wie möglich aufzunehmen, immer mit dem Vorhaben, so sprechen zu können wie der *native speaker*, dem ich zuhöre.

Seit einiger Zeit mit der Frage beschäftigt, warum manchen Menschen der Erwerb einer Fremdsprache leichter fällt als anderen, wird diese Szene zu einem Schlüsselerlebnis. An ihr lässt sich nämlich deutlich die Basisgeste des guten Fremdsprachenlerners ablesen, die den Weg freigibt für ein – im Idealfall – harmonisches und spannungsfreies Lernen. Sie ist eine Art initialer Katalysator, die die verschiedenen mit dem Fremdsprachenlernen verbundenen Prozesse in Bewegung setzt und den Lernprozess in die richtige Richtung lenkt.

Nach meiner Beobachtung praktizieren gute Fremdsprachenlerner, ohne sich dessen zumeist bewusst zu sein, diese Form der gleichschwebenden Aufmerksamkeit der gesprochenen Kette gegenüber. Lerner hingegen […], denen der Fremdsprachenerwerb Mühe bereitet, kennen diese Basisgeste nicht oder nur fragmentarisch. Um ihnen zu helfen, ihren Lernprozess in erfolgreiche Bahnen zu lenken, ist es notwendig, ihnen diese Basisgeste zu vermitteln. Dazu muss sie zunächst genau beschrieben werden." (S. 228 f.)

Gleichschwebende Aufmerksamkeit, Fokussierung auf potentiell alle Klangelemente, Zuhörmodus, „gesprochene Kette" (eine angemessene Übertragung des Tomatis-Ausdrucks wäre wohl auch „Redefluss"), Beobachtung des Sprechers, Basisgeste des guten Fremdsprachenlerners,

---

[1] Der Begriff stammt von Sigmund Freud, der mit der „gleichschwebenden Aufmerksamkeit" die nicht-selektive, alle Manifestationen des Patienten aufnehmende Haltung eines Psychoanalytikers beschrieb. [Originalfußnote]

[2] Der Begriff „gesprochene Kette" ist eine Übersetzung des von Alfred Tomatis benutzten Ausdrucks chaine parlée, mit dem er die rhythmisierte Aufeinanderfolge von Phonemen kennzeichnete. Vgl. dazu seine sehr interessanten, auf der Gehörforschung basierenden Untersuchungen über den Fremdsprachenerwerb: Alfred Tomatis. Nous sommes tous nés polyglottes. Paris: Fixot, 1991. [Originalfußnote]

Schlüsselerlebnis, initialer Katalysator: Das sind Schlüsselwörter, die die beschworene Wende in der Ausspracheschulung bewirken können. An späterer Stelle des Aufsatzes heißt es vielversprechend: „... aus einer konzisen Aufnahme des Klanges (ergibt) sich das Verstehen fast wie von selbst." Hier verbergen sich allerdings auch Aufgaben für beide Seiten der ungleichen Partner. Der visuell überflutete Lerner muss sich darauf einlassen, (wieder) differenziert zu hören – hin und wieder durchaus auch mit geschlossenen Augen –, der Lehrer muss die Bedingungen dafür organisieren. Lernern, die über die „Basisgeste" noch nicht oder nicht mehr verfügen, muss sie nahegelegt werden. Das ist im Primarbereich noch relativ leicht möglich. Bei älteren Lernern, die oft zu rational vorgehen, kann man in einem Gespräch die Lernstrategie thematisieren:

> „Mit der ‚gleichschwebenden Aufmerksamkeit' habe ich eine Zuhörhaltung beschrieben, die dem guten Lerner natürlich ist. Sie ist in diesem Sinn für den guten Lerner keine bewusste Lernstrategie, die für mich das bewusste Einsetzen einer Strategie bedeutet, um sich etwas anzueignen." (Campadieu, Korrespondenz vom Okt. 2000)

Campadieus Beschreibung der Abläufe bei der „Basisgeste des guten Fremdsprachenlerners" gebe ich hier thesenhaft verkürzt wieder:

- Der gute Fremdsprachenlerner ist nicht primär auf das Verstehen zentriert. Sein Motto lautet: *Ich höre zu, um so sprechen zu können wie der Sprecher, dem ich zuhöre* bzw. *Ich höre zu mit dem Ziel, dass das, was ich sage, sich so anhört, wie das, was der Sprecher sagt.*
- Er praktiziert die Basisgeste der gleichschwebenden Aufmerksamkeit gegenüber allen Manifestationen der gesprochenen Kette.
- Unter „gesprochene Kette" wird die Qualität der Globalität eines akzentuierten, rhythmisierten Klangbogens und der Sukzession in der Aufeinanderfolge der Phoneme verstanden. Sie repräsentiert zugleich ein Klanggefüge und eine syntaktische Ordnung.
- Der gute Fremdsprachenlerner privilegiert die Aufnahme der prosodischen Elemente, die die Klangmatrix darstellen, auf deren Basis sich die Sukzession der Phoneme nach und nach ausdifferenziert.
- Er geht in einer bestimmten Ordnung vor. Bei jeder Fokussierung auf spezifische Elemente hat er immer die ganze Struktur vor Augen. Sein Vorgehen ist zugleich nichtselektiv und geordnet.
- Er integriert die gesprochene Kette als ein phonetisch noch undifferenziertes, rhythmisch strukturiertes Gebilde, das er nachzuahmen versucht, ohne dass es ihn stören würde, den Sinn des Gesagten nicht zu verstehen.
- Er spricht prosodisch richtig und behilft sich eventuell durch ein prosodisch richtiges Lallen irgendwelcher Silben. Die erste Ausformung seiner Lernersprache ist eine nicht-fossilisierte Rhythmussprache.
- Diese Rhythmussprache zieht den guten Fremdsprachenlerner gewissermaßen in die Phonemstruktur hinein.
- Wenn sie ausreichend integriert ist, richtet er seine Aufmerksamkeit stärker auf die Abfolge der Phoneme, d. h., er versucht die einzelnen Laute voneinander zu unterscheiden, immer auf der Basis der rhythmisch-prosodischen Orientierungspunkte.
- Es handelt sich um einen evolutionären, nicht mechanischen Prozess, um eine Vorgehensweise von der Globalität zum Detail, die immer von der globalen Klangmatrix getragen wird.
- Durch das Abschieben des Verstehens an die Peripherie bleibt das Wahrnehmungsfeld frei für die Aufnahme der Klangstruktur. Aus einer konzisen Aufnahme des Klanges ergibt sich das Verstehen fast wie von selbst.
- Je mehr der Lerner zu Beginn auf das Verstehen fixiert ist, desto mehr blockiert er den Lernprozess, da sein Wahrnehmungsfeld vom Verstehen-Wollen absorbiert ist.
- Der Lerner, der die klangliche Struktur integriert hat und in der Lage ist, der Aufeinanderfolge der Phoneme zu folgen, hat eine solidere Basis für seine Hypothesenbildung.
- Diese Vorgehensweise ist effizient, da sie logisch und zugleich ökonomisch ist. Der gute Fremdsprachenlerner erwirbt immer nur das seinem jeweiligen Kenntnisstand angemessene Wissen.
- Der gute Lerner hält sich an die Etappen des kindlichen Lernprozesses: Er nimmt zunächst, wie das Kind vor der Geburt im aquatischen Milieu, die Sprache als ein phonemisch noch undifferenziertes, rhythmisches Gebilde wahr, differenziert die Phonemkette auf der Basis dieser rhythmischen Matrix aus und geht erst später zu mehr reflektierend-analysierenden Verfahren über. Die auditive Integration, die er so gut leistet, ist das Resultat einer in gewisser Weise kindlich-naiven Haltung.
- Die Praxis der beschriebenen Basisgeste und die hieraus resultierende Lerndynamik ist eine für den Fremdsprachenlernerfolg notwendige, jedoch nicht ausreichende Bedingung. Andere erfolgsdeterminierende Faktoren wie Motivation, das Bild vom Land der Zielsprache, die emotionale Gestimmtheit und vieles mehr spielen eine Rolle. Bei Abwesenheit der Basisgeste entstehen jedoch unvermeidbar Lernprobleme.

Manche dieser thesenhaft gerafft wiedergegebenen Gedanken von Campadieu (1998, S. 229 ff.) mögen nicht unwidersprochen bleiben. Sie erscheinen jedoch insgesamt gut nachvollziehbar. Sie decken sich mit den positiven Erfahrungen, die man damit machen wird, wenn man die rhythmisch-prosodische Klangstruktur als „primäres Verankerungssystem" (Campadieu, 1998, S. 230) anbietet.

Das neue Klangbild sollte zunächst also global und gestalthaft, tatsächlich bis in bildliche Vorstellungen hinein aufgenommen, subjektiv bewertet und angenommen, nachgeahmt, trainiert, korrigiert, optimiert und schließlich automatisiert werden. So kann eine durch psychische und motorische Probleme erklärbare Diskrepanz zwischen korrekt abgespeicherten Klangbildern, der Hörleistung und der sprechsprachlichen Produktion, das heißt der Ausspracheleistung, minimiert werden.

Die interne Grammatik, die Syntax wird unbewusst mit aufgenommen. Eine Fertigkeit etabliert die andere. Das Gestalthafte des Klanges kann und wird sich anschließend auch im Schriftbild niederschlagen. Um das zu unterstützen, ist es keine vertane Zeit, wenn die Lerner die Grafie hin und wieder anmalen, ausschneiden, in die Luft malen dürfen. Wie stark die Korrelation von Phonie und Grafie werden kann, merken wir an den beharrlichen Interferenzen von Erst- und Zweitsprache. [vgl. *Lesen*, S. 40]

2.3 Zusammenfassung

- Spracherwerb ist Gemeinschaftsarbeit.
- Ausgangspunkt ist das Einverständnis der Beteiligten.
- Lehrende setzen professionell geeignete Methoden ein, um dieses Einverständnis herzustellen und aufrecht zu erhalten.
- Lernende sollten mit der Basisgeste des guten Fremdsprachenlerners vertraut gemacht werden: Zuhören mit dem Ziel, dass das, was der Lerner sagt, sich so anhört wie das, was der Sprecher sagt.
- Prosodische Richtigkeit kommt vor artikulatorischer Richtigkeit.
- Primäres Verankerungssystem eines erfolgreichen Sprachunterrichts ist die absichtsvolle, integrierte Vermittlung der rhythmisch-prosodischen Klangstruktur.

3 Sprechrhythmus: Wasserzeichen der Sprache

3.1 Prosa, Rhythmus, Sprechrhythmus

Es gibt Ereignisse, da quillt es kollektiv in uns hoch: der Bedarf an einem gemeinsamen Nenner für gemeinsames Sprechen. Das Bewusstsein vom Phänomen des Rhythmus wird in uns wach. Die Parolen von Demonstranten oder von Zuschauermassen z. B. im Fußballstadion sind jedermann bekannt. Und wer sie mitruft, ist sichtlich anders engagiert als der Betrachter am Straßenrand oder am Fernsehschirm.

Der Satz *Wir sind das Volk* ist an sich ganz schlichte Prosa. Im Oktober 1989 in Leipzig von Zehntausenden in rhythmischer Reihung [vgl. S. 54] skandiert, hat er aber „das Eis zum Schmelzen" gebracht. Wer sich die Filmaufnahmen vom Ende der Deutschen Demokratischen Republik noch einmal ansieht und sich diese Parole anhört, wird erkennen, welche Entschlossenheit der Massen in der markanten Pause zwischen den Parolen zum Ausdruck kam.

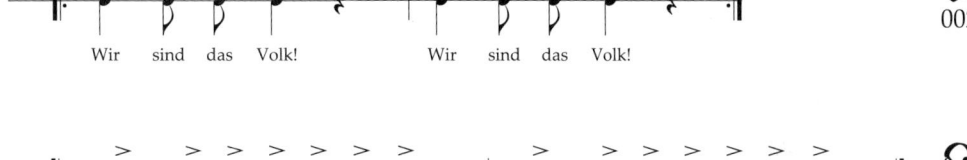

002

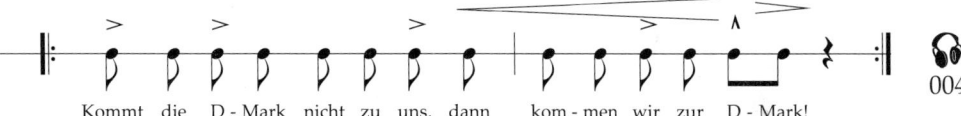

003

Wenige Monate später zielten die Wünsche der Bevölkerung in eine ganz bestimmte Richtung und entsprechend skandierten die Leipziger:

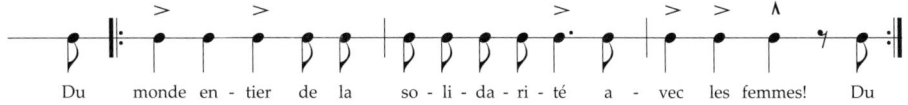

004

Die Parole hämmert unerbittlich, überrennt die Zäsur beim Komma und wirft sich auf den doppelten Sprechakzent bei „wir" und gleich dahinter bei „D-Mark".

Im Herbst 2000 gab es in Paris zum Tag der Frau eine große Demonstration, bei der auch ein kraftvoller Prosarhythmus skandiert wurde. Er hatte es in sich:

005

Sowohl der Satzanfang als auch sein Ende sind dem Rhythmus nach ein Zitat der Carmen-Arie aus der gleichnamigen Oper von G. Bizet. Mit dieser Anspielung, die sicher von allen verstanden, mindestens gespürt wurde, zog Carmen als Idol in der ersten Reihe der Demonstranten mit.[1]

Rhythmische Struktur durchzieht die Sprache. In einer akzentzählenden Sprache wie der deutschen wird dies besonders deutlich, vor allem in affektreichen Situationen. In einem Satz wie *Hör endlich auf!* eher unbe-

006

---

[1] „Solidarität mit den Frauen auf der ganzen Welt!"

wusst eingesetzt, steigert dasselbe rhythmische Muster in der Parole *Wir sind das Volk!* ganz bewusst den Affekt, was ihr eine enorme Kraft verleiht. Affektreiches Sprechen und authentisches Sprechen stehen in enger Wechselwirkung. Das sollten wir uns im Fremdsprachenunterricht zunutze machen!

In sinngemäßer Abwandlung eines Satzes aus „Das Wasserzeichen der Poesie" (Thalmayr, 1985, S. VIII) rufen wir aus: „Oh, es wäre schon Einiges gewonnen, wenn wir wieder sprechen könnten ohne zu gähnen. ... Das Wasserzeichen verschwindet nicht so leicht. Wer Lust hat – ohne Lust geht es nicht –, der braucht die Sprache nur gegen das Licht zu halten."

Szenenwechsel. Fußgängerzone in Saarbrücken. An der Ampel wartet neben mir ein Junge und sagt leise vor sich hin: *Hikatschu*, mehrfach, rhythmisch klar gegliedert, mit Betonung auf der Endsilbe. So bewältigt er seinen Bewegungsstau, wenn er nicht weitergehen darf. Nach der Überquerung der Straße kommt mir ein anderer Junge entgegen, der beim Gehen leise skandiert: *Links, links, an der Ecke stinkt's*.

Szenenwechsel. Fußgängerzone in Metz. Sonntagmorgen. Kein Lieferverkehr. Nur die Schritte von einigen Fußgängern und ihre Stimmen sind zu hören. Ein Vater mit drei gleich gekleideten Mädchen – sie sind um die sechs Jahre alt, in Sommerkleidchen und mit Strohhut – kommt offenbar vom Bäcker: Zwei Baguettes ragen unter dem Arm hervor. Eins der Mädchen singt im Gehen immer wieder laut vor sich hin, in der gleichen Rhythmisierung auf eine erfundene Melodie und in einer Art Sprechgesang: *On a acheté du pain dans une boulangerie.*[1] Und nach einigen Wiederholungen, die zwischen den hohen Häuserfronten weit tragen, erschallt die erste Variante nach demselben Muster: *On a acheté des ballons dans un grand magasin.*[2]

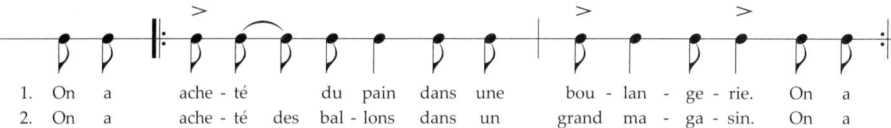

Die Geschwister singen hin und wieder mit, erst den einen, dann den anderen Vers. Und während sich die kleine Gruppe entfernt, erfinden die Sängerinnen neue Verse nach demselben Muster. Die Strohhüte hüpfen im Rhythmus auf und ab. Wer Lust hat – ohne Lust geht es nicht …

Lautliche Äußerungen mit den Eigenschaften betont/unbetont, lang/kurz sowie Klangpausen treten per definitionem als Rhythmus zutage. Rhythmus ordnet die Zeit, Rhythmus ordnet unsere Sprache. Ein Text in rhythmischer Prosa liest sich glatt, ein Text ohne diese Eigenschaft wird als „trocken" empfunden. Man sagt dann: Das liest sich schlecht. Das Geheimnis des typischen deutschen Klanges ruht im Treffen oder Verfehlen bzw. Verfälschen des immanenten Sprechrhythmus: Jedes Wort, jede sprachliche Einheit, jeder Satz, ja jeder Text hat seinen immanenten Sprechrhythmus. Aus ihm resultieren die Reduktionen, Elisionen und Assimilierungen im Deutschen, die Deutschlernern so schwerfallen. Man spricht eben nicht, wie man schreibt! [vgl. *Rhythmus*, S. 50]

---

[1] Wir haben Brot beim Bäcker gekauft.
[2] Wir haben Bälle im Kaufhaus gekauft.

3.2 Authentische Aussprache

Der immanente Sprechrhythmus wird Muttersprachlern in der Regel erst bewusst, wenn jemand dagegen verstößt: ein Ausländer oder im Spiel (*Blumento-pferde* ⇔ *Blumentopferde*). Ein Lehrer für Deutsch als Fremdsprache dagegen muss sich darüber im Klaren sein, was über die Aussprachequalität seiner Schüler entscheidet: der Grad an authentischer Realisierung der rhythmischen Paradigmen.

Wie bei einem Qualitätspapier erst bei näherem Hinsehen das eingearbeitete (immanente) Wasserzeichen seine Herkunft verrät sowie Stil und Geschmack vermittelt, so ist es in übertragenem Sinne auch mit der deutschen Sprache: Eine Sprache unter vielen, deren Webmuster sich erst bei näherem Hinhören erschließt. Hat man es einmal verstanden, ist es aus der Menge der anderen sofort zu erkennen.

Die Kleinen und die Großen wissen es, kennen es, können es, mögen es: Jedes Wort, jeder Satz hat seinen immanenten (ihm eigenen) Rhythmus. Man kann sich darauf verlassen. Wenn man den Rhythmus hat, hat man den ganzen Satz. Er geht einem nicht mehr aus dem Ohr. Für den Sprachunterricht ist es das Optimum, wenn etwas richtig Gelerntes nicht mehr aus dem Ohr geht, auch abends beim Einschlafen. Aber wehe, es ist etwas Falsches!

Eine Antwort auf die Einladung: Male ein Bild darüber, was dir am Deutschunterricht gefallen hat.
(Schülerin, 10 J.)

[vgl. *Telefon-RAP*, S. 128]

Integrierte Ausspracheschulung wird so zum „Wasserzeichen" des DaF-Unterrichts. Wasserzeichen hier im Sinne von „Gütesiegel". Sprache ist zunächst Klang und als Lehrer habe ich darauf zu achten, dass der Lernende den Klang – unverstellt durch muttersprachliche Hörgewohnheiten – wahrnimmt und wiedergibt. Fremdsprachenunterricht schult also zunächst die Basisfertigkeiten Hören (phonematisch und intonematisch) und (Nach-)Sprechen (Artikulieren und Intonieren). Campadieu (1998) spricht in diesem Zusammenhang davon, dass der Lehrer dem Lerner die „Basisgeste des guten Fremdsprachenlerners", die „gleichschwebende Aufmerksamkeit der gesprochenen Kette gegenüber" vermitteln müsse. [vgl. 2.2]

Die wesentliche Voraussetzung dafür: Der Lehrer gibt die Sprache nicht nur lexikalisch und syntaktisch, sondern vor allem klanglich richtig vor. Wer das bewusst tut, wird erleben, wie sich durch richtige Intonation die richtige Artikulation bei den Schülern weitgehend von selbst einstellt. Einzelübungen werden so fast überflüssig. Unter „klanglich richtig" wird hier mehr verstanden als „standardgemäß, korrekt, neutral". „Klanglich richtig" impliziert auch: situationsgerecht, emotional gefärbt. Die klangliche Norm hat – je nach Situation – eine „enorme" Bandbreite.

Es sei noch einmal wiederholt: Im Fremdsprachenunterricht gehört es zu den primären Aufgaben, die Lernenden möglichst nahe an die klangliche Norm der Zielsprache heranzuführen.

> „Fehler, die im Anfängerunterricht nicht beseitigt werden, sind später nur mit großer Mühe oder gar nicht mehr zu beheben. […] Als Diskussionsangebot kann gelten, vor allem jene Fehler zu korrigieren, die den sogenannten fremden Akzent ausmachen, also jene, die der Muttersprachler nicht macht, wenn er sich bemüht Standard zu sprechen, die aber für den Ausländer typisch sind […] Die Wort- und Satzakzentfehler [sind] bewusst an die Spitze gesetzt, da sie tatsächlich die ‚schlimmen' Fehler darstellen" (Dieling, 1991, S. 112, 114).

Schlimmer als andere Fehler wirken sie deshalb, weil der Hörer unbewusst zunächst die Intonation einer Aussage erfasst, dann deren Semantik. Wenn die erste Hörprüfung fehlerhafte Informationen enthält, ist die semantische Prüfung von vornherein beeinträchtigt.

Zugleich geht es darum, Alltagssprache so zu vermitteln, dass sie zur Kommunikation befähigt. Es wird in der Regel zu wenig erkannt und genutzt, dass Übungen zum Erreichen der Aussprachenorm aus der Alltagssprache bezogen werden können. Sie enthält das gesamte phonetische Spektrum. Sie steckt voller Rhythmus. Man kann im wahrsten Sinne des Wortes Musik daraus machen. Praktisch jede Struktur eignet sich dazu. [vgl. *Rhythmische Reihung* (Hatschi – Gesundheit!), S. 54; *Sonntag, Montag, Dienstag*, S. 95]

Die typischen alltäglichen Redewendungen, die Art zu formulieren, die Sprichwörter spielen sich bei Muttersprachlern so ein, dass sie leicht über die Lippen gehen; das heißt: dass der Rhythmus stimmt. Im Unterricht sollte sich der Lehrer darum bemühen, dass die sprachlichen Übungen und Aktivitäten ebenfalls leicht über die Lippen gehen. Mit mehr oder weniger kleinen Eingriffen kann er Lehrbuchtexte, die oft so gewollt, langweilig oder konstruiert sind, zu rhythmisch-melodischen Einheiten machen. Mehrere davon aneinandergereiht, vielleicht mit einer neuen Pointe versehen, am besten von den Schülern gefunden, ergeben ein Sprechstück. Der Grammatikstoff einer ganzen Einheit kann darin zusammengezogen sein – in alltäglichen Strukturen, die sich in neuen Zusammenhängen neu verwenden lassen (Transfer).

Dagegen mag ich keine Zungenbrecher [vgl. S. 60]. Ich halte ihren Nutzen für die Ausspracheschulung für sehr begrenzt. Was Muttersprachler artifiziell an die Grenzen der Artikulationsfähigkeit führen soll und dabei oft wenig Rücksicht auf semantische Logik nimmt, kann im Fremdsprachenunterricht nur in Ausnahmefällen in Betracht kommen. [vgl. *Sprechstücke*, S. 55]

Authentische Texte generieren am ehesten eine authentische Intonation [vgl. *Authentisch*, S. 32]. Affektive Intonation bezieht paralinguistische Elemente mit ein und macht die Intonation plausibel. Elementare Beispiele hierzu bieten z. B. die Sprechstücke: *Es regnet, es schneit* [S. 90] und *Komm her! Geh raus!* [S. 107].

056
065

3.3 Zusammenfassung

- Rhythmische Struktur durchzieht die Sprache.
- Die rhythmischen Paradigmen sind Lautheit, Dauer und Pausen.
- Jede sprachliche Einheit hat ihren immanenten Sprechrhythmus, ihr klangliches Informationsprofil.
- Klanglich richtiges Sprechen ist auch situationsgerechtes Sprechen.
- Fehlerhafte Intonation kann das semantische Verständnis bei der Kommunikation erheblich beeinträchtigen.
- Sperrige Texte lassen sich durch Modifikationen in Alltagssprache verwandeln, die leicht über die Lippen geht.
- Authentische Texte generieren am ehesten eine authentische Intonation.

4 Bausteine für eine integrierte Ausspracheschulung von A (Akzeptanz) bis Z (Zungenbrecher)

In der folgenden Übersicht sind die Stichwörter zusammengestellt, die wie Leitmotive in der Arbeit für integrierte Ausspracheschulung auftauchen. Sie bilden die Grundlage für die Schaffung von beziehungsweise den Umgang mit Übungsmaterial im Unterricht.

Definitionen, die mit [∗] gekennzeichnet sind, stammen mit freundlicher Genehmigung aus H. P. Kelz „Lexikon der Phonetik" in: Hirschfeld/Kelz/Müller, 2003 ff.

Akzent, dynamisch
1. diakritisches Zeichen (Akzentzeichen) über einem Buchstaben ...
2. Wortakzent, Wortgruppenakzent, Satzakzent (auch Betonung)
3. fremder Akzent: durch die Muttersprache gefärbte Aussprache einer Fremdsprache (z. B. Deutsch mit französischem Akzent) [∗]

Akzent, melodisch
(auch: musikalischer Akzent): Hervorhebung eines Redeteils durch Veränderung der Tonhöhe. [∗] [vgl. *Intonation*, S. 36]

Akzentuierung, Betonung
Hervorhebung einzelner Silben innerhalb des Redeflusses (Wort, Wortgruppe, Satz) vorwiegend durch Erhöhung der Lautstärke und Veränderung der Tonhöhe; entsprechend unterscheiden wir den dynamischen und den melodischen Akzent. Nach der Textbasis unterscheiden wir Wortakzent, Wortgruppenakzent und Satzakzent, nach dem Grad der Betonung verschiedene Akzentstufen (Hauptakzent, Nebenakzent und unakzentuierte Silben). [∗]

Günter ist ein forscher Typ! ⇔ Richard ist ein Forschertyp!

Deutschlernern bereitet es viel Mühe, die Wort- und Satzakzente an den richtigen Stellen anzubringen. Da ist es eine große Hilfe, dass die Satzakzente im Prinzip dorthin gehören, wo der inhaltliche bzw. emotionale Schwerpunkt der Aussage liegt. Das macht Sprechakzente plausibel. Sie lassen sich gestisch markieren und werden über die Geste merkfähig.

So zum Beispiel in dem Satz: *Pst! Nicht so laut! Die Nachbarn!*

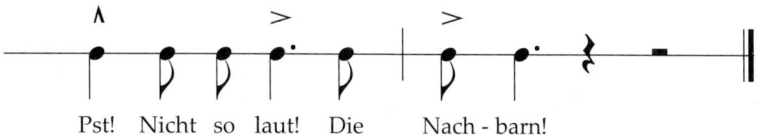
008

Die rhythmisch-melodische Einheit hat ein reiches phonetisches Potenzial:
- Konsonantenverbindung, behauchtes /t/ in *pst!* [pstʰ],
- kurzer Vokal und Ich-Laut, Koartikulation in *nicht so* [ˈnɪçtso],
- Diphthong und behauchtes Schluss-/t/ in *laut* [laotʰ],
- langer Vokal /i/, kurzes /a/, Ach-Laut, langes /a/ in *die Nachbarn* [ˈnaxbaːɐ̯n].

Akzeptanz bei Schülern und Lehrern
Aus der Sekundarstufe:
„Habe letzte Woche, eigentlich völlig ungeplant und unbeabsichtigt, Ihre ‚Rhythmus-Methode' angewandt, zunächst in einer 3ᵉ (9. Klasse), und als die mich nach einer Stunde schon fast nicht mehr gehen lassen wollten, auch in meiner nächsten Stunde – das hat nicht nur mir, sondern auch den Schülern sehr viel Spaß gemacht. Außerdem konnten

001

sie am Ende – was gar nicht meine Absicht war – einen relativ langen Dialog auswendig, den sie dann als ‚chanson' bezeichnet haben und gestern, eine Woche später, mit Leichtigkeit wiederholen konnten, so dass mein Deutschlehrer sie gleich auf Video aufgenommen hat." (E-Mail der Sprachassistentin Vera K.)

Aus der Primarstufe (Antworten auf Zetteln nach einem Jahr Deutschunterricht):

Mir wäre es lieber gewesen,
- Deutsch weiterzumachen,
- dass es echt länger geht,
- immer mehr Stunden zu haben,
- dass du das ganze Jahr bleibst,
- dass es nie aufhört,
- besser Deutsch zu können,
- früher angefangen zu haben,
- jeden Tag Deutsch zu haben,
- wenn die Stunden länger gewesen wären.

Aus der Lehrerfortbildung:

„Der Einsatz von Rhythmus und Akzentuierung im Sprachunterricht ist sehr hilfreich und motivierend."

„[…] neue Methoden, Deutsch auf eine andere, fantastische Weise zu vermitteln."

„Wir konnten hautnah erleben, wie effektiv und erfolgreich die von Herrn Fischer präsentierten Methoden sind; was ich besonders hervorheben muss, ist die Tatsache, dass wir mit vielen nützlichen Unterrichtsmaterialien ausgestattet worden sind."

„[…] das war hervorragend, sehr schön und erlebnisreich."

„[…] aufgrund von Herrn Fischers Angeboten werde ich mich wieder mehr für Phonetik interessieren (Unizeit ist lange her). Diese Art macht einfach Spaß."

Aus einer Magisterarbeit:

„A. F. führt in den Unterricht viel Bewegung und rhythmische Begleitung ein. Das Besondere dabei ist: Die Musik machen die Kinder selbst. Sie bekommen kleine Rhythmusinstrumente in die Hand, stellen sich hin und spielen und … es klappt! […] Die Lebendigkeit solchen Unterrichts mit Bewegung, Tanzformen, Körpersprache bewirkt, dass er zu einem spannenden Spiel wird." (Bakalarska, 2000, S. 62)

Artikulationshilfen

Wenn die rhythmisch-melodische Struktur richtig erfasst und ausgeführt wird, erledigen sich die meisten Artikulationsprobleme wie von Zauberhand fast von selbst. Ihr kommt deshalb der erste Rang im Fremdsprachenunterricht zu. [vgl. *Summen/Brummen*, S. 56]

Parallel dazu leisten phonetische Gesten [vgl. S. 47] eine große Hilfe. Sie werden paralinguistisch vom Lehrer eingesetzt, der jedoch immer wieder auch die Klasse oder einzelne Schüler einladen wird, sie an der entsprechenden Stelle selber auszuführen. Es ist oft zu beobachten, dass eine Artikulation zunächst nur mit einer Hilfsgeste gelingt, diese aber mit zunehmender Geläufigkeit später von alleine entfällt.

Einzelne Laute oder Konsonantenverbindungen müssen dennoch extra erklärt und geübt werden; sei es, dass sie analog in der Muttersprache vorkommen[1] – aber anders geschrieben werden –, sei es, dass sie den muttersprachlichen fremd sind.

---

[1] Zum Beispiel wird das deutsche /z/ gesprochen wie in franz. „le tsar" oder engl. „tzar" und „tsetse-fly".

Für jede Ausgangssprache liegt der Fall anders. Dieser Problematik nimmt sich die Sammlung „Phonetik international" (www.phonetik-international.de) an.

Wirkungsvoll sind besonders solche Hilfen, die fühlbare, bildliche, klangliche, klangmalerische, logische Assoziationen wecken. Sie sollten möglichst in jenem Sinnzusammenhang bleiben, in dem das artikulatorische Problem auftrat:

> „Die Forderung, sprachliche Tätigkeit muss immer mit Sinn verbunden sein, bedeutet auch, dass alle phonetische Detailarbeit immer wieder in einen – kleineren oder größeren – geistigen Kontext einmünden sollte." (Häussermann/Piepho, 1996, S. 49)

Atem und Stimme, Körper und Raum

„Die Stimme findet in der üblichen Erziehung kaum Beachtung". (Eckert/Laver, 1994, S. 9) Für den Atem gilt sicher das Gleiche. Und doch gehören beide zu den elementaren Lebensäußerungen. Im Spiel experimentieren Kinder gerne mit der Stimme. Aber wenn sie eine Tonaufnahme [vgl. S. 57] der eigenen Stimme hören, sind sie oft ungläubig oder sogar entsetzt.

002

Unsere Stimme klingt in uns tatsächlich anders, als sie von fremden Ohren wahrgenommen wird. Denn der eigene Körper erzeugt Resonanzen (und sendet sie über die Knochen in das Innenohr), die ein fremdes Ohr oder Mikrofon nicht wahrnimmt. Beide nehmen nur durch die Luft geleitete Schallwellen wahr.

Der Atem wird im Fremdsprachenunterricht zu einem eigenen Thema. Erwähnt seien nur der /h/-Laut und die behauchten Konsonanten $[p^h]$, $[t^h]$, $[k^h]$, die für Deutschlernende Hürden darstellen. Im Auslaut werden auch /b/ und /d/ behaucht:

003

> „Es ist, als berge die deutsche Sprache die ursprüngliche Brandung der See, bewahre ihr Wiegen, Ebbe und Flut. Wie der Spaziergänger am Strand mit dem Wellenschlag atmet (und das nicht weiß), ist das Deutsche durchdrungen von der Bewegung der Lunge. Die ganze deutsche Sprache ist auf dem Wechsel von Hebung und Senkung des Brustkorbs aufgebaut, auf An- und Abstieg, Hin und Her im Raum. [...] Diese Bewegung von Ebbe und Flut, das Hin und Her, der zweitaktige Rhythmus [...] ist eigentlich die Basis der deutschen Sprache." (Goldschmidt, 1999, S. 17, 22)

[vgl. *Heimkehr*, S. 136]

Ihren Beitrag „Die stimmige Stimme" leitet die Schauspielerin Eva Hanke (2000, S. 13) mit dem Satz ein:

> „Nicht was einer sagt, sondern wie er es sagt. [...] Klang und Ausstrahlung seiner Person wirken auf uns, bevor unser Verstand das Gesagte aufnimmt. [...] Tatsächlich, wenn wir jemandem zuhören, stellt sich unsere Atmung vollkommen auf den Atemrhythmus des Sprechers ein."

Der Lehrer gibt also ein visuelles Beispiel, ob er es will oder nicht. Körper und Stimme sollten eine anregende Harmonie vermitteln, Hände und Füße verleihen der Stimme Ausdruck und Kraft.

004

Stimmt die Stimme der Kinder? In den Pausen: ja. Im Unterricht: oft nein.

> „Die Energie der Kinder ist denselben Gesetzen unterworfen wie unsere eigene, auch ihre Konzentration wird durch Atmung und Bewegung sowie Entspannung und Spannung gefördert." (Hanke, 2000, S. 15)

Guter (Sprach-)Unterricht lebt davon, dass Energien aufgebaut und abgebaut werden können. Stille im Klassenraum ist nur bedingt ein Qualitätsmerkmal. [vgl. *Theatertechniken*, S. 57]

Ausspracheübungen

Guter Ausspracheunterricht ist einer, den man nicht merkt. (Frei nach H. E. Piepho: „Guter Grammatikunterricht ist einer, den man nicht merkt".) Gelegenheit zu Übungen bieten praktisch alle Situationen im DaF-Unterricht: das Hören, das Sprechen, das Lesen [vgl. S. 40] und sogar das Schreiben. Isolierte Übungen an Einzelphänomenen sollten die Ausnahme bleiben und nicht lange dauern. Integrierte Phonetikmomente, Korrekturen [vgl. S. 38] und Übungen sind das wirkungsvollere Ferment:
- überwiegend in suprasegmentalen [vgl. S. 56] Zusammenhängen [vgl. *Rhythmisch-melodische Einheiten*, S. 52],
- in Sinneinheiten, im Kontext,
- emotional [vgl. S. 34] ansprechend.

Die Übungen müssen
„also Spaß machen. Man darf die Kinder mit den Regeln nicht langweilen und mit monotonem Nach- und Nachsprechen bis zum Überdruss quälen. Um das alles zu erreichen, gibt es nichts Besseres, als in den Unterricht Bewegung und Musik einzuführen. Mit deren Hilfe kann man ‚Berge versetzen'." (Bakalarska, 2000, S. 86)

Authentisch

Authentische Aussprache ist die Aussprache des Muttersprachlers. Bei Deutschsprechern anderer Muttersprachen sind jeweils typische Abweichungen zu beobachten, die den „fremden Akzent" ausmachen. Authentischer Klang ergibt sich aus situationsgerechtem, emotional gefärbtem Sprechen. Bei einem „authentischen Text" kommt es weniger darauf an, ob er ein deutscher Originaltext ist, „sondern ob ein *native speaker* ihn als authentisch empfinden würde." (De Florio-Hansen, 2000, S. 205)

Für eine integrierte Ausspracheschulung verwendet man am besten derartig authentische Texte. Solchen nach dem Muster *Zweiundzwanzig zappelnde Ziegen ziehen zum Zoo* steht einem künstlichen Überfluss von /z/-Lauten ein Mangel an Authentizität entgegen und das treibt den Nutzen der Übung gegen Null. [vgl. *Zungenbrecher*, S. 60]

Authentischer wird das /z/ meines Erachtens eher so geübt:

009

Hier wird eine real vorstellbare und somit spielbare Situation vorgegeben und in einen kurzen Dialog mit einfachen sprachlichen Grundmustern gekleidet. Das /z/ kommt sechsmal vor, dreimal für jeden Sprecher. Jeder Dialogteil besteht aus einer rhythmisch-musikalischen Einheit.

Die drei Sätze bilden zusammen ein kleines Sprechstück [vgl. S. 55]. Die dazu passende Gestik ist leicht zu finden. Abwandlungen des Ortes und der Abfahrtszeit lassen zahlreiche Variationen zu, bei denen die /z/-Übung wieder an den Rand treten darf.

Authentisch sind prinzipiell idiomatische Wendungen, für die bei Lernern ein besonderes Interesse besteht:
„Der weitaus kürzeste Weg, sie so zu verinnerlichen, dass sie für den spontanen Gebrauch zur Verfügung stehen, ist erfahrungsgemäß das Nachspielen von vorgegebenen Dialogen." (Häussermann/Piepho, 1996, S. 265)
[vgl. *Modelldialoge*, S. 43]

Automatisieren

Damit sich die richtige Intonation einstellt, reicht es nicht, alle Wörter eines Satzes und ihre richtige Reihenfolge zu kennen. Die primären Sprechbewegungen, die für die neuen und ungewohnten Konsonantenverbindungen erforderlich sind, müssen sich einschleifen, um automatisch ablaufen zu können. Es muss ein Gefühl dafür entstehen, wo Reduzierungen oder Elisionen, Dehnungen oder Akzente zu artikulieren sind, damit das richtige Klangbild entsteht.

Kleidet man derartige Geläufigkeitsübungen in sinnvolle, kommunikativ angelegte Dialoge [vgl. *Sprechstücke,* S. 55] mit einer Portion Witz und Dramatik, gewinnen die Schüler dreifach:
- mehr Artikulationsroutine,
- mehr prosodische Kompetenz,
- mehr Diskursroutine.

Chorisches Sprechen, einzeln sprechen, solo – tutti, Rollenwechsel

Das hier vorgestellte Material geht prinzipiell davon aus, dass die Lerner zunächst in der Gruppe reagieren und agieren. [vgl. *Sprechstücke,* S. 55] Der Einwand, der Lehrer könne beim Gruppensprechen nicht die Fehler der Schüler hören, widerspricht den Erfahrungen aus dem Unterricht. Es geht ja zunächst gar nicht darum zu hören, welche Fehler die Schüler machen. Im Anfang gibt es noch oft „Fehler", weil die Schüler sich nicht so leicht von ihren muttersprachlichen Hör- und Sprechgewohnheiten lösen können. Ab einem Alter von etwa zehn bis elf Jahren scheuen sie sich sogar zunehmend davor, vor anderen fremde Laute von sich zu geben, weil es an ihre Identität rührt. Dieses Problem wird durch Gruppensprechen deutlich gemildert.

Der Lehrer muss dafür allerdings in der Lage sein, seine Klasse synchron sprechen zu lassen. Im Muttersprach- und Musikunterricht zum Beispiel ist das eine gute alte Tugend. Dazu müssen Signale verabredet und eingehalten werden. Gemeinsames Einatmen gehört ganz wesentlich dazu.

> „Das Intonationsmuster einer ganzen rhythmisch-melodischen Einheit ist Grundlage für das Einüben; Details sollten erst in zweiter Linie geübt und korrigiert werden. Wenn Akzente, Silbenzahl und Intonation richtig sind, ist die Aussage fast immer verständlich. Deshalb sollten diese in erster Linie verbessert werden. Erst wenn dann noch Schwierigkeiten mit Einzellauten bestehen, sollte auf diese eingegangen werden." (Cauneau, 1995, S. 56)

Solange der Lehrer noch nicht zufrieden ist mit dem, was aus der Klasse zurücktönt, wird er es um so klarer noch einmal vorsprechen. Indem er alle gleichzeitig anspricht, kommt er schnell voran. Gute Intonation ist bei chorischem Sprechen deutlicher wahrnehmbar als bei Einzelsprechern. Der kollektive Aufwand teilt sich allen mit.

In dieser Phase sollte besser kein Tonträger eingesetzt werden, sondern der Lehrer mit seiner persönlichen Dynamik ist das bessere sprachliche Vorbild. Technische Manipulationen und die bekannten Pannen mit Medien können der Spontaneität sehr abträglich sein.

Der Lehrer sollte es nicht dulden, dass jemand beim chorischen Sprechen abgelenkt ist oder andere stört. Rhythmisch-musikalische und gestische Elemente in den Strukturübungen machen die Sache erfahrungsgemäß auch für notorische Störer interessant.

Ist die sprachliche Struktur gut abgesichert, können einzelne Schüler – eventuell zu zweit oder zu dritt – reihum die Solorolle des Lehrers übernehmen; der Rest antwortet weiterhin im Chor. Der Lehrer ist dann frei für die Kontrolle der Aussprache. Er kann dazu von Gruppe zu Gruppe gehen und wird das Ergebnis Einzelner loben.

Mit der Sicherheit der vielfachen Wiederholung werden sich die Schüler dann trauen alleine zu sprechen, was vielerorts ja sonst kaum gelingen will. [vgl. *Das Frühstück*, S. 66; *Schulsachen-Appell*, S. 146; *Male mir ein Haus*, S. 112]

Elementares Hören, elementares Sprechen

Schüler können in der Regel hören und sprechen, wenn sie in die Schule kommen. Aber ihr Hören und Sprechen ist bereits geprägt durch die Vor-Auswahl der Muttersprache. In den ersten Lebensmonaten, ja schon vor der Geburt, hatte diese Prägung begonnen. Das bedeutet zugleich, dass die Fähigkeit zur Unterscheidung anderer (Sprach-)Laute mehr und mehr abnahm. Für den Fremdsprachenunterricht muss und kann sie wieder geweckt werden:

„So wird bei der Erörterung der Zielfähigkeiten Hören und Sprechen meist nicht danach gefragt, ob die Basisfertigkeiten Hören (phonematisches und intonematisches Hören) und Sprechen (Artikulieren und Intonieren) hinreichend entwickelt sind." (Dieling, 1991, S. 111)

Besonders im Anfangsunterricht sollte der Fremdsprachenunterricht als elementares Hörereignis und Sprecherlebnis aufgefasst und organisiert werden. Zum Beispiel muss die Aussage *Der Hahn kräht* auf Anhieb mit der richtigen bildlichen Vorstellung gekoppelt werden. Sonst wird ein französischer Lerner auf Grund seiner lautlichen Prägung verstehen *d'air âne crête*, was keinen Sinn ergibt.[1]

Wie eine Mutter für ihr Kleinkind, so sollte der Lehrer für die Lernenden eine tendenziell verlangsamte und intensivierte Aussprache anbieten. Das erleichtert es ihnen, die Lautheits- und Längenunterschiede sowie die anderen Parameter wahrzunehmen. [siehe dazu weiter unter *Summen/ Brummen*, S. 56]

Emotionen: Humor, Affekte, Effekte, Flüstern bis Schreien

„Emotionen haben eine Stärke (viel – wenig) und eine Valenz (gut – schlecht bzw. positiv – negativ) […]. Sie haben einen kognitiven, einen qualitativ-gefühlsmäßigen und einen körperlichen Aspekt, bei dem sich wiederum (Ausdrucks-)Bewegung und Effekte des unwillkürlichen (autonomen) Nervensystems (einschließlich des Hormonsystems) unterscheiden lassen. Angemerkt sei hier noch, dass die Wörter ‚Stimmung', ‚Affekt', ‚Gefühl' und ‚Emotion' in verschiedenen Sprachen (z. B. Deutsch und Englisch) andere Bedeutungshöfe haben und auch innerhalb einer Sprache leider uneinheitlich gebraucht werden." (Spitzer, 2000, S. 157 f.)

Spitzer konnte nachweisen,

„dass der emotionale Kontext, in dem die Einspeicherung der Wörter geschieht, einen modulierenden Einfluss auf die spätere Erinnerungsleistung hat. So wurden diejenigen Wörter am besten erinnert, die in einem positiven emotionalen Kontext eingespeichert wurden." (S. 165 f.)

Lehrbücher bewegen sich mit ihren Lektionen gewöhnlich im emotionalen Mittelbereich. Das ist auch verständlich, denn was als witzig, unhöflich, anzüglich usw. empfunden wird, hängt vom kulturellen Umfeld ab.

Emotional ansprechend wird der Unterricht weniger durch die Lehrbücher als durch den Lehrer. Was er zulässt oder beiträgt, was er aus Texten macht oder machen lässt, was er aus Situationen in der Klasse macht oder wie er Übungen und Aufgaben organisiert, das entscheidet

---

[1] Am Wohnmobil eines deutschen Spaßvogels entdeckt: „How up do high knee!" [Hau ab du Heini!]

über Lust oder Last. Das vermittelt aber zugleich auch, was in der Kultur der Zielsprache Deutsch „geht" und was „nicht geht". Kerstin Reinke (2000) schreibt in dem Zusammenhang:

> „Eine Interaktion ohne Emotion ist praktisch nicht denkbar. [...] Zumindest ist aber sicher, dass es (neben universellen und individuellen) auch kulturspezifische Emotionsregeln geben muss. Sie betreffen vor allem die Emotionsbewertung und -kontrolle, den Emotionsausdruck anhand verschiedener Signale, das geschlechts- und hierarchiespezifische Emotionsverhalten und das Emotionsvokabular. (S. 67 f.)
> Wir alle fällen anhand verinnerlichter Hörmuster emotionale Urteile über die Sprechweise anderer Personen, Gruppen und Kulturen [...], die sogar Stereotypcharakter haben können." (S. 69)

Dialogische Sprechanlässe schaffen, sie auf eine aktuelle Situation beziehen, sie mit Einfällen eines bestimmten Schülers personalisieren, dabei Möglichkeiten der Rollenauswahl und des Rollenwechsels nutzen – das spricht den emotionalen Bereich an. Spielerische Übertreibung [vgl. S. 59], Lachen, Gefühlsausrufe (*Juhu!*, *Pah!*, *Ach so!*, *Pfui!*, *Oh, Mann!*) bringen Farbe in die Sprache und vermitteln zugleich das interkulturelle Wissen: WIE äußere ich auf Deutsch diese oder jene Emotion?

Die Bandbreite des Sprechens kann vom Flüstern bis zum Schreien „ausgekostet" werden – situationsgerecht, versteht sich, wie auf dem Schulhof oder wie zu Hause.

Ein und derselbe Satz, z. B.: *Das habe ich nicht gesagt*, kann – unterschiedlich gesprochen –, die Situation verändern: flüsternd, fragend, feststellend, drohend, beruhigend, rufend. Man stelle sich dieses Beispiel als rhythmische Reihung im Unterricht vor: Reihum von Einzelnen gesprochen, jeder mit anderem Affekt; als Begleitung eignet sich schon ein einfaches rhythmisches Klatschen.

Als Variante könnte die Gruppe nach jedem Satz eine Erwiderung sprechen: *Gut – Nein – Na, ja – Doch! – Ist gut – ok!*, und mit einem gemeinsamen *OK!* endet das kleine Sprechstück.

Fossilierung

Fossilierung ist (nach Hirschfeld) ein phonologischer Prozess, bei dem segmentale und suprasegmentale Merkmale der Zielsprache von Lernenden interferenzbedingt nur bis zu einem gewissen Grad an die zielsprachigen Normen angenähert werden können.
Wenn Lehrende im Fremdsprachenunterricht aus Unkenntnis, Hilflosigkeit oder Resignation Aussprachemängel oder sogar -fehler tolerieren, tragen sie zu deren Fossilierung bei, das heißt zur Verfestigung. Besonders im Anfangsunterricht ist das folgenschwer und nur mühevoll zu revidieren.

Gestik, Mimik

Kommunikation findet nicht nur mit sprachlichen Mitteln statt. Mit paralinguistischen Mitteln wie Gestik, Mimik, Lautstärke, Tränen, Lachen usw. wird mitgeteilt, wie das Gesagte gemeint ist. Gestik und Mimik sind von der aktuellen Situation und von der persönlichen Gefühlslage abhängig. Die hochgezogene Augenbraue, der Mundwinkel, die Handhaltung kann das gesprochene Wort unterstreichen, in Frage stellen, ersetzen, fortsetzen, in sein Gegenteil verwandeln.

Die angemessene Aussprache eines Satzes wie: *Pah, das ist mir egal!* lebt davon, wie viel Parasprache einbezogen wird. Dabei wird – für die

Lerner unbewusst – das beachtliche **phonetische Potenzial** des Satzes ausgeschöpft:
- behauchtes [pʰ], kurzer (!) Vokal <a> in der Interjektion *pah*, was eigentlich der Regel mit dem Dehnungs-<h> widerspricht,
- Vokalneueinsatz und kurze Vokale in *das | ist,*
- vokalisiertes <r> in *mir* [miɐ̯],
- gespanntes <e> und langes <a> in *egal* [e'gaːl].

[vgl. *Körpersprache*, S. 38; *Phonetische Gesten*, S. 47; *Theatertechniken*, S. 57; *Übertreibung*, S. 59]

Hand und Fuß

005

„Hand und Fuß" hat jede Methode, die der Vermittlung von authentischem Klang, Tempo und Modulation der Sprache dient. Dafür ist eine gewisse **Dynamik** seitens des Lehrenden unabdingbar, damit bei den Schülern der Funke überspringt. Was liegt näher, als Hand und Fuß – also die ganze Skala der Körpersprache – dafür auch konkret einzusetzen? Man denke immer wieder einmal daran, eine Sprechübung im Stehen oder Gehen auszuführen. Das verschafft mehr Platz für die Gestik und es vertreibt die Müdigkeit.

[vgl. *Meine Mi-, meine Ma-, meine Mutter*, S. 115; *Familienfoto*, S. 156; *Familie Michel*, S. 92; *sowieso-RAP*, S. 140]

Interferenz

Prozess und Ergebnis der Übertragung sprachlicher Merkmale und Regeln aus der Ausgangssprache in die Zielsprache; führt zu Lernschwierigkeiten und Fehlerquellen, wo die Systeme der Ausgangs- und Zielsprache verschieden sind. [✻]

Intonation

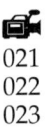
021
022
023

1. Im engeren Sinne das Auf und Ab des Tonhöhenverlaufs beim Sprechen […].
2. Im weiteren Sinne die Gesamtheit der phonetischen Mittel, die gesprochene Sprache zu einem Ganzen formen durch Veränderung der Tonhöhe, der Lautstärke, der Dauer, des Tempos, der Spannung und durch Pausensetzung. [✻]

Isochronie

Mit diesem Ausdruck wird die im Deutschen feststellbare Tendenz bezeichnet, die die Hauptakzente tragenden Silben in zeitgleichen Abständen aufeinander folgen zu lassen. Die Sprecher sind also (unbewusst) bemüht, die Zeit zwischen zwei Hauptakzenten annähernd gleich zu halten. Sie artikulieren deshalb bei vielen dazwischen liegenden akzentlosen Silben schneller und bei weniger akzentlosen Silben langsamer. Sogar

„eine artikulatorisch und akustisch feststellbare Anisochronie (An-Isochronie = Nicht-Isochronie; Anmerkung A. F.) wird demnach vom Hörer als Isochronie bewertet". (Völtz, 1991, S. 289)

„Das wichtigste Merkmal des deutschen Satzrhythmus ist, dass die Abstände zwischen den betonten Silben beim Sprechen als etwa zeitgleich empfunden werden. Damit verbunden ist, dass die dazwischen liegenden unbetonten Silben mehr oder weniger gerafft und dadurch in ihrer Lautsubstanz reduziert werden." (Dieling/Hirschfeld, 2000, S. 115)

Diese isochrone Wahrnehmung macht es so plausibel und praktikabel, das Sprechen metrisch aufzufassen und ihm eine rhythmische Begleitung zu unterlegen. Die Sprache wird dadurch nicht artifiziell, sondern sie gewinnt ein Mehr an Profil, an Verbindlichkeit.

Deutsche Rap-Texte sind aktuell und beliebt. Die hier propagierten Sprechstücke [vgl. S. 55] führen direkt darauf zu. Mit den Worten einer Schülerin: *Ich hatte das Gefühl, dass sich die Musik immer nach mir gerichtet hat und ich mich nicht nach der Musik.* [vgl. *Metrum*, S. 43]

Klang und Geste, Geste und Sinn, Sinn und Klang

Sage ich zu einem Schüler mit der entsprechenden Geste: *Gib mir mal den Kuli*, so wird er zwar zögernd, doch richtig auf meinen Wunsch eingehen, wenn die Geste das Objekt meines Wunsches klar genug bestimmt. Die Geste verleiht dem Klang des Gehörten seinen Sinn.

Ist die rhythmisch-melodische Einheit zusammen mit der Geste gelernt, so wird die Geste zur Merkhilfe, ja oft sogar zum Auslöser für den zugehörigen Satz. [vgl. *Theatertechniken*, S. 57; *Phonetische Gesten*, S. 47; *Körpersprache*, S. 38]

Klang und Intonation

Am Anfang war das Hören und Reden, nicht Schreiben und Grammatik. Die Phonetik ist das Eingangstor zur Fremdsprache. Wer fragt: *Wie heißt das auf Deutsch?* meint damit *Wie klingt das auf Deutsch?*

Klang und Intonation sind schriftlich kaum zu vermitteln. Besonders bei jungen Lernern kommt alles auf die persönliche Vermittlung an. Dafür muss sich Vertrauen aufbauen. Das emotionale Umfeld muss einladend sein, damit der Schüler bereit ist, sich traut, neugierig wird, die gewohnten Gleise der muttersprachlichen Prägung zu verlassen. [vgl. *Motivation*, S. 44; *Emotion*, S. 34]

Konsonantenverbindungen

Die deutsche Sprache ist durch relativ komplexe Konsonantenbündel geprägt. Für Sprecher vokalreicher Sprachen bereitet schon eine Verbindung von mehr als zwei Konsonanten in einer Silbe Probleme. Im Deutschen kommen aber Silben mit bis zu neun Konsonanten vor. Während in den romanischen Sprachen Französisch, Spanisch und Italienisch rund 75 Prozent aller Silben auf einen Vokal enden, sind es im Deutschen nur rund 33 Prozent.

Im Satz *Sprichst du Deutsch?* enthält das einsilbige erste Wort einen Vokal und sechs Konsonanten. Hier wäre eine Einzelübung angebracht.

Zum Beispiel:

- Die zwei Lautverbindungen [iç] und [st] werden auf zwei Gruppen verteilt und alternierend mehrfach hintereinander gesprochen:

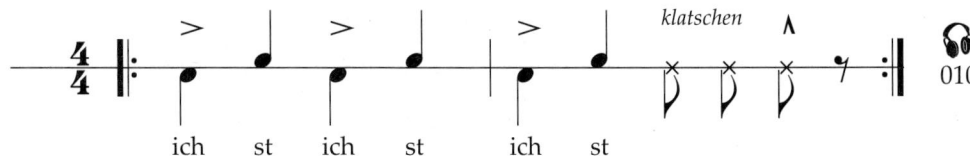

Deutsch lernen mit Rhythmus

- Auf drei Sprecher werden die Lautverbindungen [ʃpri], [ç] und [st] verteilt, der Rest der Gruppe führt die Frage zu Ende: ... *du Deutsch?* In einer rhythmischen Reihung [vgl. S. 54] erklingt:

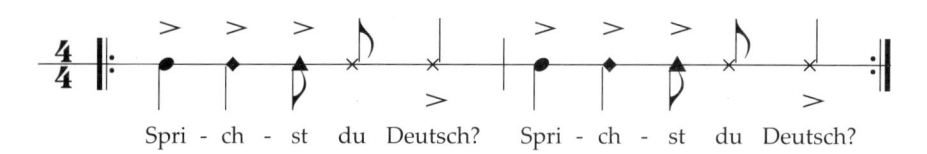

🎧 011

Spri - ch - st du Deutsch? Spri - ch - st du Deutsch?

🎧 012

- Synthese: In einem rhythmischen Ablauf – es soll keine Lücke dabei entstehen – fragt reihum jeder seinen Nachbarn:
  Sprichst du Deutsch? – *Ja, etwas.*
  Sprichst du Deutsch? – *Ja, etwas.*
  Sprichst du Deutsch? – (gereizt) *Jaaa!*
  [vgl. *Zungenbrecher*, S. 60]

Körpersprache

„Die Körpersprache ist die älteste Form der menschlichen Kommunikation. Sie arbeitet ausschließlich mit Zeichen, die mit dem Körper erzeugt werden. Dabei sind folgende Faktoren von Bedeutung: Mimik, Gestik, Blickkontakt, Körperhaltung, Kleidung und persönliche Ausstrahlung. Der ganze Mensch ist an der Vermittlung von Botschaften beteiligt. [...] Die Wirkung der Körpersprache im Gespräch mit anderen Menschen ist weit größer als wir im Allgemeinen annehmen. 55 % unserer Botschaften vermitteln wir über die Körpersprache." (Günther, 2003, Vorblatt zu S. 70)

Für die Unterrichtssituation heißt das:

- Der **Blickkontakt** dient dazu, die Lautbildung sehen bzw. zeigen zu können. Er ist zwischen dem Lehrer und seinen Schülern eine unabdingbare Hilfe für chorisches Sprechen [vgl. S. 33]. Ein Dialog wird im Wesentlichen über den Blickkontakt mit dem Gesprächspartner gesteuert.

- Die **Mimik** des Lehrers kann die Konzentration vor einem Sprech- oder Instrumentaleinsatz steigern. Der Gesichtsausdruck des Schülers signalisiert Lust/Unlust, Zögern/Drängen, Aufmerksamkeit/Unaufmerksamkeit, Unsicherheit/Sicherheit.

- Der **Tonfall** ist Unterrichtsgegenstand im DaF-Unterricht [vgl. *Intonation*, S. 36; *Emotion*, S. 34]. Er kann fremd, interessant, ungewohnt, lustig, komisch wirken [vgl. *Übertreibung*, S. 59]. Er geht einher mit Gesten und Mimik. Er bewegt sich zwischen Flüstern und Schreien, Zittern und Zagen, Anherrschen und Bitten. Er kann die dramaturgische Bedeutung von Pausen sowie ihre Ausfüllung durch Gesten nutzen. Er kann die Situation, die Relationen zwischen den Sprechern verändern. Neutrales Sprechen wirkt bald langweilig.

- Die **Gestik** kann dazu dienen, das Sprechtempo vorzugeben; sie kann mitschwingen zum Sprechrhythmus. Mit ihr lässt sich gemeinsames Einatmen und synchrones Sprechen steuern. Sie wird eingesetzt für Hilfszeichen der Phonetik [vgl. *Phonetische Gesten*, S. 47]. Gestik als mnemotechnische Hilfe kann Sprechen auslösen, Wortklänge erinnern. Sie begleitet und belebt einen Dialog. Sie erstreckt sich bis hin zum Spiellied, Tanzlied, Tanz. Gestik birgt interkulturelle Unterschiede.

Korrekturphasen

Bei Schülern ist es unbeliebt, wenn sie bei jedem Fehler wegen einer Verbesserung unterbrochen werden. Das wirkt sehr hemmend und bringt sie schnell zum Verstummen. Der Begriff Korrekturphasen impliziert, dass es auch Phasen ohne Korrektur geben kann, vielmehr geben sollte. Systematische Fehler kann der Lehrer für die Korrekturphase sammeln und mit gezielten Übungen aufarbeiten. Werden derartige Übungen in eine kleine Dialogform gekleidet, in eine logische Situation, in einen rhythmisch-melodischen Ablauf, so wird der Drillcharakter vermieden, vielmehr durch übertragbare Diskursroutinen ersetzt. [vgl. *Authentisch*, S. 32]

Laut-Buchstaben-Beziehungen

Schon der Terminus stellt die Reihenfolge klar: Wir gehen (im Anfangsunterricht) von dem Prinzip aus, zunächst den Klang und die Bedeutung eines neuen Wortes zu vermitteln und reichlich zu üben. Erst wenn alle Wörter eines Satzes in Lautung und Intonation gut verankert sind, bietet man den Schriftcode an. Automatisch sind wir damit konfrontiert, dass die Schüler so dekodieren wollen, wie sie es gerade erst mehr oder weniger mühsam für die Muttersprache gelernt haben.

Im frühen Stadium muss ihnen grundsätzlich nahegebracht werden, dass z. B. ein „u" nicht ein „u" ist: franz. [y]; engl. [ju:] in *USA*, [a] in *unable*; dt. [u:] in *Schule*, [ʊ] in *Mutter*.

Es ist so ähnlich wie mit den Noten. Dieselbe Note heißt für die rechte Hand am Klavier mit dem Violinschlüssel „c/do", für die linke Hand mit dem Bass-Schlüssel „E/Mi" und klingt (!) viel tiefer.

c/do   E/Mi

Der Buchstabe <u> klingt in verschiedenen Sprachen verschieden. Für andere Buchstaben gilt das oft ebenso. Es gibt viel mehr Klänge als Buchstaben. Darum gibt es in vielen Sprachen Sonderbuchstaben: ç, ï, œ, ß, ø usw.

Für Buchstabenverbindungen gilt das noch viel mehr: Der Name *Michael* spricht sich englisch [ˈmaɪkl̩], deutsch [ˈmɪçaɛl], französisch *Michel* [mɪˈʃɛl].

Eine Liste der deutschen Laut-Buchstaben-Beziehungen findet sich z. B. in Dieling/Hirschfeld 2000, S. 196 oder in „Phonetik international" im Beitrag *Deutsch (www.phonetik-international.de)*.

Um Interferenzfehlern vorzubeugen beziehungsweise um sie zu reduzieren, ist es dringend zu empfehlen nicht zuzulassen, dass die Schüler Wörter und Namen der Fremdsprache nach dem muttersprachlichen Muster aussprechen. (Der Radprofi Jan Ullrich wird in Frankreich meist [ʒã ylˈriʃ] genannt.)

Man hilft den Lernern entscheidend, wenn sie bald begreifen, dass sie für die Fremdsprache „den Türschlüssel wechseln" müssen. Wenn sie das nicht lernen, werden sie sich im Schriftbild der Zielsprache nur schwer zurechtfinden können.[1] [vgl. *Lesen*, S. 40; Abschnitt 1.3 „Umstellung auf die Zielsprache", S. 16]

---

[1] Man lese in diesem Zusammenhang bei Canetti, E. (1979, S. 67 f.), wie er über seine Demütigungen im Zusammenhang mit der auswendig gelernten Geschichte „Paul était seul" berichtet.

Lehrerprofil　　Über die sprachliche Kompetenz hinaus verfügt ein guter Fremdsprachen-Lehrender über ein spezielles pädagogisches Profil. Viel ist darüber geschrieben worden. (Siehe z. B. Hirschfeld, 1995a, S. 6 ff.)

Hier sei in dem Zusammenhang aus den „Nürnberger Empfehlungen" (1996) zitiert, und zwar zum Stichwort Kompetenzen der Fremdsprachenlehrerinnen und -lehrer:

> „Ihr sprachliches Ausdrucksvermögen soll phonetisch, sprachrhythmisch und intonatorisch vorbildlich sein. Sie sollen über ein Repertoire von Unterrichtssprache verfügen, die Ausdruck partnerschaftlichen Lernens ist und zu interkulturellem, spielerischem und narrativem Lernen ermuntert. Das Repertoire umfasst auch außer- und parasprachliche Elemente wie Gestik und Mimik, Musizieren und Tanzen sowie spielerische und schauspielerische Fähigkeiten." (S. 21)

Was dort für den Primarbereich formuliert wurde, lässt sich ohne Weiteres altersgemäß auf den Sekundarbereich übertragen. Dem bereits erlebten Einwand einer Lehrerin: *Aber ich spiele doch nicht den Clown vor der Klasse!* kann man durchaus mit der Gegenfrage begegnen: *Warum nicht? Sie spielen doch nur!* Was den Clown so erfolgreich macht, ist seine Kunst (!) der Übertreibung [vgl. S. 59].

Neben der sprachlichen Kompetenz versteht der gute Sprachlehrer
- etwas von zweckreicher Übertreibung,
- ein wenig vom Singen,
- ein wenig von Rhythmus,
- ein wenig von Perkussionsinstrumenten,
- ein wenig von Chorleitung,
- ein wenig von Rhetorik,
- ein wenig von Theaterspiel, Tanz und Film.

Hinzu kommt ein besonderes psychologisches Gespür. Der Lehrende muss – mehr als in anderen Fächern –

> „ermuntern, motivieren, überreden und loben. Das ist im Phonetikunterricht besonders wichtig. Lob und Leistungsanspruch schließen einander nicht aus. Lob fördert Leistung." (Dieling, 1992, S. 24)

Lesen　　Lesen ist – wie das Schreiben – eine praktische Anwendung der Sprache. Lesen bedeutet auf der Elementarstufe des Fremdsprachenunterrichts, dass zuvor klanglich abgesicherte Redemittel aus dem Schriftbild mit korrekter Lautung wiedergegeben werden können.

Aber schon sehr bald müssen neue Wörter auch ohne klangliche Vorgabe dekodiert oder enkodiert werden. Dazu gehört (nach Dieling, 1992, S. 14 ff., 44) ein implizites oder explizites Wissen über
- die Laut-Buchstaben-Korrelation [vgl. S. 39],
- die Gliederung der Sprache oberhalb der Lautebene (Wortsegmentierung),
- die Intonationsregeln und -möglichkeiten der Sätze,
- die Interpunktion als Intonationshinweise.

Geübte Leser geben nicht je einem Buchstaben einen bestimmten Laut, sondern sie sind in der Lage, die Zeichen der Schrift in größeren Zusammenhängen zu nutzen. Sie artikulieren nicht Laute, sondern Silben. Das gilt für die Ausgangs- wie für die Zielsprache, nach je eigenen Regeln. So steigern sie sich vom reinen Nachsprechen zum Nachsprechen an Hand der Textvorlage, zum Vorlesen, zum (gestaltenden) Vortragen bis hin zum freien Sprechen.

Die Erfahrung lehrt, dass sogar in der Muttersprache beim Lesen die Aussprache oft schlechter ist als beim Sprechen.

Schreiben und Lesen lassen sich in relativ frühem Stadium zur Förderung von Motivation [vgl. S. 44] und Kommunikation einsetzen. Man denke nur an die sehr zahlreich gewordenen E-Mail-Partnerschaften, die die herkömmlichen Briefpartnerschaften langsam aber sicher ablösen, oder an das kreative freie Schreiben.

Eine Gefahr beim Üben des lauten Lesens ist das zu schnelle Lesen. Um dem zu begegnen, können die Texte nach dem Hörerlebnis und vor dem lauten Lesen präpariert werden: mit den üblichen Markierungen für kurze oder lange Vokale, für Akzente, Segmente oder Pausen.

Geeignete Übungstexte sind solche, die „einen gewissen sprachlichen und dramaturgischen Charme besitzen" (Häussermann/Piepho, 1996, S. 75). In Frage kommen also besonders Modelldialoge [vgl. S. 43] bzw. Sprechstücke [vgl. S. 55], bei denen ein Schüler/eine Gruppe nur jeweils wenige Sätze zu sprechen hat, aber in dramaturgischer Spannung zum Dialogpartner, bis hin zu einer krönenden Pointe. Die Dramaturgie organisiert die Sprechakzente, den Melodiebogen, die Pausen, das Tempo und – nicht zu vergessen: die Gestik. (Siehe dazu auch Dieling/Hirschfeld, 2000, S. 56 ff.) [vgl. *Ein schlechter Schüler*, S. 97; *Chamäleon Kunterbunt*, S. 82; *San Salvador*, S. 134; *Heimkehr*, S. 136]

Lieder

In erster Linie müssen die Melodie und die übrige musikalische Aufmachung auf emotionaler Ebene für die Schüler ansprechend sein. Bewegt sich der ausgewählte Stil im Rahmen ihrer Hörgewohnheiten, treten kaum Probleme auf. Stellt der Lehrer aber etwas Ungewohntes vor, liegt es an seiner Kunst, die Bereitschaft dafür zu wecken, sich auch damit zu beschäftigen.

Motivation [vgl. S. 44] stellt sich ebenso ein, wenn der Schüler – jedenfalls teilweise – den Text versteht. Ich teile nicht die Ansicht, dass man vom Text nicht viel zu verstehen braucht, wenn nur die Musik Spaß macht und das Lebensgefühl hebt. Lieder im Fremdsprachenunterricht sollten immer auch eine Funktion im Hinblick auf das Lernen und Anwenden der Fremdsprache erfüllen. Das braucht dem Spaß an ihnen durchaus nicht im Wege zu stehen.

In unserem Zusammenhang sei ein besonderes Augenmerk auf den Aspekt der integrierten Ausspracheschulung mit Hilfe von Liedern gerichtet.

Aus dem immanenten Sprechrhythmus, aus der Prosodie der Muttersprache haben unsere Vorfahren die Kinderlieder und -reime erfunden. Wenn Lieder schon in der Muttersprache auch den elementaren Zweck erfüllen, erste Sprechfertigkeiten und Sprachinhalte mit der authentischen Intonation zu lernen, sollte man sich daran im Fremdsprachenunterricht ebenfalls halten, besonders im Anfangsunterricht. In beiden Fällen kommt als das Reizvollste für den Lernenden natürlich hinzu, dass Lieder Geschichten erzählen.

Beim Liedersingen kann man mit der Klasse phonetische Aspekte berücksichtigen, die in Einzelübungen leicht zu Unlust führen:
- Melodiebögen auf der Basis der Atmung,
- richtige Akzentuierung einzelner Wörter und längerer Einheiten,
- lange Vokale,
- Auslautverhärtung an den Versenden,

- Artikulation des Hauchlauts [h] und des R-Lauts (als Reibe-R, Zäpfchen- oder Zungenspitzen-R)
- Assimilation und
- vor allem die Reduktion von Schluss-Silben.

Oft kommt es in Liedern aus musikalischen, stilistischen oder qualitativen Gründen vor, dass der gesungene Rhythmus nicht dem natürlichen Rhythmus der gesprochenen Sprache entspricht. Für Muttersprachler ist das tolerierbar, oft sogar beabsichtigt, weil das Falsche, wenn es als solches empfunden wird, seinen eigenen Reiz haben kann. Für den Sprachunterricht sind solche Lieder eher zu meiden.

Liedauswahl: Kriterien unter sprachlichem Gesichtspunkt

- Der Sprechrhythmus geht mit dem melodischen Rhythmus [vgl. S. 50] in hohem Maße konform. Das heißt: Der richtige Sprechakzent und die Vokalqualität werden nur ausnahmsweise zugunsten eines melodischen Akzents, eines besonderen Effektes oder eines Reimes geopfert. Ein Lied darf keine falsche Aussprache automatisieren!
- Ausgewählte Textteile eignen sich für suprasegmentale [vgl. S. 56] Geläufigkeitsübungen.
- Strukturen, die im freien Sprechen nicht gelingen wollen, gelingen beim rhythmischen Sprechen oder beim Singen viel leichter.
- Es gibt zahlreiche authentische [vgl. S. 32] sprachliche Strukturen. Entweder sind sie schon bekannt und nützen dem Verstehen oder sie sollen gelernt werden und in anderen Zusammenhängen verwendbar sein.
- Veraltete, literarische, regionale, dialektale Ausdrücke sollten nur vereinzelt auftreten. In besonderen Fällen können jedoch gerade diese die Auswahl bestimmen.
- Das Lied hat eine erkennbare Struktur: Strophen, Refrain, Instrumentalteile, Solo, im Chor.
- Das Lied hat eine übersichtliche Länge. Es kann auch sinnvoll sein, nur einen Ausschnitt für den Unterricht zu verwenden.
- Text und/oder Musik sollten Elemente enthalten, die zur metasprachlichen Ausgestaltung einladen: Gestik [vgl. S. 35], rhythmische Effekte, Tanzelemente, Bewegung im Raum, Spielhandlung, Wechsel in der Lautstärke, Solo-/Tutti-Wechsel.
- Die Bilder in einem Videoclip [vgl. S. 59] setzen Text und Musik in einer Weise in Beziehung, die „der Rede wert" ist.

Um all diese Gesichtspunkte im Unterricht berücksichtigen zu können, wäre es wünschenswert, dass der Sprachlehrer ein wenig vom Singen, von Rhythmus und von Perkussionsinstrumenten versteht sowie etwas von Chorleitung, von Theaterspiel, Tanz und Film.

Lieder, die gegen diese Kriterien verstoßen, sollte man eher meiden oder sie mit sanften, sinngemäßen Modifikationen des Textes so einrichten, dass keine falschen Aussprachegewohnheiten automatisiert werden.[1]

---

[1] Unter diesen Gesichtspunkten zusammengestellt: Fischer, A. (Hsg.): „MANN O MANN", elf Lieder für die ersten Lernjahre in DaF (8–12 Jahre); zu bestellen über: *www.phonetik-atelier.de*

Literarische Texte

Mit Dieling/Hirschfeld (2000) plädiere ich dafür,

„Gedichte und auch andere literarische Texte im Ausspracheunterricht als Übungsmaterial zu verwenden. […] Bei längerem Verweilen, sei es auch bei einer Ausspracheübung, enträtselt, erschließt sich der Text. Im Gegensatz zu ‚normalen' Lehrbuchtexten, die sich bei Wiederholung schnell abnutzen und langweilig werden, können literarische Texte mit der Zeit interessanter werden, aufleben." (S. 73)

Im Vorwort der Sammlung „anspiel. Konkrete Poesie im Unterricht Deutsch als Fremdsprache" (Krusche/Krechel, 1999) lesen wir:

„Sprachelernen [ist] noch etwas: die Erfahrung von Möglichkeiten. Das heißt: Wählen-Können, – die Erfahrung von Spielraum! Zum Sprachelernen sollte die Erfahrung der (Fremd-)Sprache als Spielraum dazugehören. […] Denn konkrete Poesie beschäftigt sich mit nichts anderem als mit Sprache und Sprachelernen selbst. Sie weist gleichsam auf die Lücken und Ränder der Sprache hin: Sie versucht die Sprache als ‚Spielraum' zu veranschaulichen." (S. 6)

[vgl. *Wenn Vaterland*, S. 131; *Wortsalat*, S. 125]

Literarische Texte kommen unserem Anliegen einer integrierten Phonetik insofern entgegen, als deren Autoren normalerweise „den rhythmischen Wohllaut maßvoll dosieren" (Schneider, 1984, S. 173). An ausgewählten Ausschnitten lässt sich das Lesen mit guter Intonation üben. Das sollte immer wieder auch mit Tonbandaufnahmen [vgl. S. 57] überprüft werden.

Wir haben darüber hinaus unbegrenzte Möglichkeiten, Texte nach Bedarf zu verändern, zu kürzen, neu zusammenzustellen, zu imitieren, zu persiflieren, künstlerisch zu sprechen.

In unserem Zusammenhang ist dabei vor allem an phonetische Gesichtspunkte gedacht. So ist es gut denkbar, aus literarischen Texten Sprechstücke oder Rap zu machen. In einigen unserer Beispiele werden literarische Vorlagen benutzt, um sprachliche Arbeit, Textdarstellung und integrierte Ausspracheschulung zu verbinden. [vgl. *Heimkehr*, S. 136; *San Salvador*, S. 134]

Lob

„Gelernt wird immer dann, wenn positive Erfahrungen gemacht werden" (Spitzer, 2002, S. 181). Lob fördert Leistung: Wenn ich zum Beispiel das schon Richtige lobend hervorhebe, ist die Fehlerkorrektur besonders nachhaltig. Etwa so: *Das klingt schon sehr gut, aber übertreibe jetzt noch das* [t] *am Schluss.* Ein kleines, beiläufiges Lob kann schon sehr wirken.

„Nicht eine Lob-Überschwemmung ist nötig. Auch die dauernde pünktliche Bestätigung jeder richtigen Aussage verliert rasch an Wert. Eine andere, kreative Form des Lobens sollte entstehen, das intelligente, das erfinderische, das fantasievolle Lob. Es sollte genau begründet sein. Es sollte die Schülerin, den Schüler überraschen, berühren, froh machen, erfrischen." (Häussermann/Piepho, 1996, S. 204)

006

Metrum

Das Metrum (Zeitmaß in Form z. B. eines Zweier-, Dreier- oder Viertertaktes) ist die regelmäßige Zeiteinheit, in deren Rahmen sich die Sprache bzw. Musik mit rhythmischem Fluss bewegt. Mit einem Metronom kann man diese Einheit hörbar machen.

Modelldialoge

Modelldialoge zeichnen sich dadurch aus, dass sie Abwandlungen zulassen, ja geradezu dazu einladen; dass sie Alltagswissen zum Inhalt machen, dass sie dramatischen Reiz haben und aus möglichst viel transferierbaren Redemitteln (Diskursroutinen) bestehen.

Der Text bzw. die Sprache muss (nach Maier, 1991, S. 204)
- möglichst kurz und einfach strukturiert sein,
- einen klaren, nachvollziehbaren Handlungsverlauf bieten,
- authentisch sein, also der Lebenswirklichkeit entsprechen,
- affektive Elemente enthalten: Interjektionen, die der Sprache Leben verleihen,
- Gliederungssignale enthalten: Pausen, Variationen der Sprechmelodie,
- Signale enthalten für die Aufnahme, die Aufrechterhaltung und die Beendigung des Dialogs.

Maier schreibt dazu:
„Wenn der Dialog alle diese Voraussetzungen erfüllt, dann stellt er unserer festen Überzeugung nach ein hervorragendes Mittel dar, den Sprachlerner modellhaft einer authentischen Sprachverwendung näher zu bringen. Entscheidend für die Übernahme des Sprachmodells ist allerdings, dass der Sprachvermittler selbst die Texte mit innerer Beteiligung und authentischer Intonation verlebendigt und darauf achtet, dass die Kinder dasselbe tun. Als einziger Nachteil einer Systematik von Kommunikationssituationen und entsprechenden Dialogen bleibt [...] nur die eine Tatsache zu vermerken, dass sich mit ihnen kein lineares, grammatisches Curriculum verwirklichen lässt – das ist aber ohnehin (weil nicht kindgemäß) nicht unsere Absicht.
Selbstverständlich wäre es völlig verfehlt, Modelldialoge von vorneherein als Ganzes auswendig lernen zu lassen. Der Sprachlerner muss vielmehr ganz allmählich zum dialogischen Sprachverhalten hingeführt werden. Die nonverbalen Reaktionen und Antworten in Form unvollständiger Sätze, die sich das Kind in den vorangegangenen Phasen der Entwicklung der Sprechfertigkeit angeeignet hat, sind eine unverzichtbare Vorstufe. Dann erst kann man zu ganzen Sätzen (Repliken) in Kleinstdialogen fortschreiten. Wenn das Kind aber einmal so weit ist, dann wirkt sich der Erwerb von Modelldialogen ebenso positiv auf das fremdsprachliche Gedächtnis aus wie das Auswendiglernen von Reimen und Gedichten. Nur dass das Sprachverhalten im Dialog gleichsam eine vorgezeichnete Bahn darstellt, auf der dann später variierte und freiere Gespräche glatter ablaufen können." (Maier, 1991, S. 204)

[vgl. *Sprechstücke*, S. 55; *Meine Lieblingsfarbe*, S. 116; *Ein schlechter Schüler*, S. 97]

Motivation

„Menschen sind von Natur aus motiviert, sie können gar nicht anders, denn sie haben ein äußerst effektives System hierfür im Gehirn eingebaut. Hätten wir dieses System nicht, dann hätten wir gar nicht überlebt. [...] Die Frage lautet nicht: ‚Wie kann ich jemanden motivieren?' Es stellt sich vielmehr die Frage, warum viele Menschen so häufig demotiviert sind!" (Spitzer, 2002, S. 192 f.)

Das Motiv eines Schülers, die Fremdsprache gewählt zu haben oder sie gewählt haben zu müssen, sei hier nicht erörtert. Wir müssen ausgehen vom Ist-Zustand einer Klasse, die man sich meistens nicht aussuchen kann. Ein fantasievoller, schülernaher Unterricht sollte gewährleisten, dass eine Bestätigung oder Verbesserung der Motivation erreicht wird.

Motivation ist leicht zu wecken und noch leichter zu töten: Der Sohn meines Zahnarztes in Frankreich klagte nach einem halben Jahr Deutschunterricht: *Ich habe Probleme mit dem Dativ und dem Akkusativ ...*

Deutsch wird das Image der „schweren Sprache" nicht los, wo doch in einem Klima der Angstfreiheit, der Ermutigung, der Spontaneität, der Empathie Schülern alles möglich ist.

Ein spielerischer Ansatz, der Hand, Fuß, Herz und Kopf gleichermaßen anspricht, ist der Weg, der den meisten Erfolg bringt. Nach J. Baucomont ist das Spiel die einzig ernsthafte Tätigkeit von Kindern! (Le jeu – la seule occupation sérieuse de l'enfant)[1]

---

[1] Die Textquelle ist leider nicht bekannt.

Multisensorisches Vorgehen

Besonders junge Lerner, aber nicht nur diese, erfassen eine fremde Sprache nicht nur mit dem Verstand. Bei Colette Samson (1996, S. 9) lesen wir dazu, bezogen auf etwa Zehnjährige:

„Bei einem Kind dieses Alters ist die Rolle des Körpers und der Sinne erstrangig für den Erwerb einer Sprache. Leiten Sie es dazu an, sich der verschiedenen Informationskanäle zu bedienen: die des Sehens, des Hörens, des Gefühls, der Ästhetik, des Fühlens, Riechens, Schmeckens, des Bewegungsmäßigen. So kann es auf die Gesamtheit seiner sensorischen und motorischen Funktionen zurückgreifen, um die Aussage zu erfassen, um deren Verständnis auszudrücken und um sie seinerseits zu produzieren." (Übersetzung A. F.)

007
008

Lernleistungen, Behaltensleistungen, Reproduktionsleistungen werden erheblich gefördert durch derartige mnemotechnische Hilfen. Indem sie alle Sinne ansprechen, werden sie sinnvoll. So wird Sprache zum Erlebnis. Der Schüler spürt sich selber – auch in der noch fremden Sprache. [vgl. *Das Frühstück*, S. 66; *Quark macht stark*, S. 126; *Male mir ein Haus*, S. 112; *Für dich*, S. 160]

Musik, Musikalität

Musik im DaF-Unterricht kann mehr sein als „Lieder singen"! Lieder [vgl. S. 41] und Musik im Fremdsprachenunterricht sollten nicht nur konsumiert werden. Erfahrungsgemäß sind Schüler sehr motiviert, wenn ein oder mehrere Mitschüler vor ihren Augen (und Ohren) einen Begleitrhythmus [vgl. S. 51] produzieren. Die meisten haben große Lust es auch zu versuchen. Offenbar ist es ein schönes Erlebnis für sie, einem einzelnen Klang längere Zeit zu lauschen. Gelegenheiten dazu werden ihnen im Schulalltag leider nicht oft geboten. Musikunterricht findet zu wenig statt. Dabei ließen sich damit nachgewiesenermaßen Kreativität, Leistungsvermögen, Konzentrationsfähigkeit und soziale Kompetenz steigern.

Elementare Musikerziehung erhalten die wenigsten Schüler. Sie haben kaum Erfahrung mit Tonhöhen und Tondauer, mit rhythmischen Abläufen und Bewegungen, mit Lautstärke, mit Klangfarben: lauter Parameter, die für eine Fremdsprache von wesentlicher Bedeutung sind.

Dennoch: Man gehe davon aus, dass die überwiegende Mehrzahl der Schüler eine musikalische Disposition mitbringt. Ein Lehrer braucht sie nur anzusprechen oder abzurufen. Bei einigen Schülern wird man sie erst wecken müssen. Wen aber wird man unmusikalisch nennen wollen? [vgl. *Akzeptanz bei Schülern und Lehrern*, Zitat Bakalarska, S. 30]

„Entscheidend ist natürlich, ob die jeweilige Lehrkraft selbst musikalisch ist bzw. für musikalische Belange Aufgeschlossenheit zeigt, weil dies ihre persönliche Einstellung zur Nutzung des musikalischen Elements determiniert." (Lehmann, 1988, S. 241)

Deutsch lernen mit Rhythmus **45**

Das ist des Pudels Kern! Der Lehrer muss es können, anbieten, wagen, machen. Ohne das kann es nicht geschehen! [vgl. *Lehrerprofil*, S. 40]

Mit musikalischen Mitteln arbeiten heißt: den rhythmisch-dynamischen Aspekt der Sprache zur Grundlage machen, über musikalische Kanäle rezipieren und produzieren, sogar kommunizieren lassen. Wer selber ein Instrument spielt – und sei es nur ein einfaches Rhythmusinstrument –, hört sich selber, kontrolliert sich über sein Gehör, koordiniert seine Bewegungen. Elementares Spielen führt zum elementaren Hören – und umgekehrt. Die Parallele zum Tandem Elementares Hören – Elementares Sprechen [vgl. S. 34] ist offenkundig.

009

Einfache Rhythmusmuster können zum Erlernen von Wortrhythmen dienen, sie können aber auch – und das erscheint mir ebenso interessant – als Begleitrhythmus [vgl. S. 51] für suprasegmentale Sprechübungen [vgl. S. 56] genutzt werden. So kann Musik im Fremdsprachenunterricht schon vor der Stufe des Liedersingens der Schulung des elementaren Hörens, der Intonations- und Artikulationsabläufe und der Sprechfertigkeit dienen. Selbst auf dieser elementaren Stufe wirkt Musik emotional ansprechend. Im Zusammenwirken mit Bewegung und Sprache erweist sie sich besonders in der Grundstufe als ideales Medium für Fremdsprachenunterricht. [vgl. *Mozart und Napoleon*, S. 118; *Transversale Kompetenzen*, S. 58; *Emotion*, S. 34]

Phonetische Analyse

Jedes in der Fremdsprache gesprochene Wort hat automatisch auch einen phonetischen Aspekt:

„Phonetik ist kein ‚Extra', kein Schnörkel, Phonetik ist immer präsent, beim Hören, beim Sprechen und auch beim Lesen und Schreiben." (Dieling/Hirschfeld, 2000, S. 64)

Für Reime, Lieder, Sprechstücke, Dialoge, Gedichte und auch ausgewählte Prosatexte empfiehlt es sich, dass der Lehrer sich im Voraus Klarheit darüber verschafft, welche phonetischen Phänomene der Text birgt, den er verwenden möchte. Der Analyse-Raster [vgl. S. 47] mit dem Beispiel *Es fliegt ein Vogel, ganz allein* [vgl. S. 88] beschränkt sich auf die segmentale Ebene. Die Darstellung des suprasegmentalen Aspektes unterbleibt, weil an deren Stelle jeweils das Hörbeispiel treten soll.

Die „Hinweise zur Phonetik", die im Teil 5 dieses Materials immer wieder zu finden sind, sollen beim Erkennen und Berücksichtigen der für die deutsche Sprache typischen und unverzichtbaren Ausspracheregeln helfen. Für jede Ausgangssprache müssen sie adaptiert werden: auf der Basis von eigenen Erfahrungen, mit Hilfe von H. Dielings Schrift: „Phonetik-Fremdsprachenunterricht Deutsch" (1992) oder des umfangreicheren, jüngeren Materials „Phonetik international" (Hirschfeld/Kelz/Müller, 2003 ff.).

Ursula Hirschfeld schlägt in ihren Lehrveranstaltungen für verschiedene Ausgangssprachen folgende Schwerpunkte für eine phonetische Textanalyse vor:
- Wortakzentuierung,
- Satzakzentuierung,
- Rhythmus,

46 Deutsch lernen mit Rhythmus

- Gliederung und Pausierung,
- Sprechmelodie,
- Vokallänge und -spannung,
- Ö- und Ü-Laute,
- Vokalneueinsatz (von | Ina vs. von Nina),
- Konsonantenspannung und Stimmbeteiligung (fortis – lenis),
- Auslautverhärtung,
- Ich- und Ach-Laut,
- Hauchlaut [h],
- R-Laute (frikativ – vokalisiert),
- Ang-Laut,
- Konsonantenverbindungen (-häufungen),
- Assimilationen der Endung -en,
- Assimilationen der Stimmbeteiligung.

Zur Übung kann man sich hin und wieder auf einen bestimmten Text durch eine phonetische Analyse nach dem folgenden Muster vorbereiten.

Analyse-Raster, segmentaler Bereich
am Beispiel von *Es fliegt ein Vogel ganz allein* [vgl. S. 88]

Kontrastpaar lang – kurz	Kontrastpaar betont – unbetont	Vokal-Neueinsatz
es fliegt Vogel – ganz allein sie picken jetzt fliegen fliegen/kommen	Vogel [● ·] allein [· ●] fliegen [● ·]	fliegt ǀ ein Vogel ganz ǀ allein fliegen fort ǀ und …
[h]-Laut	**Ich-Laut [ç]**	**Ach-Laut [x]**
hoch heim		hoch
Vokalisiertes <r>	**Ang-Laut [ŋ]**	**reduzierte Endsilben**
nieder [ˈniːdɐ] wieder [ˈviːdɐ] Körner [ˈkœrnɐ]		Vogel [ˈfoːgl̩] fliegen [ˈfliːgŋ̍] kommen [ˈkɔmn̩] picken [ˈpɪkŋ̍]
ö- und ü-Laute	**Auslautverhärtung**	**Konsonantenspannung fortis lenis**

Körner	und [ʊnt]	fliegt/fliegen
		Vogel
		                    sie
		                    wieder
		fort

	reduzierte Endungen Vogel [ˈfoːgl̩] fliegen [ˈfliːgŋ̍] picken [ˈpɪkŋ̍] kommen [ˈkɔmn̩]	

Deutsch lernen mit Rhythmus

Phonetische Gesten[1]   Hier handelt es sich um Gesten, die in erster Linie dazu dienen sollen, bestimmte artikulatorische oder intonatorische Vorgänge auszulösen, zu verbessern oder paralinguistisch daran zu erinnern: der [h]-Laut, das Schluss-[t], der Vokalneuansatz, ein langer Vokal, die Intonationslinie usw.

1. **Der Ritt über Berg und Tal**
   Nachhaltiges Einüben und Verinnerlichen des rhythmischen Auf und Ab von betonten/unbetonten Silben mit Hilfe der auf und ab geführten Hand, wobei die „Berge" die Hauptakzente markieren.

2. **Die Betonung des Wortakzents oder:** *Der Faustschlag auf die Butter*
   Aber wird von Franzosen sehr oft als *a'bör* ⇨ *à beurre* (mit Butter) gesprochen, statt [ˈaːbɐ]. Mit dem „Faustschlag auf die Butter" ist die absichtlich überstarke Betonung des Wortakzents gemeint, z. B. in **Ho**bbyraum. Erst der Kontrast macht das sprachliche Prinzip hörbar, weil erlebbar.

3. **Die Schere**
   Für den Vokalneueinsatz z. B. in *mein|Arm* imitiert man beim Sprechen mit Zeige- und Mittelfinger eine Schere, um die kleine Unterbrechung des Luftstroms zu markieren.

4. **Das große „ooo"**
   Der lange, betonte Vokal z. B. in *Tor!* wird durch intensives Arme-Ausbreiten dargestellt. Für andere lange Vokale gilt das Gleiche.

5. **Der Karateschlag**
   Der Unterschied zwischen Lang- und Kurzvokal in betonter Stellung lässt sich mit dieser Geste gut verknüpfen. Der *Pudding* (Karateschlag!) ist ein anderes sprachliches Erlebnis als der *Pudel* (Arme ausbreiten!)

6. **Dem *-und* an der Leine nachrennen**
   Der deutsche [h]-Laut: Das Bild beschreibt ein Kind, das zwei unruhige Hunde ausführt, die größer als es selbst sind. Sie ziehen ihm die angewinkelten Arme weg – sie ziehen ihm das [h] aus dem Leib. Die Technik der „angewinkelten Unterarme nach vorne", um dabei sozusagen seinem eigenen Hauchlaut nachzueilen, geht später auch mit minimaler Bewegung. Die Geste löst den Laut aus: *mein Hund!*

7. **Körner picken**
   Wenn es nicht gelingen will, die Konsonanten im Auslaut, besonders [b/p; d/t; g/k], auszusprechen, pickt man sie aus der Hand, wie ein Vögelchen das Korn: *Ach, Kind, es regnet! Pass auf, du wirst krank!"*
           ↑   ↑   ↑   ↑   ↑

8. **Die Rhythmuslokomotive**
   Eine sprachliche, rhythmisch-dynamische Einheit wird allmählich beschleunigt gesprochen. Das zunehmende Tempo wird mit gemeinsamen Armbewegungen begleitet, die eine Dampflokomotive imitieren. Die Sprechakzente werden zu Kolbenstößen. *Das **möcht'** ich **dir** **nicht** geben.*

9. **Summen/Brummen**
   Um sich einen Satz anzueignen, lernt man ihn zunächst ohne die Worte, nur seine Melodie, z. B. „**Was** die Clowns auch **ma**chen, sie **wol**len, dass wir **la**chen." **Na**nanana**na**na – na**na**nanana**na**. Die Betonungen werden durch Kopfnicken oder andere Bewegungen begleitet.

---

[1] Nach: Fischer, W. R., Lyon 1997. Die Videobeispiele zu Nr. 2, 4, 5, 6, 10 stammen aus dem Seminarvideo „Stolpersteine".

10. Der Fernflüsterer
Intensives Flüstern, noch in der Ferne zu hören, bewirkt eine zwangsläufig präzisere Artikulation aller Konsonanten. Die Methode wirkt originell und kommt gut an.

11. Die Rhythmus-Gussform
Lexikalische Übungen lassen sich mit gleichem rhythmischen Muster organisieren:

    Brot   oder   Brötchen
    Wurst oder   Käse
    Ei   oder   Müsli
    Quark oder   Butter

●   • •   ●   •

12. Viel Lob
für alles, was schon richtig klingt, zur Motivierung der Schüler.

Die Gesten werden den Schülern von Fall zu Fall bekannt gemacht. Sie führen diese zur Erreichung des speziellen Zieles zunächst auch gemeinschaftlich mit aus. Das heißt aber nicht, dass Gesten das Sprechen ständig begleiten. Vielmehr ist anzustreben, dass sie allmählich in die natürliche Gestik der Situation eingebunden werden und somit ihren Charakter einer Hilfsgeste weitgehend verlieren:

> „So wird die Bewegung als ‚Brücke' benutzt, das unbekannte Ufer, den fremden Satzrhythmus zu erreichen. Ein Lehrer, der sehr überzeugend wirkt, der in der Lage ist die Lernenden mitzureißen, beschränkt sich nicht auf die Geste. Er verbindet Sprechrhythmus mit Körperbewegung. Kinder und jugendliche Lerner sind auf diese Methode besonders ansprechbar. Ihnen sind solche Übungen willkommene Abwechslung, sie nehmen die Angebote gern an und setzen bestimmte Texte in Körperbewegungen um, wobei sie selbst kreativ werden dürfen/sollen." (Dieling, 1992, S. 29)

Das phonetische Potenzial zum Beispiel des Ausrufs: *Hör doch endlich auf!* [aus *Das Berühren der Figüren*, S. 64] ist erstaunlich reich:
- [h]-Laut und vokalisiertes <r> in *hör* [høɐ],
- kurze Vokale <o>, <e> und <i>, Ach-Laut, Vokalneueinsatz und Ich-Laut in *doch | endlich*,
- Vokalneueinsatz, Sprechakzent bei *auf!* und Frikativ [f] als Auslaut.

Die Geste, die das [h] auslösen soll, wird zur Drohgeste gegen den Störenfried, die Geste für die Vokalneuansätze vor *endlich* und *auf* wird zum nachdrücklichen In-die-Luft-Schlagen.

Prosa

Im Gegensatz zum Vers (gebundene Rede) ist Prosa die nicht metrisch gebundene Sprache. Es ist normalerweise die Rede- und Schreibweise des Alltags. Texte in rhythmischer Prosa bergen eine bewusst oder unbewusst geschaffene rhythmische Anordnung der Wörter (Rhythmisierung). [vgl. *Rhythmus*, S. 50]

Prosodie

> „Neben der Körpersprache übernimmt die Prosodie auf der klanglichen Ebene der menschlichen Sprache eine führende Rolle im wahrsten Sinne des Wortes. Unter Prosodie verstehen wir die Gesamtheit der sprecherischen Merkmale wie Stimme, Modulation, Geschwindigkeit, Rhythmus, Melodie, Aussprache, Dialekt und Lautstärke. Die Wirkung der Prosodie im Gespräche, bei der Unterhaltung oder bei der Erzählung macht 39 % der zwischenmenschlichen Kommunikation aus." (Günther, 2003, Vorblatt zu S. 71)

Rap

„Mit dem Rap ist eine Musikrichtung entstanden, die in jeder Sprache gleichermaßen originär ist, denn das Grundprinzip, Sprechverse zu einem Begleitpattern zu reimen, ist an keinen speziellen Sprachraum gebunden. Gerappt wird mittlerweile auf der ganzen Welt und in allen möglichen Sprachen." (Neumann, 1998, S. 2)

Raps haben als Ausdrucksform bei Kindern und Jugendlichen ein hohes Image und sichern eine hohe Motivation [vgl. S. 44]. Die Sprechverse brauchen sich durchaus nicht zu reimen, wenn sie nur Rhythmus haben!

Die grundlegenden Klangmerkmale der deutschen Sprache – Melodie, Rhythmus und Akzentuierung – können kaum besser als mit derartigen Sprechtexten vermittelt werden. Einzige Einschränkung: Die Profi-Rapper pflegen einen eher monotonen Sprechstil. Die Intonationskurven sollte man im Unterricht deshalb anheben.

Die im Text enthaltenen grammatischen Strukturen werden nicht mehr als Lernstoff empfunden. Das Einbeziehen von Körpersprache [vgl. S. 38] und von rhythmischer Begleitung mindert oder verhindert sogar Verkrampfungen bei der Lautbildung in der Fremdsprache. Die authentische Intonation [vgl. S. 32] stellt sich fast von alleine ein. Der Lernakt tritt im Bewusstsein zurück, das Körpererlebnis gewinnt die Oberhand.

Ein Rap kann zum Tüpfelchen auf dem „i" einer Einheit werden. Er bleibt so nachhaltig haften wie sonst nur Liedstrophen oder Reimverse. Raps eignen sich vorzüglich für das Klassen- oder Schulfestprogramm, vor Eltern, Schulleitern, Inspektoren oder Gemeinderäten und vor jüngeren Schülern als Werbung für Deutsch. [vgl. *Gut und gern*, S. 162; *Jens und Sandra*, S. 164]

Raumaufteilung

Speziell im Fremdsprachenunterricht ist es von großer Bedeutung, ob die Schüler in traditionellen Reihen und auf den Lehrer ausgerichtet sitzen oder in einer Art Halbkreis bzw. U-Form, wo sie sich gegenseitig viel besser sehen und ansprechen können. Eine derart „offene" Anordnung ist direkt eine Voraussetzung für nonverbale Signale, die die Sprache vorbereiten bzw. begleiten. Eine angemessene Raumaufteilung ist also eine wesentliche Voraussetzung für das Entstehen von Kommunikation.

Bei der Aufteilung in Dialoggruppen kann sich der Lehrer einmal zu der einen Gruppe stellen, einmal zu der anderen. Er kann bei sich auch einige Schüler versammeln und mit ihnen eine neue Gruppe bilden.

Körperhaltung und Ausnutzung des Raumes sowie der Abstand zwischen den Beteiligten geben den Rahmen für die Interaktion zwischen zwei oder auch mehreren Menschen vor. Haltung, Abstand bzw. Berührungen sind aufeinander bezogen, übermitteln eine Botschaft. [vgl. *Theatertechniken*, S. 57]

Rhythmus

Der Rhythmus einer Sprache entsteht durch die charakteristische Verteilung von Sprechakzenten und unbetonten Silben im Redefluss. Eingestreute Pausen gehören dazu. An dieses dynamisch-rhythmische Muster, das typische Informationsprofil, ist der muttersprachliche Hörer gewöhnt. Er erwartet es. Verstöße gegen die wesentlichen Parameter Tonhöhe, Lautheit und Dauer erschweren ihm die Kommunikation.

- **Rhythmus ohne Verse**[1]
  Irgendeinen Rhythmus – eine Abfolge von Hebungen und Senkungen, Längen und Kürzen – hat jeder Text. Unterläuft uns der Satz *Dies ist ein Fall, der ganz klar zu sein scheint*, so entdecken wir rasch, dass die Silben sich reiben: lauter einsilbige Wörter. [...] Schreiben wir stattdessen *Dieser Fall scheint klar zu sein*, so ist dieser Satz nicht nur kürzer, sondern auch rhythmisch angenehmer. [...]

- **Die rhythmische Bewegung der Wörter nicht dem Zufall überlassen**
  Sprachgefühl und bewusster Stilwille: Beide wirken meist in dieselbe Richtung: die rhythmische Bewegung der Wörter nicht dem Zufall überlassen – und in der Prosa ein paar Anleihen bei der gebundenen Rede, beim Gleichmaß, beim Vers machen.

- **Rhythmischen Wohllaut maßvoll dosieren**
  Die Kunst ist, rhythmischen Wohllaut maßvoll zu dosieren, instinktsicher oder wohlüberlegt; sich in Halbsätzen dem Vers anzunähern, aber rechtzeitig den Rhythmus zu wechseln, um nicht an den Marmorklippen der Manieriertheit zu zerschellen.

- **Der hörbaren Bewegung der Wörter eine einleuchtende Richtung geben**
  Wie groß oder klein auch immer die Rolle ist, die einer dem rhythmischen Wohlklang einräumen will: Anstreben sollte keiner, dass sich, in Kafkas Formulierung, *ein Satz am anderen reibt wie die Zunge an einem hohlen Zahn*. Der hörbaren Bewegung der Wörter eine angenehme oder kraftvolle oder einleuchtende Richtung zu geben, ist eine Grundforderung an guten Stil.

- **Angemessener Ausdruck vorhandener Kraft: der kraftvolle Rhythmus**
  Kraft: spüren lassen kann sie nur der, der sie erstens hat, sich zweitens traut sie zu zeigen und drittens dabei nicht an seiner Sprache scheitert. Für den angemessenen Ausdruck vorhandener Kraft ist der kraftvolle Rhythmus unentbehrlich; doch er hilft nichts, wenn man nicht wagt, zu seiner Sache zu stehen.

- **Dem Rhythmus auf die Spur kommen durch lautes Lesen!**
  Ob ein Satz Kraft hat, lässt sich vor allem hören, und wer dem Rhythmus auf die Spur kommen will, den er fahrlässig oder vorsätzlich erzeugt hat, der lese laut! Zwei starke Gründe mehr, das laute oder im Notfall halblaut gemurmelte Vorlesen mit Nachdruck zu empfehlen. Dabei bleibt der Zunge kein hohler Zahn, kein hohles Wort verborgen.

Rhythmische Begleitung	kann als „Körpermusik" realisiert werden (klatschen, klopfen, gehen, stampfen, Fingerschnipsen, Effektlaute wie pfeifen, rufen). Das ist schwieriger als mancher denkt, wie das Filmbeispiel zeigt. Man kann ebenso Kleininstrumente einsetzen, die als „Kleines Schlagwerk" oder „Perkussionsinstrumente" bezeichnet werden. In den hier zu findenden Vorschlägen wird rhythmische Begleitung immer als durchgehendes Grundmuster eingesetzt, das helfen soll den Sprechfluss in Gang zu setzen bzw. in Gang zu halten. Eine Verdopplung des Sprechrhythmus wird eher als die Intonation störend und deshalb als kontraproduktiv betrachtet.

057
053

---

[1] Nach: Schneider, 1984, S. 172 ff.; Zwischenüberschriften: A. F.
1994 verlieh die Gesellschaft für Deutsche Sprache Schneider den „Medienpreis für Sprachkultur".

Zum Beispiel nicht so:

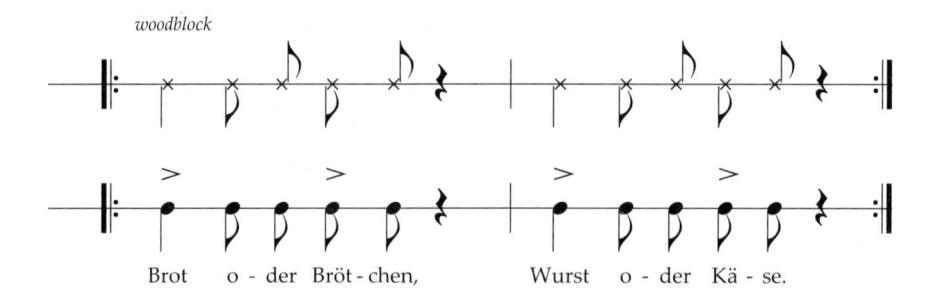

(Notenbeispiel: woodblock mit Text "Brot o-der Bröt-chen, Wurst o-der Kä-se.")

🎧 017

Das Instrument unterstützt zwar die Sprechakzente, aber in den Pausen entstehen Klanglöcher. Es verdoppelt den Sprechrhythmus mit der Tendenz die Sprache zuzudecken.

Deshalb besser so:

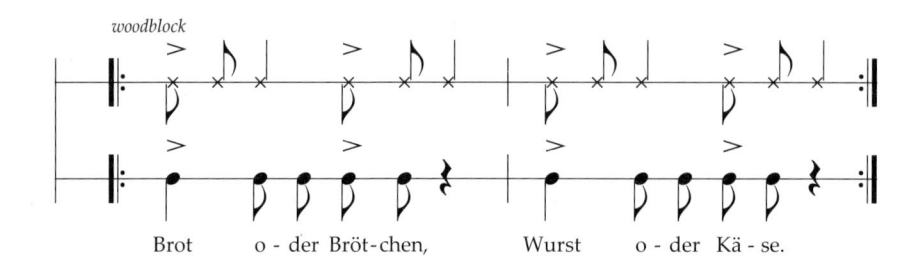

(Notenbeispiel: woodblock mit Text "Brot o-der Bröt-chen, Wurst o-der Kä-se.")

[vgl. *Das Frühstück*, S. 66; *Punkt, Punkt, Komma, Strich*, S. 122]

Rhythmus-Begleitinstrumente 018	Neben den bekannten Perkussionsinstrumenten eignet sich alles, was klappert, rappelt, rasselt, klingelt und klingt: Bleistifte, Ess-Stäbchen, Kokosschalen, Filmdöschen mit Reiskörnern, Topfdeckel, Narrenschellen und -ratschen, Fahrradglocken, Kuckucks- und Trillerpfeifen, Pfiffe mit den Lippen oder auf den Fingern als Spezialeffekte, Glöckchen, Fingerzymbeln, Blockflöten(-kopfstück), Gong; die Hände zum Klatschen, Klopfen, Schnipsen, Winken. Auch Steppen, Stampfen, Gehen, Hüpfen und Jazztanzelemente lassen sich einbeziehen. Die Instrumente sollten immer im Stehen gespielt werden.
Rhythmische Begleitmuster 072 019	Das für die Sprechstücke vorgeschlagene Instrumentarium und die angegebenen Begleitrhythmen können bzw. müssen immer den Möglichkeiten angepasst werden. Man achte aber darauf, dass verschiedenartige Klänge zu einer Spielgruppe zusammengefügt werden. Die einzelnen Begleitrhythmen sollten sich gegenseitig zu einem Muster ergänzen und möglichst wenig Parallelstellen aufweisen. Das schließlich erklingende Gesamtmuster soll den Sprechrhythmen dienen statt sie zu stören. Jede Stimme für sich soll möglichst leicht und klar sein.
Rhythmisch-melodische Einheiten	Ilse Cauneau (1995, S. 32) bezeichnet mit diesem Terminus sprachliche Einheiten, in die jeder Sprecher – in der Regel unbewusst – eine Aussage einteilt, „wodurch er seinen Redefluss gliedert". Diese Gliederung erleichtert dem Hörer das Verständnis.

Rhythmisch-melodische Einheiten lassen sich *auf einen Atem* sprechen. Sie lassen sich in einer rhythmischen Reihung [vgl. S. 54] gut aneinanderreihen. Damit werden Artikulationsabläufe automatisiert und zugleich über das Gehör gesteuert. Nehmen wir zum Beispiel den Satz: *Das möcht' ich dir nicht geben* aus *Meine Lieblingsfarbe* [S. 116]. Sein phonetisches Potenzial wird dort aufgezählt.

Rhythmusmuster, Wortrhythmus, Satzrhythmus

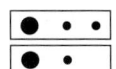

DONNERSTAG ● ∙ ∙ hat einen anderen Wortrhythmus als
FREITAG ● ∙

Drei Silben klingen anders als zwei Silben, doch in beiden Beispielen liegt der Sprechakzent auf der ersten Silbe.

HEUTE IST DONNERSTAG, MORGEN IST FREITAG.

Dieser Satzrhythmus wird geprägt von den beiden Wortakzenten auf DO und FREI, das Komma markiert die Sprechpause zwischen den rhythmisch-musikalischen Einheiten. An den Stellen von Komma und Punkt passt gut ein Handklatsch in den Redefluss.

Auszugehen ist grundsätzlich vom authentischen Sprechrhythmus der Alltagssprache. Lernen wir die Wochentage doch z. B. so:

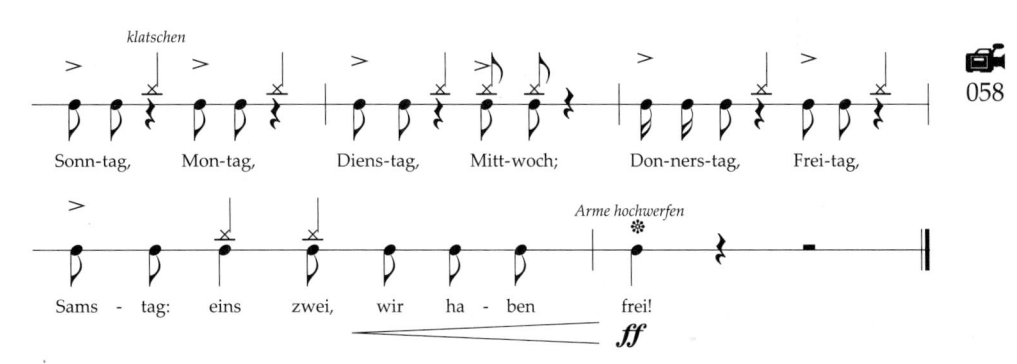

(Notenbeispiel: Sonn-tag, Mon-tag, Diens-tag, Mitt-woch; Don-ners-tag, Frei-tag, Sams-tag: eins zwei, wir ha-ben frei! ff, Arme hochwerfen)

Und nicht in egalisierender Manier, silbenweise, was wir schnell als „leiernd" empfinden und langweilig finden. Außerdem liegt der Mittwoch nicht in der Mitte der Woche:

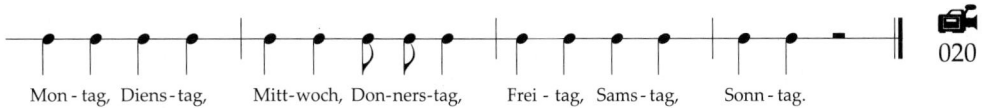

(Notenbeispiel: Mon-tag, Diens-tag, Mitt-woch, Don-ners-tag, Frei-tag, Sams-tag, Sonn-tag.)

[vgl. *Sonntag, Montag, Dienstag*, S. 95]

Rhythmische Notierung

Mit der Notierung der Sprech- und Begleitrhythmen wurde versucht, innerhalb des Metrums eine möglichst genaue Fixierung der Dialogwechsel, der Akzente, der Silbenzahl, der Vokallänge bzw. -kürze und der Pausen zu erreichen. Man fasse diese Notierung dynamisch auf. Die Hörbeispiele geben wieder, wie die Texte gemeint ist. Abweichende Betonungen wären an manchen Stellen denkbar, doch das änderte meistens auch den Sinn der Aussage.

	Rhythmische Reihung	Aus dem üblichen wiederholten Vor- und Nachsprechen eines neuen Wortes, einer sprachlichen Einheit oder eines Satzes lässt sich eine rhythmisch-dynamische Aufgabe machen, die gemeinsam von der Gruppe, von mehreren Gruppen nacheinander oder im Solo-Tutti-Wechsel ausgeführt wird. Sprechpausen kann man zusätzlich mit Gesten oder Klangeffekten füllen.

025
104

Zum Beispiel: *Gesundheit! ✳ Gesundheit! ✳ Gesundheit! ✳*

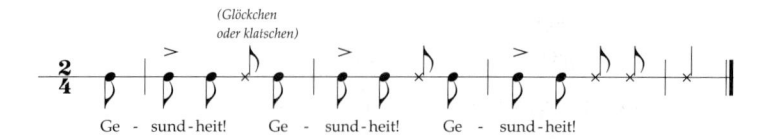

018

Oder sogar dialogisch: HATSCHI, ah! – Gesundheit!

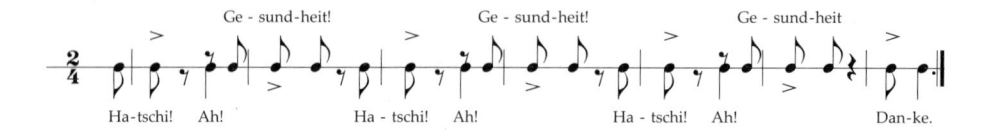

019

Zum Schluss ruft die Person, die so oft niesen musste: *Danke!*

Das phonetische Potenzial dieses kurzen Dialogs ist reichhaltig:
- Rhythmusmuster ● ●, [h]-Laut, kurze Vokale <a> und <i>, Lautverbindung [tʃ], langer Vokal <a> am Schluss in *Hatschi! Ah!*
- Rhythmusmuster • ●, Auslautverhärtung und [h]-Laut in *Gesundheit* [gə'zʊnthaɛ̯t]
- Rhythmusmuster • ● •, Ang-Laut und reduziertes <e> in *Danke* ['daŋkə].

[vgl. *Familienfoto*, S. 156; *Das Frühstück*, S. 66; *Sonntag, Montag, Dienstag*, S. 95]

Sitzordnung: sitzen, stehen, gehen

Die traditionelle Sitzordnung eignet sich meistens nicht für handlungsorientierten, kommunikativen Sprachunterricht. Vorzuziehen wäre eine Tischanordnung in U-Form mit einer freien Fläche in der Mitte. So lassen sich leicht Gruppenteilungen vornehmen und die Dialogpartner können sich sehen. Wenn keine Bücher oder schriftlichen Unterlagen gebraucht werden, sammeln sich die Schüler im freien Raum – mit ihren Stühlen oder ohne. Für gewisse Zeit können sie sich auf die leeren Tische setzen. (In Ländern, wo sich das nicht schickt, entfällt das.)

Zusammenfassende oder abschließende Sprechübungen sollten auch physisch spürbar sein: Im Stehen lässt sich die Körpersprache viel besser realisieren, der Atem ist freier, die Bodenhaftung mit beiden Füßen ist besser als die dauernde Sitzhaltung. Müdigkeit verfliegt. Begleitinstrumente sollten immer im Stehen gespielt werden!

Es ist möglich und zuweilen sehr angebracht, im Gehen zu sprechen oder beim Sprechen zu gehen. Wir können dabei feststellen, dass die Schüler von selbst mit mehr Stimmvolumen sprechen und sich dem Schritt-Tempo und dem körperlich durchmessenen Raum anpassen. [vgl. *Meine Mi-, meine Ma-, meine Mutter*, S. 115; *Familie Michel*, S. 92]

Sprechen   Lehrende und Lernende
„sollen lernen, dass man das Sprechtempo bewusst variieren kann, um jederzeit spannend und ausdrucksvoll zu sprechen. Der dynamische Wechsel von der kräftigen bis zu einer zurückgenommenen Stimme wird durch die Veränderung im Sprechtempo ergänzt. [...] Klingt die Stimme übermäßig laut oder gar krächzend, wird das vom zuhörenden Gesprächspartner als unangenehm und manchmal sogar als lästig empfunden. Eine wohltuende und angenehme Stimme dagegen fördert die Zuhör- und damit auch die Gesprächsbereitschaft. (Günther, 2003, S. 76)
Das Schnellsprechen kommt gerade bei [...] Lehrer/innen relativ häufig vor. [...] Das einzig wirksame Mittel gegen das Schnellsprechen sind die Sprechpausen. Wenn Pausen beim Sprechen eingelegt werden, haben die Zuhörer eher die Möglichkeit, das Gesagte zu verstehen. Das Wichtigste beim Sprechen sind nun mal die Pausen, weil sie das Gedächtnis entlasten, Zeit zum Atemholen geben, die Versorgung des Gehirns mit Sauerstoff ermöglichen, die Anspannung beim Gespräch lösen, das Nachdenken ermöglichen und somit insgesamt die Wirkung des Gesprochenen erhöhen. Eine Pause vor oder nach einem sehr wichtigen Wort hebt dieses Wort aus den anderen Worten heraus und gibt ihm eine besondere Bedeutung. (Günther, 2003, S. 77)
Aus der praktischen Erfahrung wissen wir, dass tiefere Stimmen die meisten Menschen mehr ansprechen als hohe Stimmen; sie wirken sonorer und dadurch eben auch glaubwürdiger. Andererseits sind hohe Stimmen bei gleicher Lautstärke besser verständlich als tiefe Stimmen. Daher sollte man in einem großen Gruppenraum auf keinen Fall lauter, sondern eher etwas höher von der Stimmlage her sprechen." (Günther, 2003, S. 78)

Langsam/schnell, freundlich/streng, alt/jung, hoch/tief, flüsternd, fragend, feststellend, drohend, beruhigend, rufend – die Liste der Sprechstile ließe sich fortführen. Ein Wechsel im Sprechstil wirkt sich unmittelbar auf die Aussprache aus, ist also phonetisch relevant. Für den Schüler ist relevant, dass der Wechsel interessant ist. So wird ihm unbewusst die Phonetik interessant. [vgl. *Mozart und Napoleon*, S. 118; *Emotion*, S. 34; *Körpersprache*, S. 38]

Sprechstücke   Unter *Sprechstück* wird hier ein Modelldialog [vgl. S. 43] verstanden, der auf der Basis des immanenten Sprechrhythmus konzipiert ist. Auszugehen ist grundsätzlich vom authentischen Sprechrhythmus der Alltagssprache.

Dialoge, Strukturübungen, selbst erfundene oder literarische Texte lassen sich durch Abschreiben, Kürzen, Umstellen, Austauschen, Abwandeln in eine sprachliche Form bringen, in der sie als rhythmische Prosa ins Schwingen kommen und zu einer ganzheitlichen Sprechperformance werden können. Phonetik, Syntax und Lexik gehen eine motivierende Symbiose mit der Körpersprache ein:
„Die rhythmische Bewegung der Wörter [wird] nicht dem Zufall überlassen – und in der Prosa [macht man] ein paar Anleihen bei der gebundenen Rede, beim Gleichmaß, beim Vers." (Schneider, 1984, S. 173)

Mit der Phonetik als integralem Bestandteil jedes Sprechaktes wird deutsche Alltagssprache in der Form von Sprechstücken rhythmisch-dynamisch vermittelt. Dabei werden verschiedene didaktische Ziele gleichzeitig angestrebt:

- Typische Satzmuster aus der Umgangssprache kann man nicht erfinden. Sie müssen vielmehr in einem typischen Sinnumfeld angeboten und als solche auswendig gelernt werden.

- In rhythmischen Mustern (Pattern) gibt man die typische Sprachmodulation, ihr Tempo und ihre Akzentuierung wie eine Gussform vor. Eine Vielzahl von lexikalischen Aufgaben lässt sich nach demselben Muster erfüllen.

- Eine motivierende Pointe hält den Spannungsbogen über längere Zeit aufrecht. Die Übefrequenz steigt wesentlich.

- Alltäglichen Sätzen wird ihr immanenter Rhythmus abgelauscht. Die aus diesen Sätzen entstehenden *Sprechstücke* erscheinen in rhythmischer Prosa. So stellt sich wie von allein die richtige Intonation ein, und die Redemittel prägen sich besser ein.
- Das Einbeziehen von Hand und Fuß (Körpersprache, Gestik) und von rhythmischen Begleitinstrumenten mindert oder verhindert sogar Verkrampfungen bei der Lautbildung in der Fremdsprache. Der Lernakt tritt im Bewusstsein zurück, das Körpererlebnis gewinnt die Oberhand.
- Die Anlage der *Sprechstücke* als Gruppendialog bezieht das „Wir"-Gefühl ein (soziales Lernen): Es gibt kein Steckenbleiben, also keine Blamage, es sei denn für alle. Die Angstschwelle sinkt gegen Null. Jeder kann mithalten. Die Schnellen beflügeln die Langsameren. Mindestens die Hälfte der Gruppe ist jeweils aktiv.

Die angeeigneten Sprechmuster stehen künftig zur Verfügung für deren individuelle, kreative Anwendung (Transfer).

Summen/Brummen

Im Titel ihres Handbuchs „Hören, brummen, sprechen" erhebt Ilse Cauneau (1995) das Brummen einer Sequenz zu einem wesentlichen Programmpunkt von angewandter Phonetik:

„Der Schritt [vom Hören zum Sprechen] ist jedoch nicht einfach und ist leichter zu realisieren über einen Zwischenschritt, eine Art Brücke, das Brummen." (S. 47)

Ich teile ihre Ansicht, ziehe jedoch den Ausdruck „summen" vor, weil Brummen bedeutet: tiefe, dumpfe, undeutliche Laute von sich geben. Summen aber bedeutet eher: leise, ohne Worte vor sich hin singen, auch mit offenem Mund und mit Klangsilben, z. B. *nana* oder *lala*. Dabei ist mehr Dynamik möglich.

Gemeint ist derselbe Effekt: Hat ein Schüler die rhythmische Struktur einer Sequenz erfasst, verfügt er schon über mindestens ein Drittel des Pensums. Der Sprechrhythmus des Tagesdatums zum Beispiel ist im Unterschied zu dessen Lautung ohne Weiteres von jedermann auf Anhieb zu reproduzieren.

Oder man kann den Satz *Gib mir mal dein Blau* vorsummen auf die Silben *dadadadaDAU*. Die vier Silben am Anfang werden leicht erfasst und das Besondere an der ganzen Sequenz ist der Tonakzent auf der letzten Silbe, die zugleich einen deutlichen Klangwechsel mit sich bringt. Das wird als erheiternd empfunden und gerne nachgeahmt. Im Sprechstück *Meine Lieblingsfarbe* [S. 116] heißt es in der Antwort auf diesen Satz: *Das möcht' ich dir nicht geben.* – ein leichtes Auf und Ab von unbetont/betont, mit dem Satzakzent auf „GEben". Es lässt sich etwa so summen: *da da da da da DAda*. Die beiden Sequenz-Enden *DAU* und *DAda* sind rein klanglich deutlich, um nicht zu sagen fühlbar anders.

Wir können das Summen als phonetische Geste [vgl. S. 47] auffassen. Sie lässt sich mit gutem Erfolg und oft einsetzen.

Suprasegmentale Sprechübungen

Suprasegmental ist ein „sich über mehrere Segmente erstreckendes Merkmal wie Akzent, Dauer, Melodie" (Dieling/Hirschfeld, 2000, S. 184). Im weiteren Sinne bedeuten suprasegmentale Übungen die Vermeidung von Übungen am Einzellaut oder -wort:

„Eine Aufzählung von Wörtern mit den gleichen Merkmalen ist noch keine Übung. Übungsmaterial beginnt erst da, wo Wörter in eine Proportion zueinander gesetzt, zu einem wie auch immer aufeinander bezogenen Paar gefügt, zu einer Gestalt geformt werden, wo eine assoziative oder intellektuelle oder emotionale Spannung sie verknüpft." (Häussermann/ Piepho, 1996, S. 49)

Die rhythmisch-dynamische Einheit *Heute ist Donnerstag* mit ihren rund acht phonetischen Aufgaben ist der wiederholten Aussprache von *Donnerstag* vorzuziehen. [vgl. *Donnerstag, der 7. August*, S. 75]

Der Textausschnitt *Ich bin angekommen, wer wird mich empfangen?* mit seinem deutlich hörbaren Rhythmus und dessen freie Variation in verschiedenen Sprechstilen ist vorzuziehen der Grammatikübung *Ich bin angekommen, du bist angekommen, er ist angekommen*. [vgl. *Heimkehr*, S. 136]

Derartige Übungen können sich in einer rhythmischen Reihung [vgl. S. 54], einem Solo-Tutti-Ablauf, einer Solo-Stafette, einem Minidialog, einem Sprechstück [vgl. S. 55] konkretisieren – kurz, in einem kommunikativen Ereignis. [vgl. *Komm her! – Geh raus!*, S. 107]

Theatertechniken

Emotion [vgl. S. 34] und Aktion in den Unterricht einbeziehen heißt: den Schüler zum Akteur machen. Der Lerner als Schauspieler befindet sich in einer quasi professionellen Übungssituation. Sinnbezogenes Sprechen und nonverbaler Ausdruck gehören zur Inszenierung: Wie laut sprechen wir, in welcher Stimmlage, in welchem Tempo, in welchem Rhythmus [vgl S. 50], mit welchen logischen oder psychologischen Pausen? Die Stimme [vgl. S. 31] wird neben Mimik, Gestik [vgl. S. 35] und Bewegung im Raum zum Gestaltungsmittel. Die Arbeit in der Gruppe fördert freies Sprechen und Kreativität. Arbeit an der Textgestaltung wiederholt den ursprünglichen Schöpfungsvorgang des Schreibens. (nach Witte, 1998, S. 104 ff.) [vgl. *Ein schlechter Schüler*, S. 97; *Meine Lieblingsfarbe*, S. 116]

024

Szenisches Spiel ist lustig, macht Lust, motiviert stark durch Einbeziehung anderer Kompetenzen, erhöht die Übefrequenz, bietet im Rollenspiel neue Identitäten und Chancen, mit seinen Sprachproblemen fertig zu werden:

025

„… zur buchstäblichen und lautlichen Fixierung kommt die räumliche Dimension. Um aber Unterricht inszenieren zu können, müssen […] Lehrerinnen und Lehrer in ihrer Handlungskompetenz über Theatertechniken verfügen. Ein so inszenierter Unterricht trainiert notwendigerweise das Sehverstehen als eine für unsere Gesellschaft unverzichtbare fünfte Fertigkeit. So inszenierte Unterrichtselemente, zu einer Aufführung zusammengefügt, trainieren die Zuschauerkunst, die Schule des Sehens.
Das übrigens, das wäre es, wenn das Schule sein könnte: eine vom Theater bewegte Schule." (Kirsch, 1995, S. 55)

026

Kommunikativ angelegter Unterricht nutzt den Klassenraum kreativ aus, führt Regie für leises, lautes, pfiffiges, freches, langsames und schnelles Sprechen, schöpft Pausen aus, fördert metasprachliche Register (es gibt 100 Arten *nein* zu sagen), setzt Requisiten ein, kreiert Spielformen, bezieht Gesang, Musik und Tanz ein. Das muss nicht immer gleich Theater sein. Aber ein Theaterstück ist natürlich auch möglich. [vgl. *Lehrerprofil*, S. 40]

027
028

Tonbandaufnahmen

Tonbandaufnahmen im Unterricht gewinnen unter anderem dadurch ihren Reiz, dass der Schüler seine stimmliche Wirkung wie in einem Spiegel erfährt. Sich in einer fremden Sprache reden zu hören, erhöht den Reiz.

Schüler experimentieren gern mit Mikrofon und Tonband. Zu Hause ist es oft sogar schon der Computer mit Mediaplayer.

🎧
020
021
022
023

Die nebenstehend angegebenen Hörbeispiele stammen aus einer siebenminütigen „Sendung", die Tomek und Vincent für mich produziert haben. Sie bezeichnen sie als „kleines Geschenk für Monsieur Fischer, weil er so nett war, uns Deutsch beizubringen". Wenn vieles auch noch nicht der Standardaussprache entspricht, so ist die Intonation doch weitgehend richtig. Die beiden haben Freude daran, ihr ganzes Deutschheft (dialogisch!) auf Band zu sprechen und fühlen sich so sicher, dass sie die „Sendung" ohne den korrigierenden Lehrer wagen. Für Tonaufnahmen sind die Schüler bereit, lauter und konzentrierter zu sprechen als unter normalen Bedingungen.

📹
029

Für die Ausspracheschulung im Klassenraum ist es eine große Hilfe, wenn sich die Schüler immer mal wieder selber anhören können, was und wie sie gesprochen haben – im Chor oder einzeln. Sie werden zum kritischen, oft überkritischen Zuhörer/Zuschauer ihrer selbst. Sie erfahren in heilsamer Nüchternheit: Sprache ist immer auch Aussprache. Tonbandaufnahmen und ihre wohlwollende Auswertung erhöhen die Bereitschaft, die Aussprache zu verbessern. Für Videoaufnahmen gilt das Gleiche in noch erhöhtem Maße.

Im Primarbereich gibt es keine Sprachlabors und im Sekundarbereich hält sich die Begeisterung dafür wegen der technischen Anfälligkeit in Grenzen. Mit herkömmlichen Rekordern lässt sich für den Alltag genug ausrichten. Besser sind natürlich Aufnahmen mit Mikrofon und steuerbarem Aufnahmepegel. [vgl. *Sprechen*, S. 55]

Transversale Kompetenzen

„Im themen- und situationsorientierten Unterricht sind die Vermittlung von Freude am Erlernen einer fremden Sprache wie auch die Sprachlernergebnisse die gleichrangigen Ziele im Unterricht. Dieses Konzept sieht eine stärkere Verzahnung fremdsprachlicher Phasen mit anderen Unterrichtsfächern der Primarschule vor." (Nürnberger Empfehlungen, 1996, S. 4)

Im Primarbereich erteilt in der Regel der Klassenlehrer den Fremdsprachenunterricht. In dem Fall ist es leichter einzurichten, dass zum Beispiel die Fächer Musik, Kunsterziehung und Sport in das Themenspektrum des Fremdsprachenunterrichts einbezogen werden:

📹
030
031
032
033
034, 035
036, 081
037
038
039
040

- Singschulung,
- rhythmische Schulung,
- Spieltechniken mit Perkussionsinstrumenten,
- Spielformen mit Refrain-, Solo- und Tutti-Abschnitten,
- Körperkoordination,
- Interaktionen mit Partnern und in Gruppen,
- Tanzformen, Bewegung im Raum,
- Theatertechniken [vgl. S. 57],
- Sprecherziehung, Vortragsstile,
- Kulissenmalen und Kostümentwürfe.

Es zeichnet sich das Konzept einer Gesamtinszenierung ab. Dieter Kirsch (1995, S. 55) entwirft die Utopie einer vom Theater bewegten Schule:

„Die Utopie: Schule ist eine kulturelle Institution, wie das Theater. Und wie das Theater sollte auch die Schule zu einem Platz der Kinderkultur werden und nicht ein Platz sein, der leer wäre, gäbe es nicht eine Schulpflicht.
Unterricht als Drama könnte aus dem Drama des Fremdsprachenunterrichts eine Inszenierung einer fremden Wirklichkeit machen. Zu dieser Inszenierung teilen Kinder etwas über sich selbst mit und die fremde Sprache erweitert dieses Selbst."

Im Sekundarbereich ist solch ein integratives Modell nur ungleich schwerer zu realisieren. Die Abschottung der Fächer untereinander kann aber gemildert werden, wenn sich der Deutschlehrer projektorientiert mit Kollegen des einen oder anderen Faches abspricht. Zum Beispiel: Für ein Fußballspiel werden die deutschen Begriffe und Wortfelder vorbereitet, im Sport wird für ein Turnier trainiert. Mindestens ein Spiel wird „deutsch gepfiffen".

Oder: Ein deutscher Hip-Hop wird sprachlich vorbereitet, der Musiklehrer studiert die musikalische Begleitung, der Sportlehrer die Choreografie ein. Der Vorteil: Die Chancen wachsen enorm, dass verschiedene Interessen eines Schülers angesprochen werden und er in einem derartigen Projekt mit seinen Stärken zum Zuge kommt. Und der Fachlehrer wird als jemand erfahren, der neben Deutsch noch anderes kann, dort aber nicht unbedingt Fachmann ist. [vgl. *Lehrerprofil*, S. 40]

Übertreibung

Ein Schauspieler tritt auf der Bühne geschminkt auf und spielt mit überdeutlicher Mimik und Gestik, damit das Publikum auch in der letzten Reihe versteht, wen er darstellt, was er sagt oder fühlt.

> „Um etwas begreiflich zu machen, müssen wir übertreiben, [...] nur die Übertreibung macht anschaulich, auch die Gefahr, dass wir zum Narren erklärt werden, stört uns in höherem Alter nicht mehr." (Thomas Bernhard, österr. Dichter und Dramatiker, zitiert nach einem Zeitungsartikel)

Deutschlernenden müssen wir Lehrer übertrieben begreiflich machen, die Sprechakzente der Zielsprache Deutsch stark genug zu betonen, die unbetonten Silben dagegen wirklich unbetont zu lassen, bis hin zum Weglassen (Reduktion, Elision). Es kommt sonst zu einer Nivellierung des Informationsprofils, die die Verständigung mit Muttersprachlern erheblich erschweren kann.

In diesem Zusammenhang ist die Tatsache von besonderem Interesse, dass ein junger Lerner deutlich stärkere Signale braucht als ein Erwachsener, wenn er neue klangliche oder semantische Informationen wahrnehmen und verstehen soll. Physikalisch ausgedrückt: Ein Erwachsener versteht ein neues Wort richtig, wenn es neun Dezibel lauter gesprochen wird als der Geräuschpegel der Umgebung. Ein Kind der Primarstufe benötigt dafür einen Lautheitsunterschied von 15 bis 18 Dezibel.[1]

Unterricht hat viel mit Schauspiel, mit Theater [vgl. S. 57] gemein: Das ist nicht übertrieben!

> „Auszugehen ist von Marktschreiern, Pferdegetrappel, Kaspertheater. Dazu rhythmisches Brüllen der Fußballfans und Hammerschläge auf die erste Silbe des Bürgermeisters. Natürlich immer laut. Pate stehen Opernsänger, Clowns, Sprecherzieher – und wer will, kann auch einfach klatschen. Rhythmisch natürlich." (W. R. Fischer, 1995, S. 11)

[vgl. *Phonetische Gesten*, S. 47]

Videoclips

Musikrezeption ist heute sehr oft mit Bildern gekoppelt: TV-Werbung, Videoclips, Kinofilme. Die Bilder generieren alle Arten von Emotionen [vgl. S. 34] und Assoziationen. Musik wird funktionalisiert zu Tanz, Traum oder Ekstase. Die Produzenten ziehen daraus ihren Profit, dennoch hat die Musik durchaus ihre alte Funktion behalten, Emotionsträger zu sein. Das bildungsbürgerliche Nur-Zuhören ist (wieder) eine Randerscheinung geworden. Die meiste von Jugendlichen bevorzugte Musik ist zum Bewegen gemacht, zur Körpererfahrung mit allen Sinnen („body music"). Das relativ junge Genre der Videoclips ergänzt die vielfältige

---

[1] nach Gerhart Tiesler, Ingenieur für medizinische Messtechnik an der Universität Bremen, in der Radiosendung „Lärmen oder lernen? Akustik im Klassenzimmer" (Südwestrundfunk, 2.10.2004)

Funktion mit einer Flut von Bildern. Der riesige Bedarf an Emotionen findet hier seine Entsprechung.

Der Einsatz von Videoclips kann sehr lohnend sein. Über Musik und Text hinaus bietet er die vielversprechende Möglichkeit, auch das Sehen zu schulen. Eine Diskussion über die Machart, den Stil der Gruppe, die Kameraführung bietet reiche Gesprächsanlässe, ungekünstelt, spontan, aktuell.

Die Reihe BILDSCHIRM von Goethe-Institut/INTER NATIONES hat in Folge 39 vierzehn (relativ alte) Musikclips deutschsprachiger Gruppen versammelt. In der Reihe TURBO, ebenfalls beim Goethe-Institut, kommt in jeder Folge am Schluss ein Musikclip.

Emotionen, Assoziationen, Körpererfahrung lassen sich aus Texten gewinnen, aber sie lassen sich ebensogut in einen Text auch hineininterpretieren. Ein und derselbe Text eignet sich zu unterschiedlicher Darstellung.

Ein Musikclip, der für den Fremdsprachenunterricht empfehlenswert ist, setzt Bilder, Text und Musik in einer Weise in Beziehung, die „der Rede wert" ist. Und umgekehrt gilt auch: Eine Klasse, die Bilder, Texte und Musik erarbeitet hat, dass es der Rede wert ist, kann daraus ihren eigenen Musikclip herstellen.

Vokale

„Die deutschen Vokale sind entweder lang oder kurz. Sie unterscheiden sich außerdem in der Sprechspannung/Vokalqualität (und im Grad der Mundöffnung), sie sind also lang/gespannt (geschlossen) oder kurz/ungespannt (offen). Es gibt damit jeweils zwei A-, I-, E-, O-, Ä-, Ü-, Ö-Laute." (Dieling/Hirschfeld, 2000, S. 118)

Die Unterscheidung von langen und kurzen Vokalen ist im Deutschen – anders als in anderen Sprachen – distinktiv: In vielen Fällen hängt die Wortbedeutung von der Vokallänge ab. (Höhle – Hölle, Haken – Hacken, nagen – Nacken, Weg – weg, schräg – Schreck)

Bei der Schulung des elementaren Hörens und Sprechens ist folglich von Anfang an auf die Wahrnehmung dieses Unterschiedes hinzuarbeiten, zugleich mit der Unterscheidung zwischen betonter und unbetonter Silbe. Nicht das Einzelphänomen ist zu üben, sondern die Wirkung im System. Jedem Lerner wird das Problem verständlich, wenn er den Unterschied erkennt zwischen *Die Dame fühlte im Dunkeln ihren Geldbeutel* und *Die Dame füllte im Dunkeln ihren Geldbeutel*. [vgl. *Lesen*, S. 40; *Laut-Buchstaben-Beziehungen*, S. 39; *Phonetische Gesten*, S. 47]

Zungenbrecher

Zungenbrecher von solcher Art, dass selbst Muttersprachler an die Grenzen ihrer Artikulationsfähigkeit geführt werden, halte ich in ihrem Nutzen für die Ausspracheschulung für begrenzt. Sie nehmen meist wenig Rücksicht auf semantische Logik und können auch deshalb meines Erachtens im Fremdsprachenunterricht nur in Ausnahmefällen in Betracht kommen. Für Deutschlerner stellen „normale" Texte oft genug schon Zungenbrecher dar. Sie lassen sich eher bewältigen, wenn sie mit sinngemäßen Bewegungsabläufen kombiniert werden:

„Erst dann kann sich die gewünschte Wechselwirkung von artikuliertem und betontem Sprechen einerseits und gesteuerter und lebendiger Gestik andererseits vollziehen." (Lorenz, 1995, S. 5)

[vgl. *Konsonantenverbindungen*, S. 37; *Appel-di-dappel*, S. 62]

5. Praktische Beispiele

5.1.

Sprechstücke — Rhythmen — Rap

Appel-di-dappel 1a

Methodische Hinweise

041

Dieses Sprechstück erfordert in besonderem Maße eine Übereinstimmung von Sprechen und Bewegen. Erst dann kann sich die gewünschte Wechselwirkung von artikuliertem und betontem Sprechen einerseits und gesteuerter, lebendiger Gestik andererseits vollziehen.

Es ist ratsam, sich bei der Einführung des Spiels Zeit zu lassen und ungewohnte Bewegungen vorweg zu üben. Ebenso wichtig aber ist es, die Beobachtungsgabe anzusprechen und das Körperbewusstsein für feinere Bewegungsvorgänge zu wecken, so dass Spaß und versteckter Humor in die Gestik überspringen können.

Appel-di-dappel

Volksgut

Auf einem hohen Berge,
da wächst ein großer Baum,
der heißt:
Appel-di-dappel,
die Birne, die Pflaum!
Doch wer das nicht sprechen kann,
der fängt noch mal von vorne an.

(112) Zungenbrecher

Text und Zeichnungen aus: Thilde Lorenz: „Allerhand", Fidula-Verlag Boppard/Rhein, www.fidula.de.

1b Appel-di-dappel

Appel-di-dappel

① Auf einem hohen Berge,
② da wächst ein großer Baum,
③ der heißt:
    1 2
④ Ap-pel-di-dap-pel, die Birne, die Pflaum!
   A B A B   A B   3   4
⑤ Doch wer das nicht sprechen kann,
⑥ der fängt noch mal von v‌orne an.

Ausgangsstellung I a   🖐   Hände flach nebeneinander auf dem Tisch, Handspitzen zeigen nach vorn

Zeichenerklärung und Ausführung

① + ②: ↑ = die gestreckten Hände in Schulterabstand gleichmäßig aufwärts führen (durchgehende Bewegung über zwei Zeilen bis zur **Gegenüberstellung** in Kopfhöhe: *wachsen*

③: 1 = Finger *am Ort* spreizen

      2 = Finger wieder anlegen

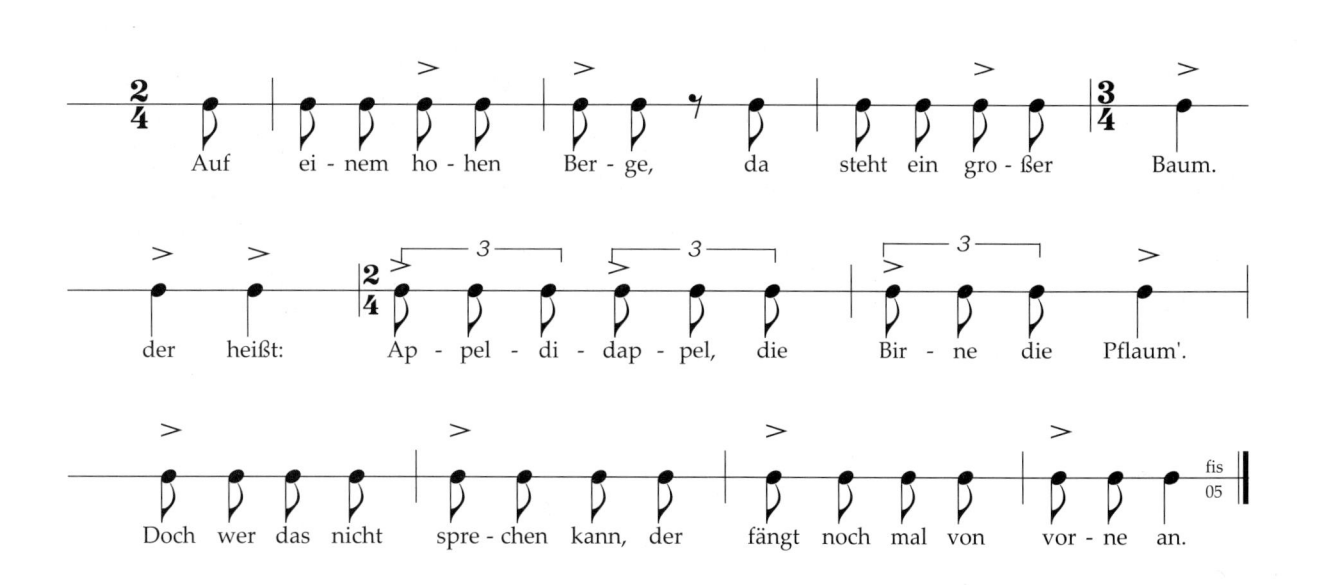

④: **A** = 1. Gegenstellung: rechte Hand geballt, linke hochgestreckt (Abb. 1)

     B = 2. Gegenstellung: linke Hand geballt, rechte hochgestreckt (schneller Wechsel der Gegenstellungen bei jeder Silbe ♫♫ ♫♫)

     3 = linke Hand schnell über Kopfhöhe hinaus spreizen und wieder zurück zur Ballung (♩),

     4 = umgekehrt die rechte Hand nach oben spreizen (Abb. 2) und zurück (♩)

⑤ + ⑥: Hände aus der Gegenüberstellung langsam abwärts führen und sie dabei aus den Handgelenken seitlich hin und her bewegen (in gleicher Richtung oder in Gegenrichtung)

– – = beide Hände flach auf den Tisch schlagen und liegen lassen

Zungenbrecher   113

2/4 Auf ei-nem ho-hen Ber-ge, da steht ein gro-ßer **3/4** Baum.

2/4 der heißt: Ap-pel-di-dap-pel, die Bir-ne die Pflaum'.

Doch wer das nicht spre-chen kann, der fängt noch mal von vor-ne an.

fis 05

Deutsch lernen mit Rhythmus

Das Berühren der Figüren 2a

🎧 024

🎥 042

Ein Bewegungsspiel mit Partner

> Das Berühren
> der Figüren
> mit den Pfoten
> ist verboten!

berühren: vorsichtig anfassen, betasten, streifen

verbieten: (verbat, verboten)

Berühren verboten!	⇨	Es ist verboten (dieses hier) zu berühren.
Rauchen verboten!	⇨	Es ist verboten zu rauchen.
Parken verboten!	⇨	Es ist verboten zu parken.
Baden verboten!	⇨	Es ist verboten zu baden.
Eintreten verboten!	⇨	Es ist verboten einzutreten.
Kaugummi verboten!	⇨	Es ist verboten Kaugummi zu kauen.

Was geht voraus?

Eine Figur ist im Deutschen eine kleine Zeichnung, eine Statue, ein geometrisches Gebilde, ein Spielstein, auch eine Person beziehungsweise deren äußere Erscheinung: *Die Frau hat eine gute Figur.* Man kann aber auch sagen: *Der neue Kollege macht eine gute Figur*; das heißt, er leistet eine gute Arbeit.

Das Wort hat aber nicht die Bedeutung von *Gesicht, Antlitz* wie im Französischen. Der Reim *berühren – Figüren* stammt aus einer Zeit, als Französischkenntnisse in deutschen gebildeten Kreisen noch viel mehr üblich waren. Es ist chic, wenn man es à la française ausspricht. Und ohne das reimt es sich nicht!

Im Gegensatz dazu steht die Verwendung des umgangssprachlichen und ziemlich groben Ausdrucks *Pfote* für *Hand*. Die Ironie dieses Reimverses liegt also in der Vermengung von Bildungsdünkel und Derbheit.

Für die Schüler ist vielleicht nur von Belang, dass man im Deutschen recht oft Wörter mit französischer Herkunft verwendet. Die Schreibung wurde allmählich der deutschen Orthographie angeglichen. (Hotel, Sekretär, Menü, Majonäse …)

Transfer für Fortgeschrittene

Es lassen sich ähnliche Verbotsstrukturen formulieren und im RAP-Rhythmus skandieren.

Zum Beispiel: Das Probieren von Klavieren ohne Noten ist verboten.
Skateboard-Fahren im Bahnhof verboten.
SMS schicken im Unterricht verboten!

Man kann sie untereinander ernst und heiter mischen. (Skateboard-Fahren ohne Noten ist verboten.)

Dazu kann man auch Bilder malen (Ideogramme).

2b   Das Berühren der Figuren

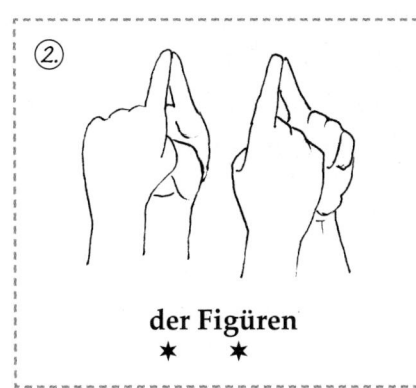

①   ②

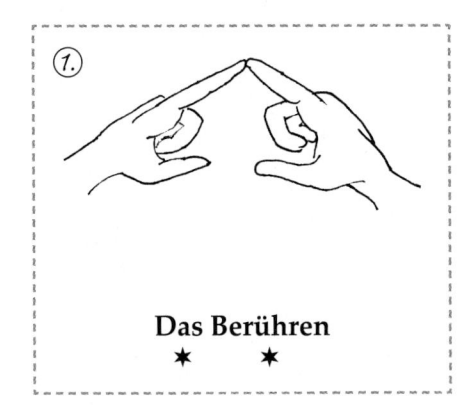

Das Berühren
   ✶   ✶

der Figuren
   ✶   ✶

Immer beim Zeichen ✶:

1. 2 x die eigenen Zeigefinger aneinanderlegen
2. 2 x mit den Zeigefingern die Zeigefinger des Partners berühren

③   ④

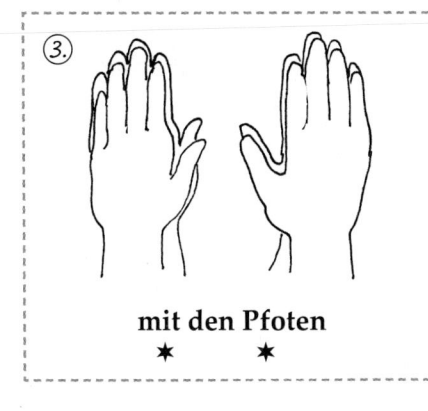

mit den Pfoten
   ✶   ✶

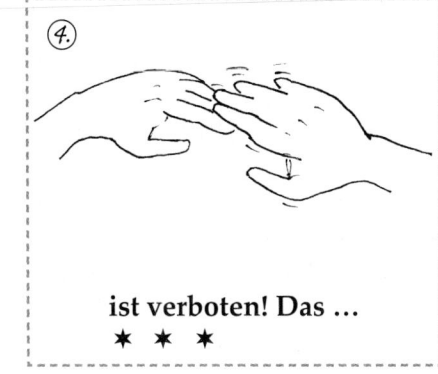

ist verboten! Das …
  ✶ ✶ ✶

3. 2 x auf die offenen Hände des Partners klatschen
4. 3 x abwechselnd leicht auf die eigenen Hände schlagen: wie ein Verbot (Betonung beim dritten ✶)

(Wiederholung)

Zur Wiederholung gleich wieder die eigenen Zeigefinger aneinanderlegen.

Hinweise zur Phonetik
- *Die Betonung liegt jeweils beim zweiten ✶.*
- *Die Schluss-Silben werden jedes Mal (deutlich) reduziert gesprochen.*

Nach der dritten Wiederholung folgt ein emotionaler Schlussruf als Pointe – laut im Sprechrhythmus. Beim ersten oder letzten Wort kann man gleichzeitig unwillig aufstampfen.

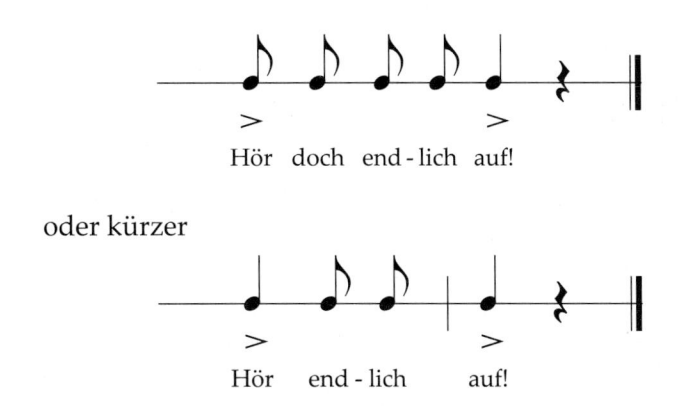

Hör doch end - lich auf!

oder kürzer

Hör end - lich auf!

Der Schlussruf enthält vier phonetische Aufgaben:
- *[h]-Laut am Anfang*
- *Ach-Laut in doch*
- *Ich-Laut in endlich*
- *2 x Vokalneueinsatz in hör (doch) | endlich | auf*

Das Frühstück 3a

(Lexik einführen mit Bildkarten, Wortreihung in Paaren; rhythmisches Echosprechen)

Vorschlag zur Vermittlung des Sprechstückes

025

Dieses **Sprechstück** ist als Vorübung für das gleichnamige Dialogspiel [vgl. S. 68] denkbar.

Einleitendes Gespräch

Die Bildkarten [siehe S. 69] liegen – im (halben oder ganzen) Postkartenformat und auf Karton geklebt – in der Reihenfolge der angefügten Wortpaare bereit. Das Bild zum *Frühstück* hängt im Format A3 an der Tafel (oder mit Tageslichtprojektor) und dient zunächst als Grundlage für ein einleitendes Gespräch über die Personen (Vater, Mutter, Eltern, Kinder, Junge, Mädchen, Geschwister), was sie gerade tun, was auf dem Tisch steht, welche Tageszeit, welche Mahlzeit.

Dann heftet der Lehrer (*L*) das erste Paar Bildkarten neben das große Bild an die Tafel und spricht mit hörbaren Wortakzenten laut vor:

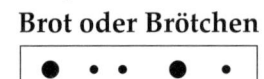

Brot oder Brötchen

● · · ● · ·

Der Wortakzent bei Brötchen und nachher auch bei Käse, Müsli usw. liegt auf der Erstsilbe: betonter Vokal; die Zweitsilbe verklingt unbetont und schnell:

Käse / Müsli

● · ● ·

Anstreben

Anzustreben ist immer ein authentisch intonierender Sprechrhythmus, also so:

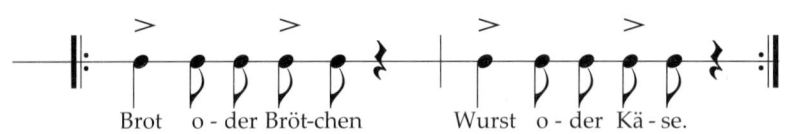

043

Brot o-der Bröt-chen Wurst o-der Kä-se.

Vermeiden

Zu vermeiden ist ein egalisierender, „leiernder" Sprechrhythmus, also nicht so:

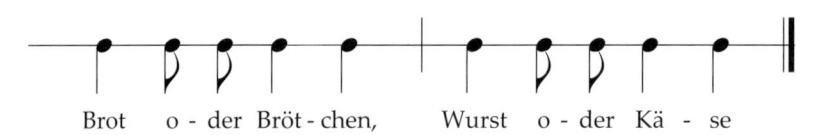

026

Brot o-der Bröt-chen, Wurst o-der Kä-se

Rhythmische Reihung

L spricht das erste Wortpaar authentisch-dynamisch wiederholt vor, zeigt dabei auch einzeln auf die genannten Gegenstände und verfällt schließlich in eine rhythmische Reihung [vgl. S. 54] dieses Wortpaares. Dazu kann er sich tänzerisch bewegen und die Schüler gestisch einladen mitzusprechen.

Mit einem *Sehr gut!* bricht er diese erste Phase ab und heftet das zweite Wortpaar an die Tafel, unter das erste. Damit verfährt er ebenso wie auch mit dem Paar *Ei oder Müsli*. Zwischendurch springt er in der Reihenfolge hin und her, damit es nie langweilig wird.

Echo-Sprechübung

In der Reihenfolge der Strophen 1–3 spricht *L* je ein Wortpaar vor und erhält im Chor der Klasse das Echo zurück. Dabei lässt sich zur Abwechslung ein Laut-Leise-Effekt realisieren oder die Gruppe spricht vor und *L* ruft das Echo. Unterbrechungen sollen zwischen den Zeilen nicht entstehen, sondern alles läuft rhythmisch-dynamisch durch.

3b Das Frühstück

Nun fügt *L* als Neues den Ausruf an:

⊙ *Das schmeckt gut!* (mit langem [u:] und Schluss-[t])

Bei ⊙ klatscht er einmal in die Hände. Mit der Klasse übt er mehrmals den Ablauf.

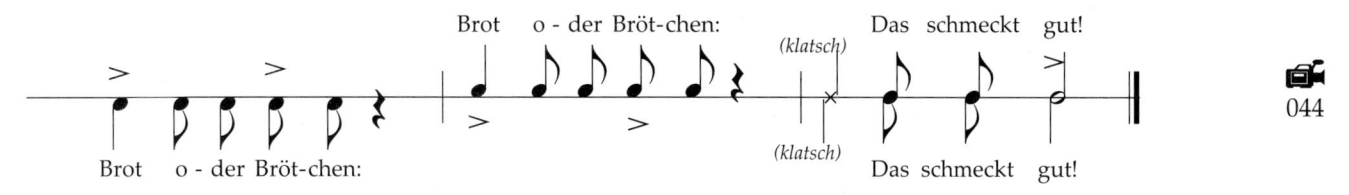

Danach übt er mit den Schülern den Ablauf (für alle Strophen gleich).

In einer zweiten Stunde

heftet *L* die Wortpaare wieder an die Tafel. Auf sein Vorsprechen hin wird die Klasse von allein im Echo antworten. Bei genügender Sicherheit werden die Instrumentalstimmen hinzugefügt.
Die sechs Solos können auf verschiedene Schüler verteilt werden.

Hinweise zur Phonetik
▸ *oder* [ˈoːdɐ]
▸ *Quark* [kvark]
▸ *Butter* [ˈbʊtɐ]
▸ *Das schmeckt gut.* [dasʃmɛktˈguːtʰ]

Die Instrumentalgruppe spielt voraus:
2 Takte erstes Instrument, 2 Takte zweites Instrument dazu, danach Einsatz des ersten Sprechsolos.
Die Instrumente spielen während des ganzen Sprechstückes ohne Unterbrechung mit und hören beim ⌒ Zeichen auf.

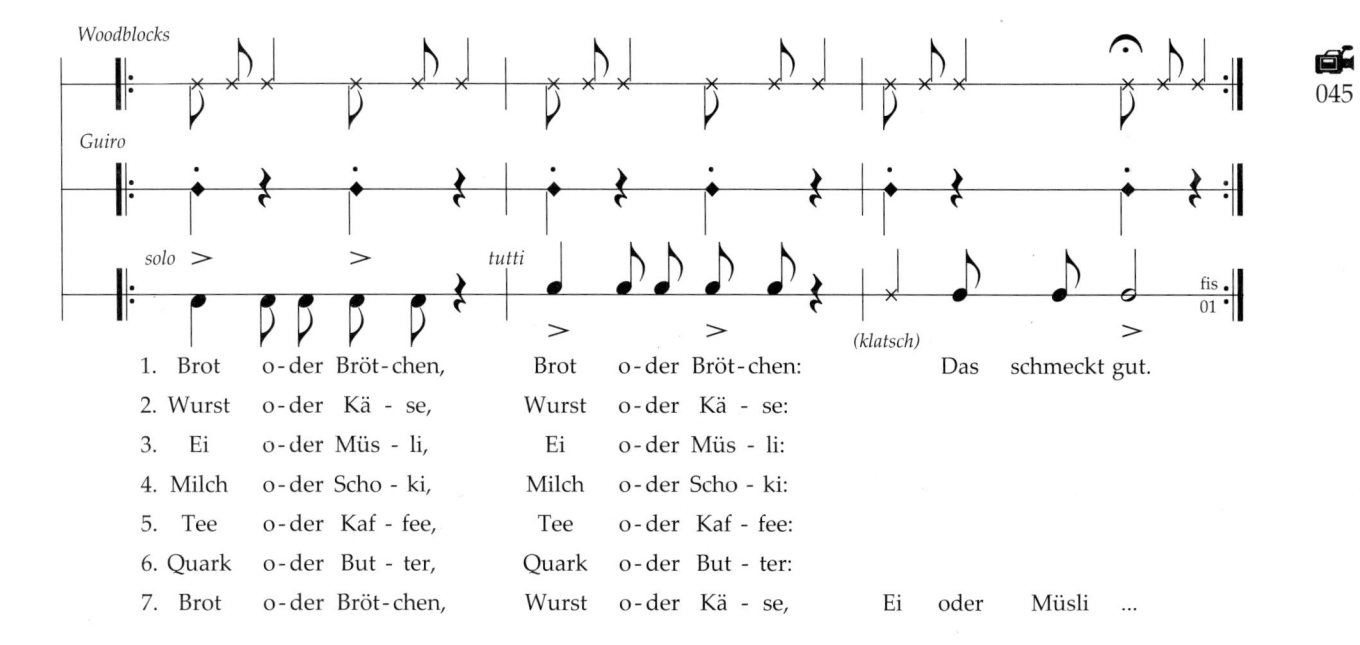

1. Brot o-der Bröt-chen,   Brot o-der Bröt-chen: Das schmeckt gut.
2. Wurst o-der Kä-se,   Wurst o-der Kä-se:
3. Ei   o-der Müs-li,   Ei   o-der Müs-li:
4. Milch o-der Scho-ki,   Milch o-der Scho-ki:
5. Tee   o-der Kaf-fee,   Tee   o-der Kaf-fee:
6. Quark o-der But-ter,   Quark o-der But-ter:
7. Brot o-der Bröt-chen,   Wurst o-der Kä-se,   Ei oder Müsli ...

Die 7. Strophe wird von allen in einem Zug durchgesprochen.

Im Videobeispiel wird das Wortpaar *Marmelade oder Nutella* weggelassen. Es fällt aus dem Rhythmusmuster etwas heraus, ist für den Spieldialog aber sinnvoll.
Mit leichter Tempoerhöhung lassen sich alle Silben unterbringen. Die Zungengymnastik macht Spaß und Marmelade und Nutella schmecken den Kindern gut. Wenn ihnen Müsli oder Nutella unbekannt sind, sollte man Kostproben anbieten, wo das möglich ist.

Deutsch lernen mit Rhythmus

Das Frühstück 3c

Vorschlag zur Arbeit mit dem Frühstücks-Dialog:

Die Schüler gruppieren sich zu viert um einen Tisch. Sie teilen die Rollen untereinander auf.
Ein Satz aller 14 Bildkarten (halbes oder ganzes Postkartenformat) liegt offen mitten auf jedem Tisch.
Reihum geht das Frühstücksgespräch, bis alles „aufgegessen" ist.
Dabei kann man den Prosa-Rhythmus kultivieren.

Das Frühstück lässt sich erweitern mit dem Sprechstück *Quark macht stark* [vgl. S. 126].

Das Frühstück

Dialog

Mutter:	Anna, möchtest du Brot oder Brötchen?
Anna:	Brötchen, bitte.
Mutter:	Bitte schön.
Anna:	Danke. – Vati, möchtest du Wurst oder Käse?
Vater:	Wurst, bitte.
Anna:	Bitte schön.
Vater:	Danke. – Liebling, möchtest du Ei oder Müsli?
Mutter:	Müsli, bitte.
Vater:	Bitte schön.
Mutter:	Danke. – Martin, …

Zeichnungen und Dialog in Anlehnung an: „Machst du mit? – Arbeitsmaterialien für den Deutschunterricht mit Kindern", Blatt Nr. 4, Verlag Dürr + Kessler 1991

3d Das Frühstück

Wurst oder Käse

Ei oder Müsli

Milch oder Schoki

Marmelade oder Nutella

Brot oder Brötchen

Tee oder Kaffee

Quark oder Butter

Mögliche Arbeitsaufgabe:
Schneide die Wortpaare aus und klebe sie unter das passende Bilderpaar.

Deutsch lernen mit Rhythmus

Das ist der Daumen   4a

🎧 027

📹 046

Ein Fünf-Finger-Vers

Strukturen
- das ist
- der schüttelt, hebt auf
- trägt nach Haus, isst auf
- dieser kleine Mann

> Das ist der Daumen.
> Der schüttelt die Pflaumen.
> Der hebt sie auf.
> Der trägt sie nach Haus.
> Und dieser kleine Mann
> isst sie alle, alle auf.

Es erscheint sinnvoll, in die Wortliste der Körperteile mindestens auch den Daumen, den Zeigefinger und den kleinen Finger aufzunehmen. Mittel- und Ringfinger sind aber auch leicht zu merken und stellen zudem anschauliche Beispiele für die Bildung von Komposita dar.

Gestik	Die Verben *schütteln, aufheben, nach Hause tragen* und *aufessen* sind gestisch leicht darstellbar.
Metrum	Kinderreime enthalten außer den Reimen immer ein deutlich spürbares Metrum [vgl. S. 43], das die Sprechakzente ordnet. Das macht es so leicht, sich Kinderreime zu merken.
Wechselnde Silben-Anzahl	In diesem Fall liegt den ersten drei Zeilen ein Dreier-Rhythmus zu Grunde. Immer auf *Schlag 1* liegt die Betonung. Beim fünften Finger ändert sich der Rhythmus deutlich: er wechselt zu einer Vierergruppierung. Wo vorher nur drei Silben zu sprechen waren, spricht man in der gleichen Zeiteinheit jetzt vier: Das Sprechtempo beschleunigt sich. Das macht die Schlusszeile so reizvoll.
Emotionalität	Inhaltlich kann man das so erklären, dass *der kleine Mann* der jüngste Bruder ist, der sich in der Familie nicht an die Regeln hält, immer für Aufregung und Ärger sorgt.
Koordinations-übung	In der nebenstehenden Spielform wird das so umgesetzt, dass jeder Sprecher in der letzten Zeile seine beiden kleinen Finger tatsächlich einsetzt und mit den Fingernägeln abwechselnd leise auf die Tischplatte klopft.
Chorsprechen, synchron	Wenn eine ganze Klasse es schafft, gleichzeitig – also wirklich synchron – auf den Tisch zu klopfen und auch gemeinsam aufzuhören, dann ist das ein Ergebnis und Erlebnis, das weit über den Deutschunterricht hinaus seinen Sinn hat.

4b Das ist der Daumen

1 Daumen

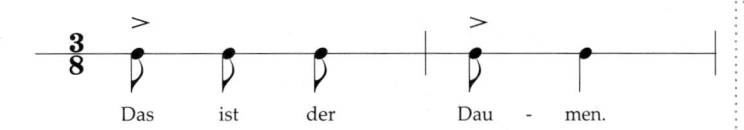

Das ist der Dau - men.

Die freie Hand nimmt den Daumen der anderen Hand und bewegt ihn hin und her.

2 Zeigefinger

Der schüt - telt die Pflau - men.

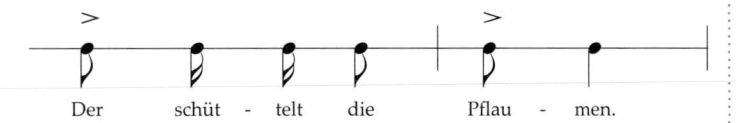

Sie schüttelt den Zeigefinger.

3 Mittelfinger

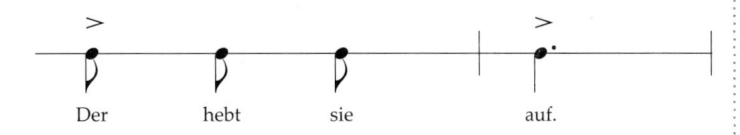

Der hebt sie auf.

Sie nimmt den Mittelfinger und führt eine Aufhebebewegung aus.

4 Ringfinger

Der trägt sie nach Haus und

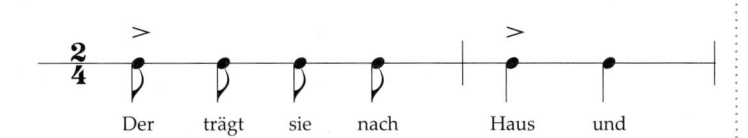

Sie nimmt den Ringfinger und „geht" mit ihm über die Tischplatte.

5 kleiner Finger

die - ser klei - ne Mann isst sie al - le, al - le auf.

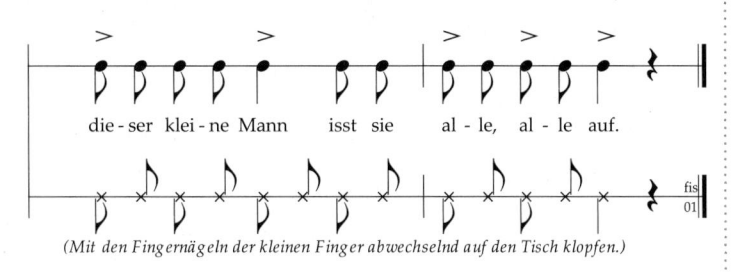

(Mit den Fingernägeln der kleinen Finger abwechselnd auf den Tisch klopfen.)

Rechter und linker kleiner Finger

Rechter und linker Finger klopfen beim Sprechen abwechselnd mit dem Fingernagel hörbar auf die Tischplatte.

Hinweise zur Phonetik

▸ Vokalneueinsatz bei *das | ist*

▸ nur ein [t] bei *ist‿der* und *schüttelt‿die*

▸ reduzierte Schluss-Silben bei *Daumen* und *Pflaumen*

▸ vokalisiertes <r> bei *der* [ˈdeːɐ]

▸ [h]-Laut und langes [eː] in *hebt*

▸ langes [iː], Vokalneueinsatz und Schlusslaut [f] in *sie | auf*

▸ Kombination von Ach-Laut und [h]-Laut sowie gespanntes [s] in *nach Haus*

▸ Vokalneueinsatz bei *Haus | und*

▸ langes [iː] und vokalisiertes <r> in *dieser* [ˈdiːzɐ]

▸ kurzes [ɪ] und langes [iː] in *isst sie*

▸ Reihung von Vokalneueinsätzen in *... Mann | isst | sie | alle, | alle | auf*

Das riecht gut. Das schmeckt gut 5a

🎧 028

PIEPS UND QUATSCH heißen die beiden Handpuppen aus dem Videokurs „Anna, Schmidt & Oskar" (Langenscheidt-Verlag). Sie sind für die Kinder Sympathieträger. Deshalb wurde ihnen die Szene in den Mund gelegt. Sie kommt im Film nicht vor. Die Namen können natürlich ausgetauscht werden: Plisch und Plum, Max und Moritz, Kaspar und Gretel.

Was geht voraus?

Für ein **Riechspiel**[1] präpariert man in Filmdöschen verschiedene Riechproben, z. B. Orangenschale, Vanille, Kakao, Gewürznelken, Kaffee, Lavendel, Pfefferminze; als Kontrast und „Störenfried" aber auch Käse(rinde).

- Vor der Gruppe führt der Lehrer (L) einige Döschen an seine Nase, schnüffelt hörbar und sagt genießerisch: *Mmmh, das riecht gut!* – mit langem [u:] und Schluss-[t]. Dabei wird der Käse zunächst ausgelassen.
- L geht mit einem der Wohlgerüche in der Gruppe herum und sagt: *Hier, riech mal. Das riecht gut!* Die Schüler bestätigen jeweils: *Ja, das riecht gut.*
- Nun werden alle Döschen geschlossen verteilt, auch die Käseprobe. Jeder riecht an jeder und gibt sie leise weiter mit der Aufforderung: *Hier, riech mal.* Der Käse-Eindringling wird Aufsehen erregen! An den Gesichtern wird man ablesen können, wo er gerade ist ...
- L führt das Käsedöschen an seine Nase und ruft angewidert: *Puh, was ist das? Käse! Iiih, der Käse stinkt!* Die Gruppe spricht diese Sätze mit der angemessenen Gestik nach.
- Die anderen Riechproben werden bestimmt. Evtl. entsteht an der Tafel und im Heft ein Text samt Zeichnung:

Hinweise zur Phonetik
▸ *Orange* [oˈrãʒə]
▸ *Lavendel* [laˈvɛndəl]
▸ *Vanille* [vaˈnɪljə]

Orange riecht gut.	*Der Käse riecht nicht gut.*
Lavendel riecht gut.	*Puh, der Käse stinkt.*
Vanille riecht gut.	
Kakao riecht gut.	

- L sagt: *Macht die Augen zu!* Er geht durch die Reihen und hält jedem eine geöffnete Dose mit wohlriechenden Essproben vor die Nase, z. B. Weihnachtsgebäck, Kekse, Trockenfrüchte, Obst, Gummibärchen. Er fragt: *Riecht das gut? – Ja, das riecht gut.* Wir öffnen die Augen und klären, was wir gerochen haben.
- In einer letzten Runde fordert L auf: *Hier, probier mal. Das schmeckt gut.*

Vorschlag zur Erarbeitung des Sprechstückes

Der Refrain

Das wechselseitige Klatschen (in der Aufnahme ist der Wechsel nicht hörbar) mag zunächst auf Schwierigkeiten stoßen. Wenn es einmal verstanden ist, wird es aber gern ausgeführt, weil das gemeinsame Schnüffeln am Ende Spaß macht. Didaktisch gesehen ist der Refrain eine ausgezeichnete Hör- und Koordinationsübung. In drei Schritten kommt man rasch zum Ziel:

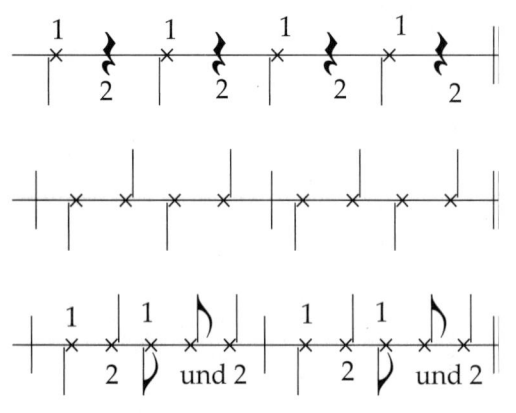

1. L klatscht vor, die Schüler fallen mit ein, klatschen schließlich allein weiter.
   Wichtig ist es, das Tempo einzuhalten und dabei exakt gleichzeitig zu klatschen: wie ein Spieler.

2. L klatscht dazu die Zwischenschläge – erst leise, dann lauter. Er lässt sich bald von einer Teilgruppe dabei unterstützen. Wichtig: Tempo halten!

3. L mit seiner Gruppe „würzt" seinen jeweils zweiten Schlag mit einem leichten Voraus-Schlag (ein Achtel). Nach dem dritten Mal schnüffeln alle zum Abschluss dreimal hörbar.

---
[1] Die Idee stammt aus dem „Ein Koffer Deutsches – Landeskunde zum Anfassen" (Goethe-Institut Nancy)

5b Das riecht gut. Das schmeckt gut

Tempo   Das Tempo ergibt sich aus dem Sprechtempo des Dialogs: munter! Sein Ablauf wird Zeile für Zeile dialogisch und in rhythmischer Reihung eingeübt. Die Schüler der beiden Gruppen stehen sich dabei in zwei Reihen auf Armlänge und partnerweise gegenüber, denn die Gestik soll dabei immer mitgespielt werden, mit gedachten Riechproben und Gummibärchen. Wenn die Zeilen der ersten Strophe gut sitzen, wird der bereits gelernte Refrain hinzugefügt:
Refrain – 1. Strophe – Refrain
Die zweite und dritte Strophe werden genauso erarbeitet.

Zur 4. Strophe   *Mund auf, Augen zu!* sind nicht nur nützliche Redemittel, sondern auch eine bekannte Aufforderung unter Freunden, wenn man dem anderen etwas Unerwartetes, Leckeres als Kostprobe und angenehme Überraschung geben möchte. Das Gegensatzpaar *Nein! – Doch!* ist einer eigenen Übung wert, indem man es in verschiedensten Tonfällen sprechen lässt: ausgehend von einer Abweisung, Frage, Schmeichelei, flüsternd, keifend, hinhaltend usw.

Das Gummibärchen   Es „lässt seit vielen Jahren Kinderherzen in aller Welt höher schlagen. Dieser Klassiker unter den Süßigkeiten ist eine Erfindung aus Bonn. Obwohl auch seine einfache Form alle Anerkennung verdient, sind es wohl eher die geschmacklichen und weniger die formalen Eigenschaften, die dem Gummibärchen zu seinem nachhaltigen Erfolg verhalfen. Außerdem gilt der Grundstoff Speisegelatine als ausgesprochen wachstumsfördernd. Ein Argument, das jedes Mutterherz erweichen lässt."[1]

	Pieps	*Quatsch*
	Refrain	
1. Strophe	Quatsch, komm mal her.	Ich? Warum?
	Mach die Augen zu.	Ich? Warum?
	Hier: Riech mal.	X X X *(Er riecht 3 x.)*
		Ah, was ist das?
	Vanille.	Das riecht gut!
	Refrain	
2. Strophe	Hier: Riech mal.	X X X *(Er riecht 3 x.)*
		Ah, was ist das?
	Orange.	Das riecht gut!
	Refrain	
3. Strophe	Hier: Riech mal.	X X X *(Er riecht 3 x.)*
		Puh, was ist das?
	Käse!	Iiiih! Der Käse stinkt.
	Refrain	
4. Strophe	Mund auf – Augen zu!	Nein!
	Doch! *(schiebt ihm ein*	
	Gummibärchen in den Mund)	Ahhh! Gummibärchen!
	(beide) **Das schmeckt gut!**	

[1] aus: Lehrerheft zur Ausstellung „EINBLICKE", Goethe-Institut München

Das riecht gut. Das schmeckt gut

5c

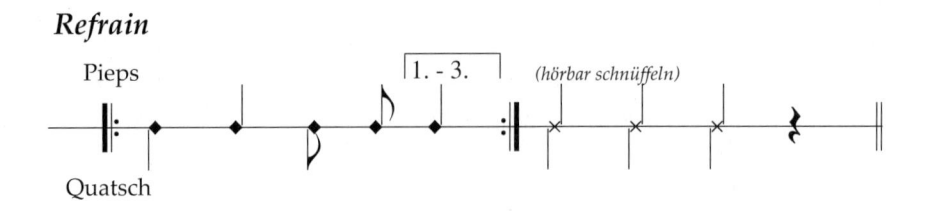

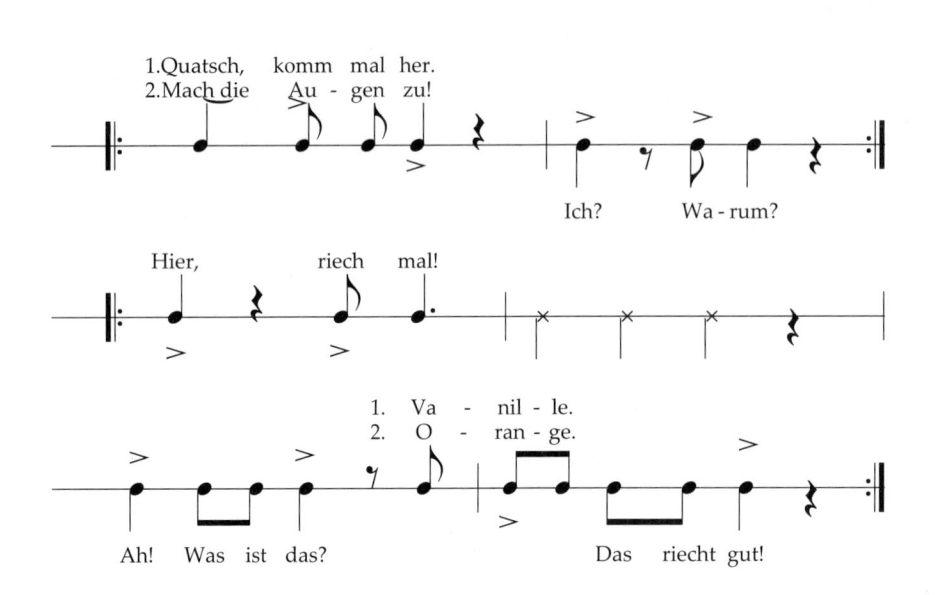

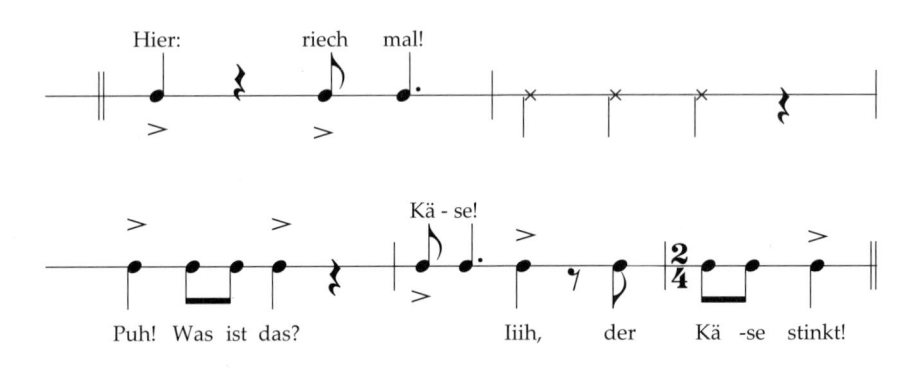

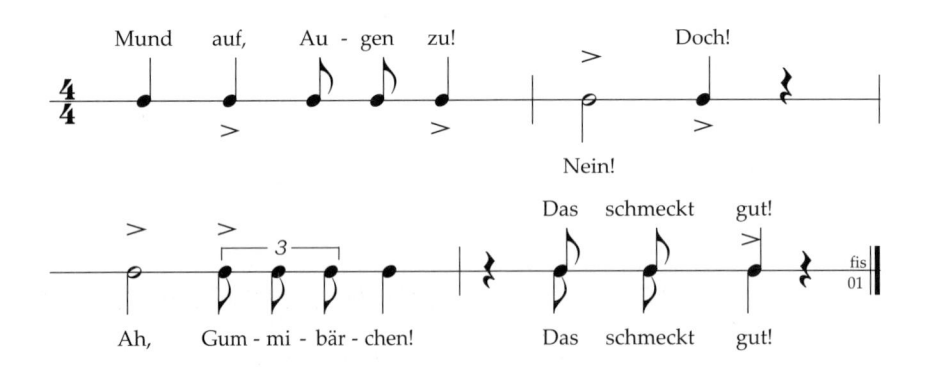

Refrain

Pieps

Quatsch

1. Quatsch, komm mal her.
2. Mach die Augen zu!

Ich? Wa-rum?

Hier, riech mal!

1. Va - nil - le.
2. O - ran - ge.

Ah! Was ist das? Das riecht gut!

Refrain

Hier: riech mal!

Kä - se!

Puh! Was ist das? Iiih, der Kä - se stinkt!

Refrain

Mund auf, Augen zu! Doch!

Nein!

Ah, Gum - mi - bär - chen! Das schmeckt gut! Das schmeckt gut!

74 Deutsch lernen mit Rhythmus

6 Donnerstag, der 7. August

Was geht voraus? Die Wochentage, die Zahlen bis 30 – auch als Ordnungszahlen – und die Monatsnamen [vgl. *Januar, Februar, März*, S. 110] sind gelernt. Um in Übung mit dem Tagesdatum zu bleiben, aber auch für Hefteinträge, wird man immer wieder fragen: *Welcher Tag ist heute? Welches Datum haben wir heute?* Auch diese Pflichtübung lässt sich dialogisch und rhythmisch-dynamisch anlegen.

Im Anfängerunterricht ziehe man die Datumsangabe im Nominativ bewusst vor. Die Akkusativform *Donnerstag, den 7. August* ist nur als Briefdatum üblich und stammt her von der Verkürzung des Satzes *Geschrieben am Donnerstag, den 7. August*. Außerdem sind Daten bis zum 20. eines Monats wegen der geringeren Silbenzahl vorzuziehen.

Vorschlag zur Vermittlung des Sprechstückes

- Nachdem das Tagesdatum korrekt genannt wurde, wiederholt es der Lehrer noch einmal, wobei er aber kaum merklich den Rhythmus eines langsamen Walzers unterlegt. An den kleinen Sprechpausen schnipst er mit den Fingern oder er klatscht. Die Klasse spricht es mit ihm in der Art mehrfach nach [vgl. *Rhythmische Reihung*, S. 54].
- In derselben Art spricht er das Datum des folgenden Tages, doch mit fröhlicherer Intonation. Vielleicht hat morgen ja jemand Geburtstag? Die Klasse macht es nach.
- Der Lehrer bildet zwei Gruppen. Die erste spricht das heutige Datum verhältnismäßig neutral, die zweite antwortet mit dem morgigen, aber lebhafter.
- Auf einer Handtrommel/einem Tamburin wird vier Takte lang der Rhythmus eines langsamen Walzers vorausgespielt; die leichte Betonung auf dem 1. Schlag kann von einem Triangel verstärkt werden.
- Dann setzen die Sprecher ein. Anstelle eines Instrumentes können es auch drei oder vier Schüler übernehmen, sehr regelmäßig zu sprechen: **eins** – zwei – drei –, **eins** – zwei – drei – …
- Die Schüler füllen die Sprechpausen ihres Satzes mit einem Klangeffekt (Handklatsch).
- Als Pointe erklingt nach dem 3. Durchgang im Chor: *JA!*, *AHA!*, *SOSO!* oder Ähnliches.

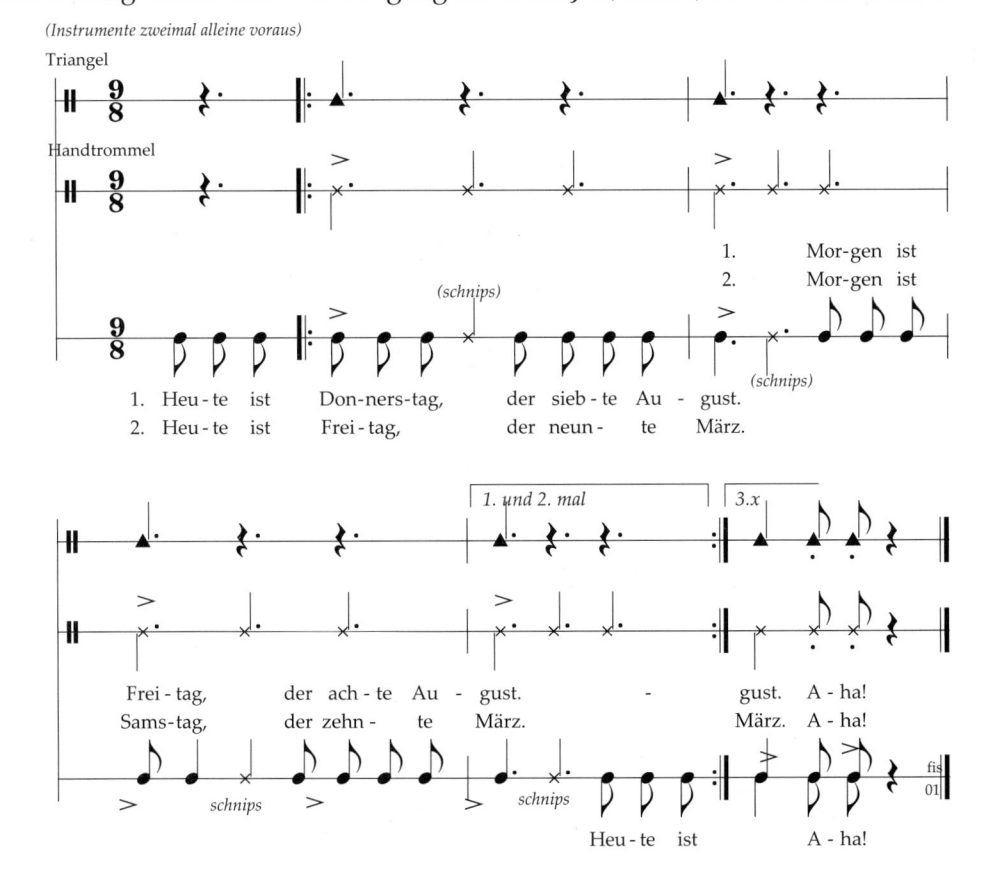

Deutsch lernen mit Rhythmus

Der Mond ist rund　　　　　　　　　　　　　　　　　　7a

🎧 030　Ein Bewegungsspiel, im Stehen

> **Der Mond ist rund, rund, rund.**
> **Er hat zwei Augen, Nase, Mund.**

In der ersten Zeile fällt rein akustisch das dreimal wiederholte und betonte Wort *rund* auf. Die Satzmelodie der zweiten Zeile fällt mit den Wortakzenten von *Augen, Nase, **Mund*** wie über drei Stufen ab.

Ohne Pause schließt sich die Wiederholung an.

Eine Geste für das Wort *rund* ist leicht auszuführen, die drei Stellen im Gesicht sind leicht zu zeigen.

Die Abfolge der Gesten lässt sich gut verbinden zu einer dynamischen Spielform.

Spielformen

Gestik

Hände dreimal groß kreisen lassen, die Hände vor die Augen legen, mit zwei Fingern der einen Hand die Nase entlang streichen, mit der anderen Hand die Mundlinie nachfahren

Aufeinander hören, vom anderen das Stichwort bekommen

Konzentration auf die eigene Gruppe

Konzentration auf die eigene Stimme: Neben jedem Sprecher stehen zwei Sprecher der anderen Gruppe.

Version 1: chorisch, im Kreis
Die Schüler sollen zu einer tänzerisch-harmonischen Bewegungsabfolge finden. Hände, Arme, der ganze Körper sollen ins Schwingen kommen. Wer besonders ästhetische Bewegungen erfunden hat, darf es auch einmal alleine vortanzen.

Version 2: chorisch in zwei Gruppen, die sich gegenüberstehen
Gruppe A spricht die erste Zeile mit der passenden Gestik, Gruppe B antwortet mit der zweiten Zeile und der entsprechenden Gestik.

Version 3: im Kanon
Zwei Gruppen stehen sich gegenüber. Gruppe A spricht mit der zugehörigen Gestik beide Zeilen alleine zweimal durch. Wenn sie beim dritten Mal sagt: *Er hat zwei ...*, fängt Gruppe B von vorne an, auch mit der dazugehörigen Gestik.

Version 4: Kanon in gemischter Aufstellung
Die beiden Gruppen stellen sich so im Kreis auf, dass jeder neben sich Mitglieder der anderen Gruppe hat:
A – B – A – B – A – B – A
In dieser Aufstellung wird nun der Kanon wie in Version 3 ausgeführt.

7b Der Mond ist rund

Version 1:

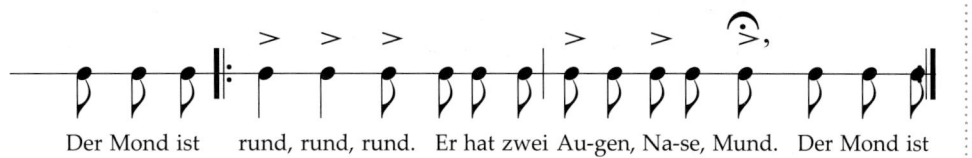

Der Mond ist rund, rund, rund. Er hat zwei Au-gen, Na-se, Mund. Der Mond ist

Version 2:

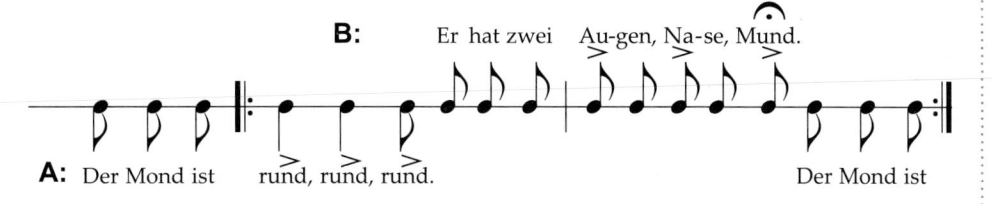

B: Er hat zwei Au-gen, Na-se, Mund.
A: Der Mond ist rund, rund, rund. Der Mond ist

Version 3 und 4:

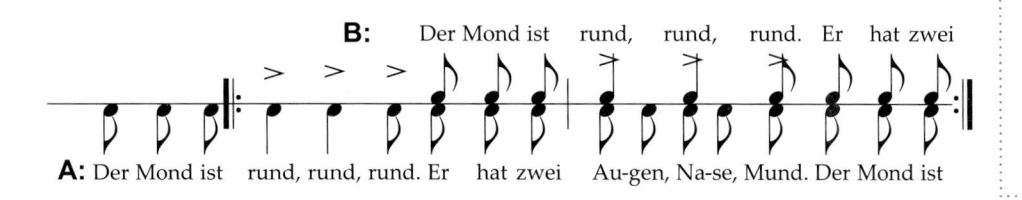

B: Der Mond ist rund, rund, rund. Er hat zwei
A: Der Mond ist rund, rund, rund. Er hat zwei Au-gen, Na-se, Mund. Der Mond ist

Hinweise zur Phonetik

- langer Vokal [oː] in *Mond*
- Auslautverhärtung in *Mond* [moːnt], *rund* [rʊnt] und *Mund* [mʊnt]
- vokalisiertes <r> in *der* [deːɐ̯] und *er* [eːɐ̯]
- nur ein [t] bei *hat zwei* [hatsvaɪ̯]
- betont/unbetont in *Augen, Nase, Mund*
- in der Endung von *Augen* spricht man einen Ang-Laut [ˈaogŋ]
- langes [aː] in *Nase*

048
049
050

Für einen effektvollen Schluss des Sprechkanons vereinbart man mit der Klasse, nach drei vollen Durchgängen der Gruppe B als Schluss gemeinsam auszurufen:

Halt den Mund!

(Jeder ruft es gebieterisch einem anderen zu, von einer passenden Geste begleitet.)

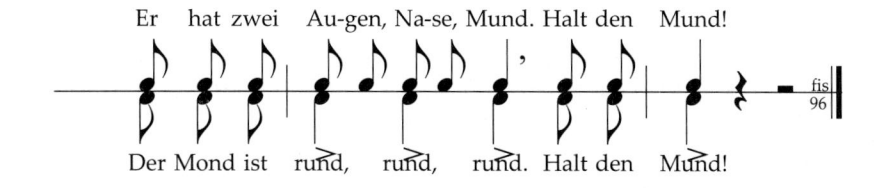

Er hat zwei Au-gen, Na-se, Mund. Halt den Mund!
Der Mond ist rund, rund, rund. Halt den Mund!

051

Deutsch lernen mit Rhythmus

Die Kiste 8a

052 Dieses **Sprechstück** wurde für „Phonetik SIMSALABIM" (Langenscheidt-Verlag) geschrieben und aufgezeichnet, den „Übungskurs zur deutschen Phonetik" (Hirschfeld/Reinke, 1998, S. 16). Es gehört dort zu den elementaren Kapiteln *Melodie, Akzent* und *Rhythmus* und beruht auf einer Idee von Kerstin Reinke.

Zu den Redemitteln

Die Kiste soll zwar in erster Linie die eben genannten elementaren Aspekte im Deutschen vermitteln, aber wir üben darin auch verschiedene Formen der Verneinung:
- *Das sage ich … nicht.*
- *Bücher – keine Bücher; Geld – kein Geld; Papier – kein Papier*
- *Was ist in …? – Nichts.*

Vorschlag zur Vermittlung des Sprechstückes

- Der Lehrer hat eine kleine, vielleicht sogar verzierte, geschlossene *Kiste* in den Händen und fragt die Klasse mit passender Gestik *Was ist in der Kiste?*
  Er lädt sie gestisch ein, die Frage mitzusprechen. Dabei ist es entscheidend, den natürlichen Sprechrhythmus zu wahren:

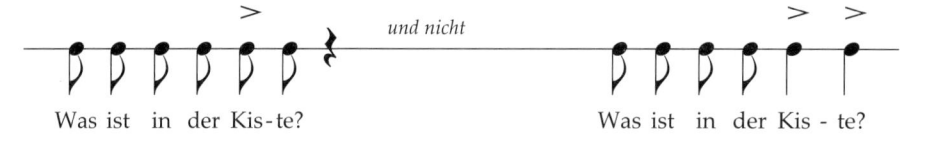

031

Was ist in der Kis-te?   und nicht   Was ist in der Kis-te?

Hinweise zur Phonetik
▸ Vokalneueinsätze bei *Was|ist|in* und *sage|ich|euch*
▸ Assimilation bei *das sage* [daˈsaːɡə]
▸ vokalisiertes <r> in *ihr, Bücher, Papier* [paˈpiːɐ̯]
▸ Auslautverhärtung bei *Geld* [ɡɛlt]
▸ reduzierte Endsiben in *Kiste, sage, raten, Bücher*

- Der Lehrer antwortet nun, gestisch unterstützt: *Das sage ich euch nicht.* Es folgt eine rhythmische Reihung [vgl. S. 54] von Frage und Antwort im Dialog.
- Der Lehrer fordert auf: *Ihr müsst raten.* Die Schüler werden vieles nennen. Wenn das Stichwort *Bücher* fällt, nimmt er es auf und spricht mit leichter rhythmischer Betonung: *Bücher?* ✻ *— Nein, keine Bücher.* Beim Zeichen ✻ klatscht er leise. Das wird zwischen der Klasse und ihm dialogisch mehrfach wiederholt.
- Der Lehrer gibt seine *Kiste* einem Schüler inmitten einer Gruppe I und bestimmt zugleich eine Gruppe II. Der Dialog wird nun bis dahin von beiden Gruppen wiederholt, auch mit vertauschten Rollen. Das Klatschen beim Zeichen ✻ erweist sich als lustvoll.
- Entsprechend verfährt man mit den nächsten Fragen, am besten in drei Abschnitten, wobei die Ansprüche aber steigen, denn auch auf der Antwortseite ist noch ein Klatschen unterzubringen.
- Wenn der Dialog bis *kein Papier* schon geläufig ist, übt man eine Version, in der das Klatschen nur noch stumm ausgeführt wird. So werden die Stellen deutlich als Sprechpausen erlebt. Als solche sollen sie auch erhalten bleiben, wenn das ganze Sprechstück ausgeführt wird. (Das Klatschen beim Zeichen ✻ lässt sich durch ein weiteres Instrument ersetzen, z. B. Triangel oder Zymbeln.)
- In der letzten Frage liegt der Sprechakzent auf *dann*. Die Ungeduld bzw. der Überdruss, der in der Frage liegt, findet Ausdruck in einer passenden Geste.
- Im Schlussruf *Ohhh!* drückt die eine Seite Spott aus, die andere Entrüstung.

8b Die Kiste

Gruppe	Einer
Was ist in der Kiste?	Das sage ich euch nicht. Ihr müsst raten.
Bücher? *	Nein, keine Bücher.
Geld? * *	Keine Bücher und kein Geld.
Papier? * *	Keine Bücher, * kein Geld und kein Papier.
Was ist dann in der Kiste?	Nichts! – Nur Luft!

(alle) **O h h h!!!**

(Das Zeichen * markiert Sprechpausen im Text.)

Die Instrumentalgruppe spielt zwei Takte voraus. Der Dialog beginnt beim Zeichen ☞.

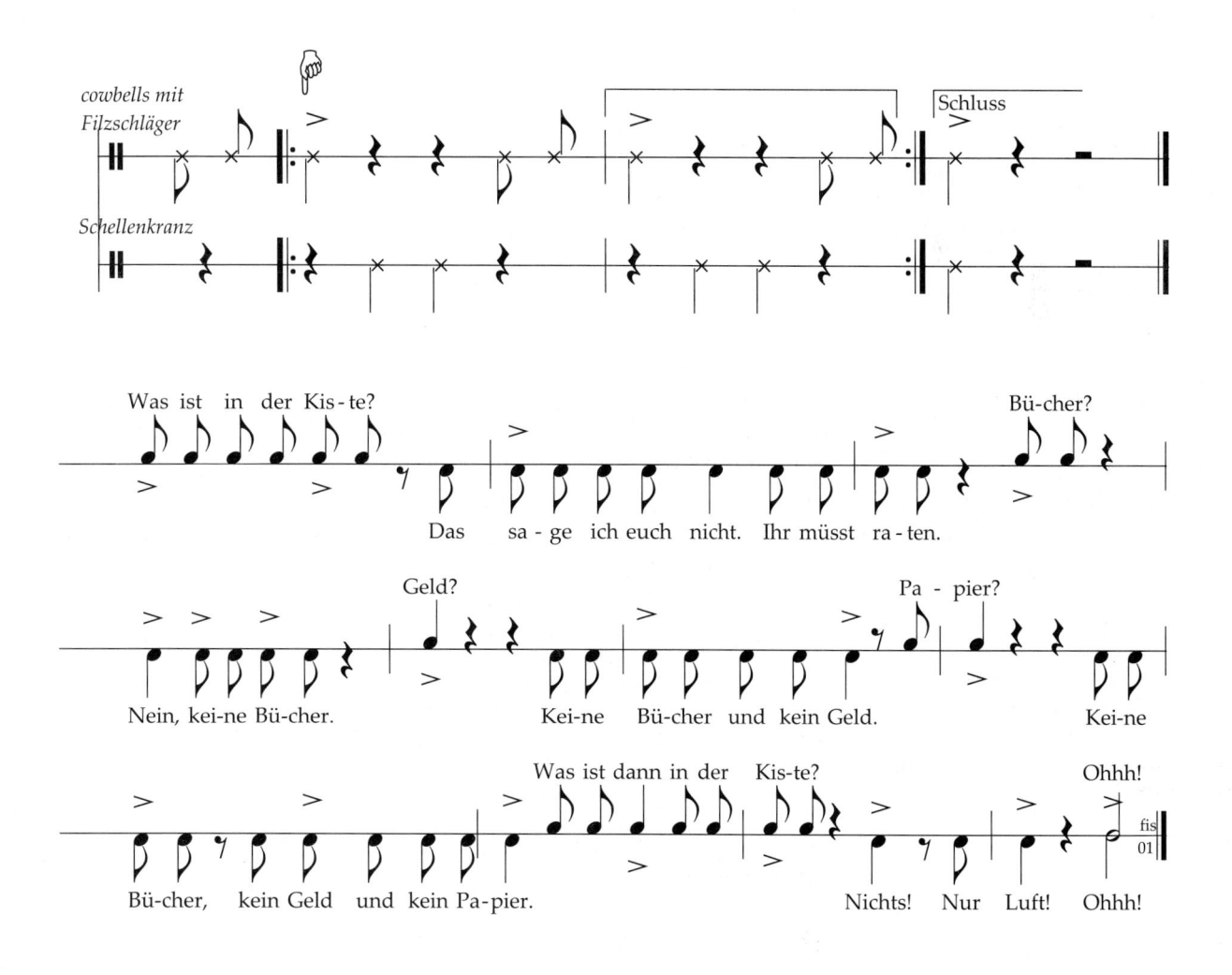

Deutsch lernen mit Rhythmus

Die kleine Raupe Nimmersatt 9a

Sprechstück Nach dem bekannten und weltweit verbreiteten Bilderbuch von Eric Carle[1] mit den Löchern, die die Raupe gefressen hat; eine ergiebige Quelle für rhythmisch-dynamische Strukturübungen für Solo- und Tutti-Sprecher.

032

Text 1

Einer: Am Montag – ein Apfel.
Alle: HE, kleine Raupe! * (*schnips*) Bist du satt?
Raupe: NEIN, ich bin nicht satt!

Einer: Am Dienstag – zwei Birnen.
Alle: HE, kleine Raupe! * (*schnips*) Bist du satt?
Raupe: NEIN, ich bin nicht satt!

Einer: Am Mittwoch – drei Pflaumen.
Alle: HE, kleine Raupe! * (*schnips*) Bist du satt?
Raupe: NEIN, ich bin nicht satt!

Einer: Am Donnerstag – vier Erdbeeren.
Alle: HE, kleine Raupe! * (*schnips*) Bist du satt?
Raupe: NEIN, ich bin nicht satt!

Einer: Am Freitag – fünf Orangen.
Alle: HE, kleine Raupe! * (*schnips*) Bist du satt?
Raupe: NEIN, ich bin nicht satt!

033

Text 2

Einzelne: Jetzt ist Samstag. Holt was zu essen!
Die Raupe hat Hunger!

Alle: HE, kleine Raupe! * (*schnips*) Bist du immer noch nicht satt?

Raupe: NEIN! (*stampf*)
Ich bin die Raupe Nimmersatt!

(*einzeln in Reihe, die Bildkarten vor der Raupe ausbreiten*)
Kuchen
Eis
Gurke
Käse
Da hast du Wurst (Salami)
Kirschkuchen
Knackwurst
Gugelhupf
Melone

Raupe: HALT! STOPP! SCHLUSS!
Ich habe Bauchweh!

Verschiedene Schüler sprechen gleiche rhythmische Muster nacheinander in einem musikalischen Ablauf mit deutlichen Sprechakzenten.

---

[1] erschienen im Gerstenberg-Verlag Hildesheim

9b Die kleine Raupe Nimmersatt

Text 3

Raupe: Heute ist Sonntag. Das Blatt ist schön grün.
Es schmeckt mir sehr gut. Ich bin satt.
Das Bauchweh ist weg.

Text 4

Einzelne: Die kleine Raupe Nimmersatt
ist groß und dick und satt.
Sie schläft im Kokon:

Alle: |: Am Montag, am Dienstag, am Mittwoch,
am Donnerstag, am Freitag, am Samstag,
am Sonntag :| (2 x)
und dann – – – knack, knack, knack:

Ich bin ein wunderschöner Schmetterling!

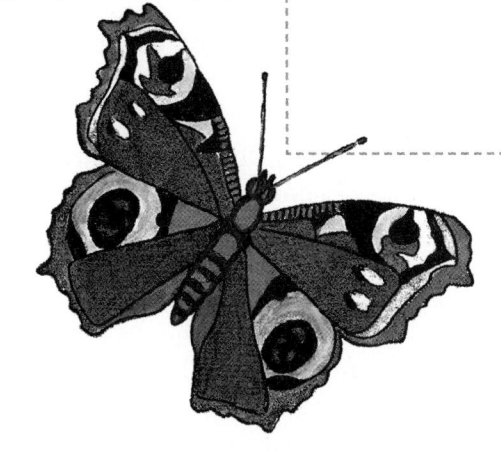

034

Spielform

Text 4 lässt sich zu Softmusik spielerisch umsetzen. (Die hier in kleinem Ausschnitt verwendete Instrumentalfassung des gleichnamigen Singspiels von Ludger Edelkötter[1] eignet sich gut als musikalische Kulisse für das Erzählen der ganzen Geschichte.)

Die Kinder hüllen sich in Pullover, Anoraks, Mäntel, Trainingsanzüge, Jacken, Decken; sie räkeln und strecken sich darin. In den Händen halten sie farbige Bänder oder Tücher verborgen: Sie „verpuppen sich".

Dann „schlüpfen" sie mit ihren Farbbändern aus den Hüllen. Sie erheben sich taumelnd und singen, gehen, tanzen immer wieder denselben Satz.

Bastelvorschlag

Schmetterling als symmetrisch Tierfigur ausschneiden und anmalen. Aus Einzelteilen ein großes Schmetterlings-Wandbild zusammenfügen.

---

[1] © KiMu Kinder Musik Verlag GmbH, 45219 Essen

Chamäleon Kunterbunt 10

🎥
053

Wenn ein Chamäleon Hunger hat, dann sitzt es mäuschenstill.
Es bewegt nicht den Schwanz. Es bewegt nicht den Kopf.
Es bewegt nur die Augen im Kopf:
von rechts nach links und von links nach rechts,
von oben nach unten und von unten nach oben.
Und sieht es eine Fliege, dann schnellt seine lange, klebrige Zunge heraus,
und schwupp! ist die Fliege gefressen.
So lebt ein Chamäleon Tag für Tag und Jahr für Jahr.

Dieser Text aus „Chamäleon Kunterbunt" (Eric Carle[1]) wurde ausgewählt, um daran zu zeigen, wie sich aus einem Kinder-/Bilderbuch ein Abschnitt auswählen und bearbeiten lässt, so dass er außer dem Zuhören und Bilder-Betrachten weitere Funktionen erfüllt:

- Eine Geschichte teilweise nacherzählen
- sinnvolle Lexik lernen
- integrierte Phonetik in einem rhythmisch gegliederten Text
- Nachspielbarkeit
- Einheit von Handeln und Sprechen
- emotionale Elemente

So wird der (Vor-)Lesetext zu einer Sprechperformance. Das Auswendiglernen ist kein Selbstzweck mehr, sondern Mittel und Endergebnis eines gestalterischen Prozesses. [vgl. *Theatertechniken*, S. 57]

Vorschlag zur Vermittlung

- Die Spieler stehen im Halbkreis und sprechen im Chor – mit der passenden Mimik und Gestik.
- Die Sprechpausen erhöhen die Spannung. Die vierte Zeile kann wiederholt werden. Die fünfte und sechste Zeile kann man etwas schneller sprechen, aber leise und spannend. Bei *schwupp!* strecken alle gleichzeitig und in die gedachte Mitte ihre Hand aus und greifen sich die Fliege blitzschnell. Dann wird sie imaginär genüsslich verzehrt.
- Das Sprechtempo bleibt gleich, wenn die angebotene Rhythmusbegleitung mit ausgeführt wird. Der stumme Satz: *Ach da und schwupp!* kann den Spielern helfen, den Rhythmus durchzuhalten.

Ich gebe das Ergebnis der Textbearbeitung einer Seminargruppe wieder. Der Vergleich der beiden Versionen enthüllt die Vorgehensweise.

**Wenn ein Chamäleon Hunger hat,
dann sitzt es mäuschenstill;
bewegt nicht den Schwanz, bewegt nicht den Kopf.
|: Nur die Augen im Kopf :|
Von rechts nach links, von links nach rechts,
von oben nach unten, von unten nach oben.
Und sieht es eine Fliege — schwupp! ist sie weg.**

---

[1] Text: Eric Carle: Chamäleon Kunterbunt. Copyright © 1983 Eric Carle. Deutsche Ausgabe Copyright © 1984, 1998 Gerstenberg Verlag Hildesheim

11   Ich spreche leise. Ich spreche laut

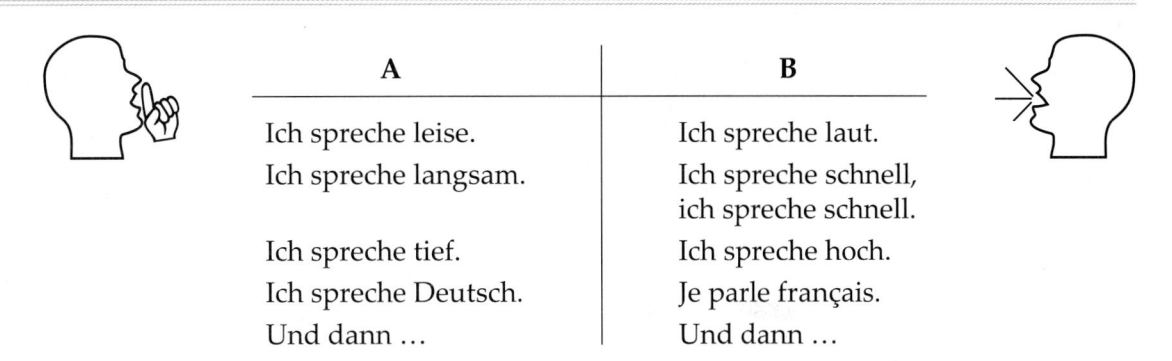

A	B
Ich spreche leise.	Ich spreche laut.
Ich spreche langsam.	Ich spreche schnell, ich spreche schnell.
Ich spreche tief.	Ich spreche hoch.
Ich spreche Deutsch.	Je parle français.
Und dann …	Und dann …

(alle, erleichtert) **Endlich Ruhe!**

Vorschlag I

Die Klasse sitzt sich in zwei Gruppen gegenüber. Im Chor sprechen sie jeweils einen Satz, wie einen Dialog. Die passenden Gesten kommen dazu.

Nach den beiden *Und dann …* sprechen alle diese Sätze durcheinander, immer denselben Satz oder eine beliebige Auswahl oder alle hintereinander.

Innerhalb von etwa zehn Sekunden wird das Sprechen immer leiser und erstirbt. Nach kurzem Schweigen sagen alle gemeinsam und wie erlöst:

Endlich Ruhe!

Vorschlag II

Die Klasse sitzt im großen Kreis. Ein Schüler fängt allein mit dem ersten Satz an, im Kreis herum sagt jeder Nachbar mit der passenden Stimmlage und Gestik den nächsten Satz – auch alleine. Alle anderen können die Gesten dazu mitmachen, damit keiner vergisst, welcher Satz folgt.

Die Worte *Und dann … und dann* singen alle, zum Beispiel wie im Lied „Die Jahresuhr"[1], und fahren wie in diesem Lied zu singen fort: *… fängt das Ganze schon wieder von vorne an.*

Und bei dem nächsten Schüler fängt das Spiel wieder von vorne an, bis alle einmal an der Reihe waren.

In einer Runde kommen auf diese Weise acht Schüler dran.

---

[1] Ein Lied von Rolf Zuckowski. Es ist enthalten auf der CD „MANN O MANN", siehe Fußnote S. 42.

Ein langer Weg

12a

🎧 035

Ein Bewegungsspiel, im Stehen

Wir strecken uns genüsslich mit diesem Morgenturnvers. Wenn wir ihn drei- oder viermal durchgespielt haben, ist auch die letzte Schlafmütze wach.

Ebenso geeignet ist das Spiel, wenn sich im Unterricht Müdigkeit breit gemacht hat.

Denkbar ist auch eine Ausführung im Gehen.

Hinweise zur Phonetik
- vokalisiertes <r> in jeder Zeile: [ˈlaŋɐ] ohne [g]-Laut, [ˈbraɪ̯tɐ], [ˈtiːfɐ], [ˈhoːɐ̯] mit nicht hörbarem Dehnungs-h in der Mitte, [ˈgroːsɐ], [meːɐ̯]
- langer Vokal [eː] in *Weg, Steg, See, mehr*
- langer Vokal [oː] in *hoher, großer*
- langer Vokal [iː] in *tiefer, sieht*
- kurze Vokale in *Bach, man, nichts*

**Ein langer Weg,
ein breiter Steg,
ein tiefer Bach,
ein hoher Baum,
ein großer See,
man sieht nichts mehr.**

Die Schlusszeile *ein großer See, man sieht nichts mehr* enthält den unvollkommenen Reim *See – mehr*. Dialektal gefärbt darf man ihn aber so sprechen: *ein großer See, man sieht nichts meh'*. Jeder entscheide, wie weit das berücksichtigt werden soll.

Strukturen
- Deklinationsendung des maskulinen Adjektivs bei unbestimmten Artikel

Ähnliche Reihungen kann man mit fortgeschrittenen Schülern erfinden, um die Deklinationsendung des femininen und neutralen Adjektivs bei unbestimmtem Artikel mit Spaß zu üben:

Transfer

Eine lange Rose,
eine kurze Hose,
eine helle Flasche,
eine dunkle Tasche,
…

Ein kleines Bier,
ein großes Tier,
ein frisches Brot,
ein dunkles Rot,
ein lautes Wort:
Wir haben Sport!

12b Ein langer Weg

Ein langer Weg,

Arme nach vorne strecken.

ein breiter Steg,

Arme ausbreiten.

ein tiefer Bach,

Mit den Händen den Boden berühren ohne die Knie zu beugen.

ein hoher Baum,

Arme in die Höhe strecken.

ein großer See,

Arme ausbreiten.

man sieht nichts mehr.

Hände hinter dem Rücken verstecken.

Text und Zeichnungen aus: S. Stöcklin-Meyer: „Eins, Zwei, Drei – Ritsche, Ratsche, Rei", Kösel-Verlag München 2004

Einkaufen 13a

Was geht voraus? Einkaufszenen sind authentische Dialogszenen mit oft nur einfachen und kurzen Redemitteln: Begrüßung, Äußern von Wünschen, Mengenbezeichnungen, Name der Waren, Farben, Fragen nach dem Preis.

Vorschlag zur Vermittlung des Sprechstückes Sind die Diskursroutinen geläufig und von vielen Schülern in wechselnden Rollen gespielt worden, kann man den Aufgabentyp als Quintessenz in Form eines Sprechstückes mit neuem Glanz versehen. Im Gruppendialog sind noch einmal alle Schüler gleichzeitig beteiligt.

Ein Glöckchen symbolisiert das Öffnen und Schließen der Ladentür, am Ende aber das Schließen der Kasse: Wir sind nicht im Großmarkt, in diesem Laden gibt es noch keine Scannerkasse.

Die Stellen mit dem Glöckchen 🔔 können alle Schüler zunächst mit einem Schnipsen oder Klatschen markieren. Dann ist der Teil der Instrumentalbegleitung schon von allen geübt und jeder kann diese übernehmen.

Die Szene ist vielfältig variierbar: Diverse Obstsorten und Mengen sind denkbar, aber auch Strümpfe, ein Kopftuch, Schuhe ... Die Frage *Wie viel denn?* wird – im Rhythmus! – abgewandelt zu *Welche Größe? Welche Farbe?* oder ähnlich. Das Aussuchen der Ware wird symbolisiert durch das gesummte *mmh – mmh*.

Umgekehrtes Vorgehen Ebenso ist auch ein umgekehrtes Vorgehen möglich: Die Klasse lernt erst gemeinsam das Sprechstück und erfindet nachher individuelle Varianten. Dabei kann das relativ strenge rhythmische Schema verlassen werden, ohne die gute Intonation aufzugeben.

Zu den Instrumenten Die Instrumentalgruppe spielt voraus und dann bis zum Ende durch:
a) Holztrommel zwei Takte allein
 (Im Stillen kann man sprechen: |: *Ich bin **dran**, eins – zwei.* :|)
b) dazu Maracas zwei Takte
 (Gedachter Hilfssatz: *Bitte schön, was **möch**test du?*)
 Die Händler-Gruppe setzt zum fünften Takt ein, mit dem Auftakt *Gu-ten **Mor**gen*. Ein Schüler spielt das Glöckchen bei: 🔔.

🎧 036

Händler	Kunde
Guten Morgen. 🔔	Guten Morgen. 🔔
Bitte schön, was möchtest du?	Mmh – mmh, ich möchte gerne Äpfel.
Wie viel denn?	Ein Kilo.
Bitte schön.	Danke schön.
Das kostet ...	Das kostet?
Das kostet:	

(*alle*) **Zwei Euro!** 🔔

86 Deutsch lernen mit Rhythmus

13b   Einkaufen

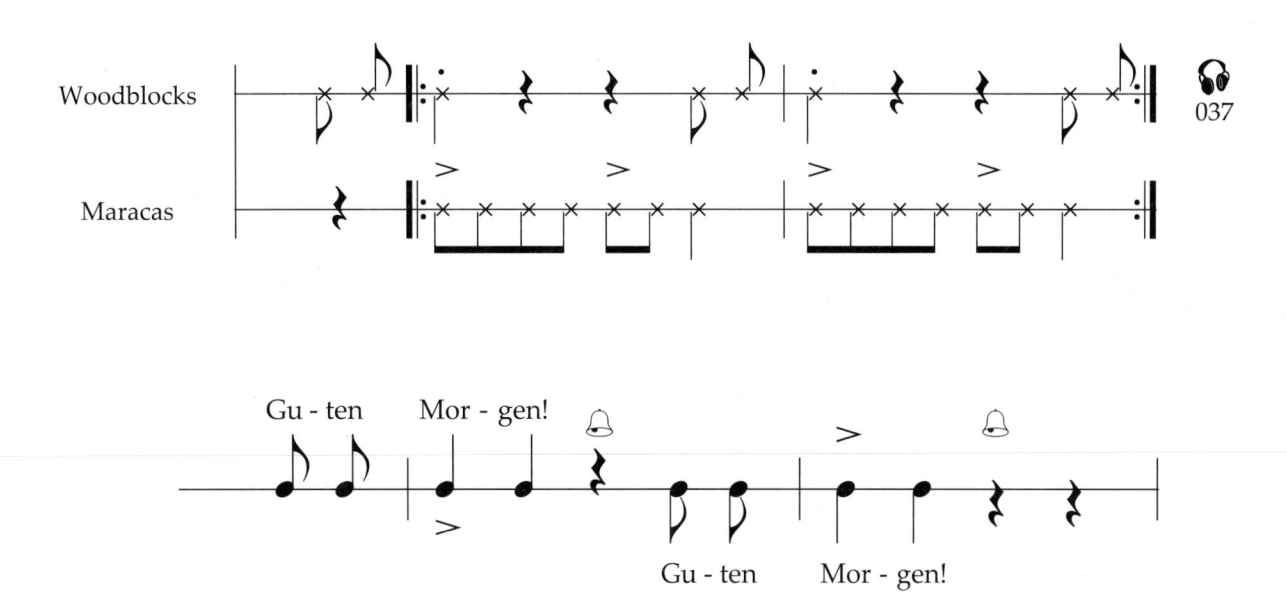

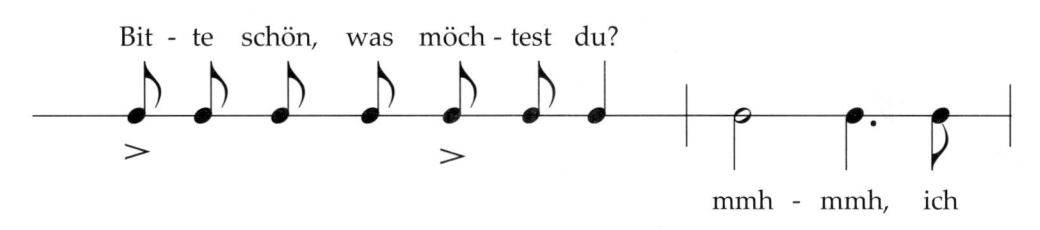

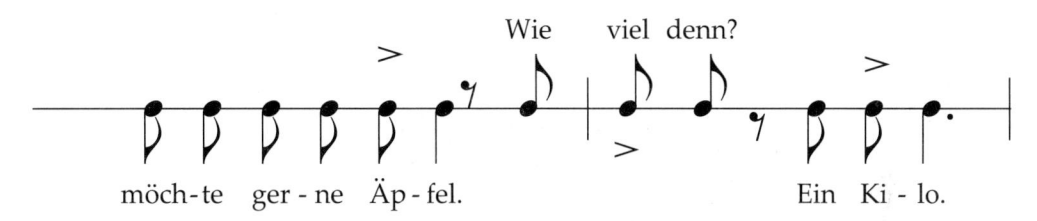

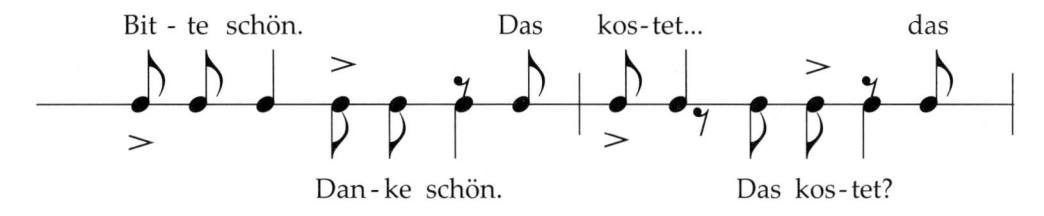

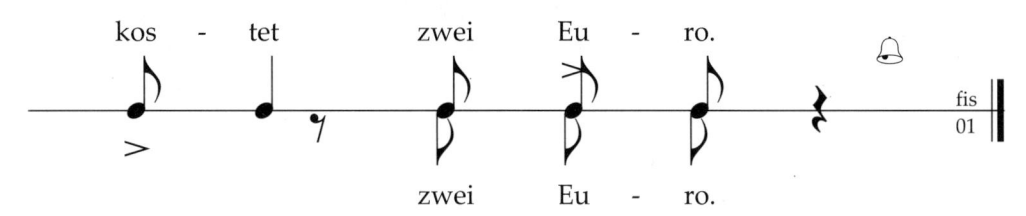

Guten Morgen!
Guten Morgen!

Bitte schön, was möchtest du?
mmh - mmh, ich möchte gerne Äpfel.

Wie viel denn?
Ein Kilo.

Bitte schön.
Danke schön.
Das kostet... Das kostet?
das kostet zwei Euro.
zwei Euro.

Es fliegt ein Vogel, ganz allein   14a

Ein Bewegungsspiel Es wird sitzend ausgeführt und wirkt sehr beruhigend.

Hinweise zur Phonetik
- Vokalneueinsatz bei *fliegt|ein* und *ganz|allein*
- lange Vokale in *fliegt, Vogel, hoch, nieder, wieder*
- kurze Vokale in *ganz allein* und *picken*
- vokalisiertes <r> in *nieder* ['niːdɐ] und *wieder* ['viːdɐ]
- Vokalneueinsatz bei *fort|und*

> Es fliegt ein Vogel, ganz allein.
> Schau, jetzt fliegen zwei!
> Sie fliegen hoch, sie fliegen nieder.
> Sie fliegen fort und kommen wieder.
> Sie picken Körner, eins, zwei, drei.
> Sie fliegen fort und kommen heim.

Vorschlag zur Vermittlung des Sprechstückes

Strukturen
- es fliegt,
- sie fliegen, sie picken,
- schau, jetzt …
- ganz allein
- hoch – nieder (niedrig)
- fortfliegen – wiederkommen, heimkommen

Intonation
Wort- und Satzmelodie, Akzentuierung, Rhythmus, Pausen, Tempo

Gestik
Der Körper wird von den Fingerspitzen bis zu den Fußspitzen einbezogen.

Zunächst spielt der Lehrer den Text als Ganzes vor. Bei der zweiten oder dritten Wiederholung machen die Kinder die Gestik schon mit. Sodann sprechen die Kinder den ersten Satz zur Gestik nach. Der zweite Satz kommt dazu, dann der erste mit dem zweiten zusammen. Der dritte und vierte Satz werden ebenso gelernt. Es folgen die vier Sätze hintereinander. Fünfter und sechster Satz folgen als letzte Teileinheit, bevor der gesamte Text mitgesprochen wird.

In der nächsten Stunde kann der Lehrer den Text erneut vorsprechen: nur geflüstert und ohne Gestik, aber mit guter Intonation. Die Kinder liefern die Gestik dazu und so weit sie sich erinnern, auch den Text. Dann spricht der Lehrer einzelne Sätze in beliebiger Reihenfolge und einzelne Kinder antworten mit der passenden Geste dazu. Umgekehrt können die Kinder auch einzelne Gesten vormachen und der Lehrer antwortet mit der passenden Zeile. Nach einer gemeinsamen kompletten Rezitation spricht bei der Wiederholung je ein Schüler eine Zeile allein, ohne dass Pausen im Gesamtablauf entstehen.

Einzelne Schüler übernehmen schließlich die Rolle des Solosprechers und die ganze Klasse begleitet sie immer mit der Gestik.

14b Es fliegt ein Vogel, ganz allein

1.
Es fliegt ein Vogel, ganz allein.

Mit einer Hand einen großen Kreis „fliegen".

2.
Schau, jetzt fliegen zwei!

Mit beiden Händen einen großen Kreis in derselben oder entgegengesetzten Richtung „fliegen".

3.
Sie fliegen hoch, sie fliegen nieder.

Mit den Händen in die Höhe und in die Tiefe „fliegen".

4.
Sie fliegen fort und kommen wieder.

Hände waagerecht von sich weg und wieder zurück bewegen.

5.
Sie picken Körner, eins, zwei, drei.

Mit beiden Zeigefingern auf die Knie picken.

6.
Sie fliegen fort und kommen heim.

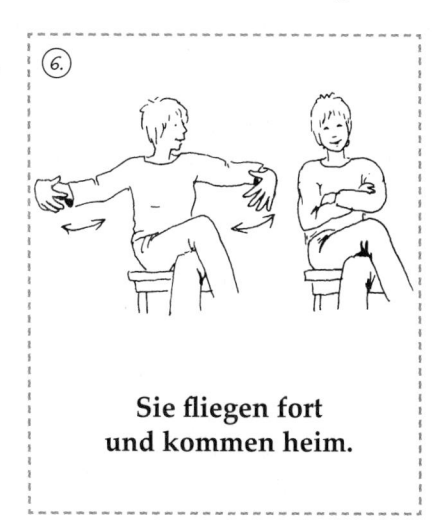

Arme ausbreiten und zum Schluss verschränken.

Text und Zeichnungen aus: S. Stöcklin-Meyer: „Eins, Zwei, Drei – Ritsche, Ratsche, Rei", Kösel-Verlag München, 2004

Es regnet, es schneit 15a

Ein Bewegungsspiel

Der Lehrer zeichnet vor den Augen der Schüler Bild 1 an die Tafel. Wenn er hinter seinem Rücken hört, dass sie erkannt haben, was die Zeichnung bedeutet, dreht er sich zu ihnen um und sagt mit trister Mimik und Gestik mehrmals hintereinander:

Sprechakzente

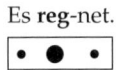

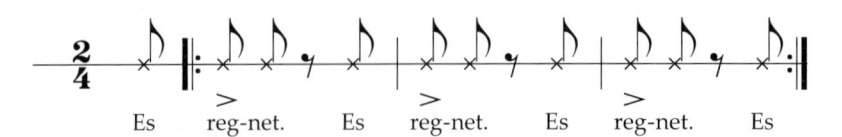

039 Es **reg**-net.

Gestisch fordert er sie auf, ihm den kurzen Satz mit derselben Körpersprache und dadurch auch mit derselben Intonation nachzusprechen. Das Wort *es* wird ganz unbetont artikuliert: [əs]. – Wenn das Schluss-„t" nicht hörbar wird, spricht er den Satz noch einmal alleine vor und „pickt" es vor ihren Augen mit dem Zeigefinger aus seiner Hand. Die Schüler merken sich diese wichtige Artikulation am besten, wenn sie die phonetische Geste [vgl. S. 47] nachmachen dürfen.

Der Lehrer geht dazu über, Bild 2 an die Tafel zu zeichnen. Die Schüler verstehen jetzt ganz schnell, was gemeint ist. Der Lehrer wendet sich ihnen zu und ruft in singendem Tonfall, mit fröhlicher Mimik und Gestik mehrmals hintereinander:

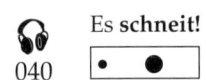

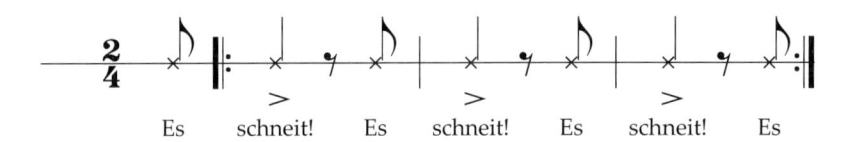

040 Es **schneit!**

Das Nachsprechen seitens der Schüler schließt sich an. Auch hier ist die Artikulation des Schluss-„t" in gleicher Weise zu erreichen.

Die Schüler stehen nun auf und der Lehrer spricht beide kleinen Sätze in einer rhythmischen Reihung [vgl. S. 54] vor. Die dazu passende Mimik wird beibehalten: erst trist, dann fröhlich.

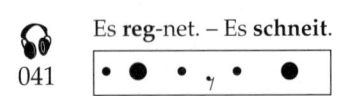

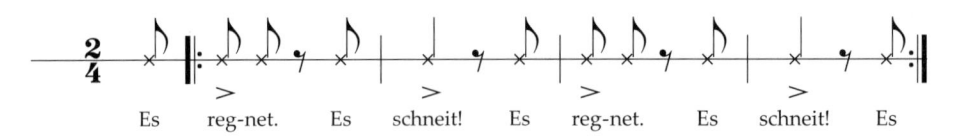

041 Es **reg**-net. – Es **schneit**.

Die Schüler werden schnell mitmachen. Der Lehrer lässt sie schließlich alleine weitersprechen und überprüft, ob die Sprechakzente bei allen stimmen. Sodann zeichnet er Bild 3 an die Tafel und ruft mehrmals – mit steigender und fallender Melodie und mit einer großer Geste:

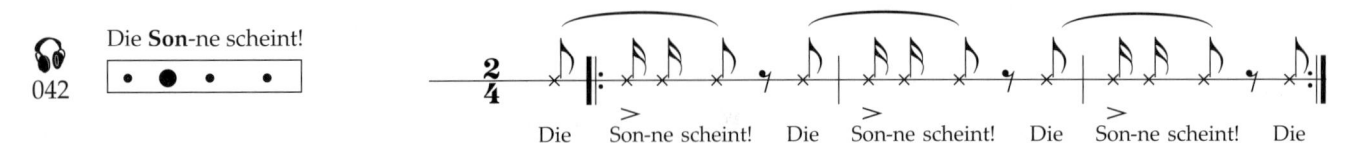

042 Die **Son**-ne scheint!

Das Schluss-„t" wird auch hier hörbar artikuliert. Die Schüler, immer noch stehend, fallen mit ein.

Deutsch lernen mit Rhythmus

15b Es regnet, es schneit

Bild 1 — **Es regnet.**

Bild 2 — **Es schneit.**

Bild 3 — **Die Sonne scheint!**

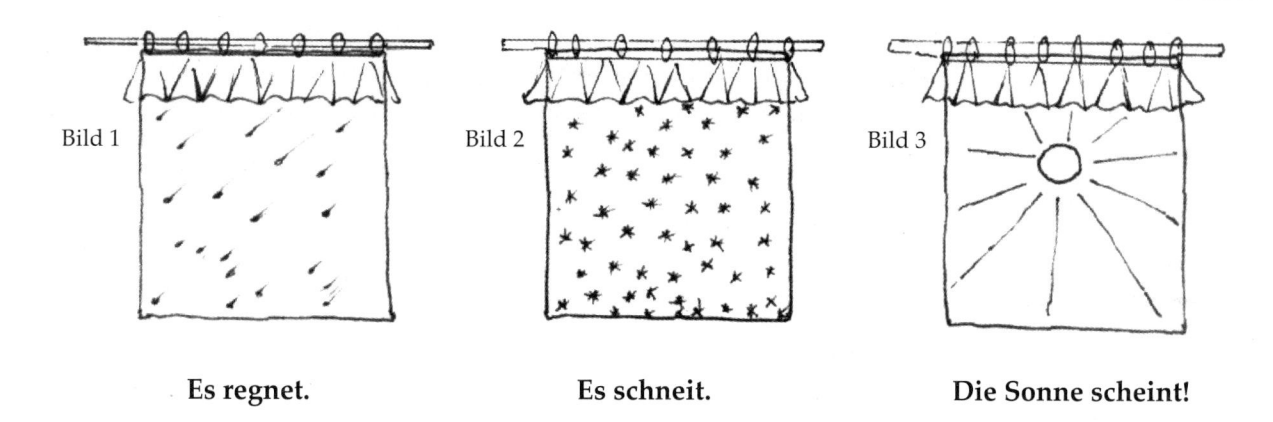

Der Lehrer spricht zwei- bis dreimal die drei Sätze in rhythmischer Reihung und mit passender Körpersprache vor und lädt die Schüler schließlich ein mitzusprechen.

Wenn die Gruppe die drei kleinen Sätze mehrfach hintereinander im Rhythmus spricht, wird sie bald feststellen, dass es nicht klar ist, wann die Sprechpause hinter *Die Sonne scheint!* zu Ende ist und wann der Chor wieder von vorne beginnt. Deshalb wird für diese Stelle vorgeschlagen: Nach der großen Geste der strahlenden Sonne fügen wir ein zweimaliges Klatschen ein. Nach ein oder zwei Wiederholungen der Satzreihe enden wir mit dem lauten Freudenruf *JUHU!* als Schlusspointe.

Allzu große Fröhlichkeit der Gruppe lässt sich auffangen mit dem Vorschlag, nach dem *JUHU!* in einer fröhlichen Pose zu erstarren – wie bei einem Standbild am Videorekorder. Diesen Moment kann jemand auf ein Foto bannen; davon lassen sich für das Deutschheft Abzüge machen.

Hinweise zur Phonetik

- drei verschiedene rhythmisch-melodische Muster
- Gegensatzpaar betont — unbetont
- Alternieren von kurz – lang – kurz des Vokals /e/
- dreimal Schluss-[t] als Deklinationsendung der 3. Pers. Sing.
- Diphthong in *schneit* und *scheint* (Begabte Schüler werden die Gleichheit der Buchstaben für beide Wörter bemerken, wenn sie die Sätze unter ihre Bilder schreiben.)
- schwierige Konsonantenverbindung und fallende Sprechmelodie in *Es schneit* [ɛsʃn'ai̯t]
- steigende und wieder fallende Sprechmelodie in *Die Sonne scheint!*
- Konsonantenverbindung -*nt* am Ende von *scheint*

- Als rhythmisch-melodische Einheit ergibt sich also folgende **Spielform**:

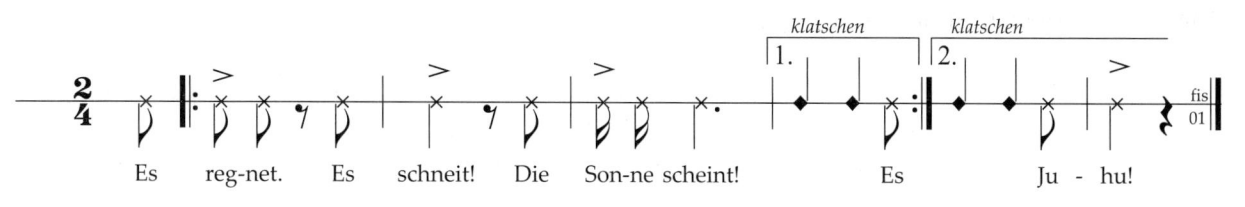

Es reg-net. Es schneit! Die Son-ne scheint! Es Ju - hu!

Deutsch lernen mit Rhythmus

Familie Michel 16a

Was geht voraus? Zum wichtigsten persönlichen Lebensbereich gehört die Familie. Bezeichnungen für die Familienmitglieder und für Verwandtschaftsverhältnisse sind deshalb unverzichtbar. In einer Vorübung spielen wir mit zwölf derartigen Bezeichnungen.

Die vier Bildkarten[1] werden – vergrößert – an zwei Mädchen und zwei Jungen verteilt. Sie stellen vor der Klasse erst sich, dann „ihre Familie" vor:

a) Ich bin Frau Michel/die Mutter.
   Ich bin Herr Michel/der Vater.
   Ich bin der Sohn/der Bruder.
   Ich bin die Tochter/die Schwester.

b) Das ist mein Mann, das ist meine Tochter, das ist mein Sohn, das ist meine Familie usw.

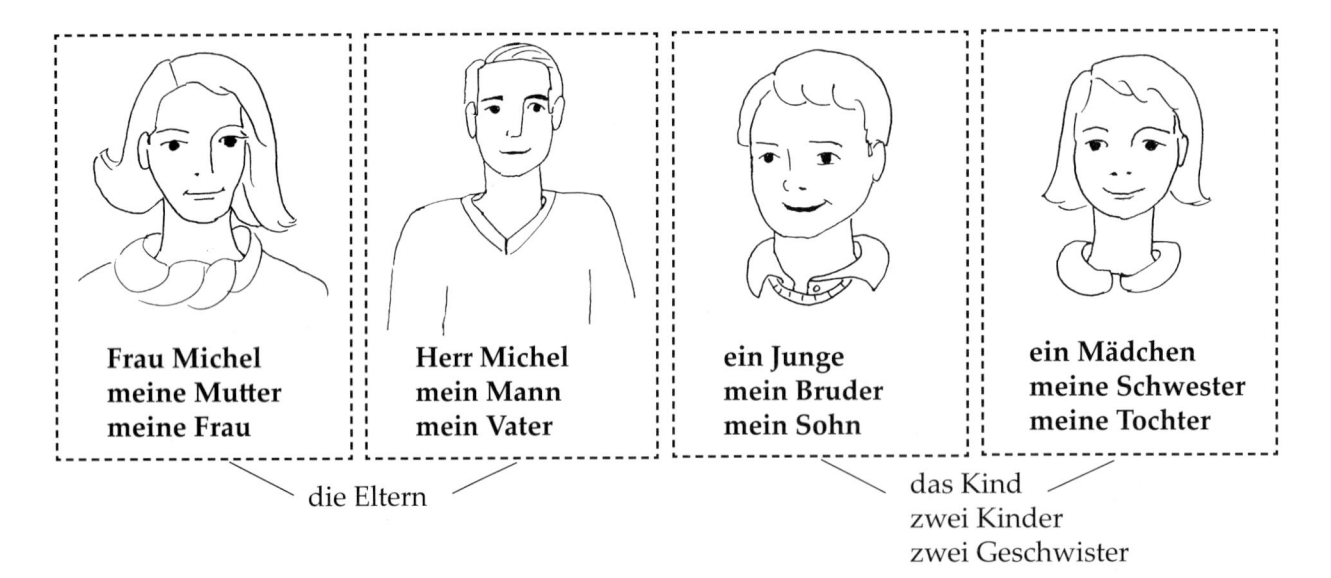

Frau Michel	Herr Michel	ein Junge	ein Mädchen
meine Mutter	mein Mann	mein Bruder	meine Schwester
meine Frau	mein Vater	mein Sohn	meine Tochter

die Eltern   das Kind
                 zwei Kinder
                 zwei Geschwister

Einzelarbeit Die Schüler verbinden die linke mit der rechten Seite so oft wie möglich. Das kann in der Gruppe vorher – mit großen Wortkarten auf dem Fußboden oder vor aller Augen mit einer Folie auf dem Tageslichtprojektor – geübt werden.

Frau Michel ist …
Herr Michel ist …
Lars und Lena sind …
Herr und Frau Michel sind …
Lena ist …
Lars ist …

… der Vater von Lars und Lena.
… die Frau von Herrn Michel.
… die Mutter von Lars und Lena.
… der Mann von Frau Michel.
… die Eltern von Lars und Lena.
… die Kinder von Herrn und Frau Michel.
… Geschwister.
… Mann und Frau.
… die Tochter von Herrn und Frau Michel.
… der Sohn von Herrn und Frau Michel.
… die Schwester von Lars.
… der Bruder von Lena.

---

[1] Siehe dazu auch den sowieso-RAP *Familienfoto* [siehe S. 156]
Die Idee zu diesem Sprechstück beruht auf Folge 7 des Videosprachkurses „Anna, Schmidt & Oskar" (Langenscheidt)

16b   Familie Michel

Transfer Der Lehrer heftet zwei, drei oder vier der Bildkarten jeweils so an die Tafel, dass sie eine Kombination aus der Einzelarbeit wiedergibt. Die Schüler sagen den passenden Satz dazu oder lesen ihn aus ihrem Blatt vor. Zum Beispiel:
⇨ Frau Michel ist die Frau von Herrn Michel.
⇨ Lena ist die Tochter von Herrn und Frau Michel.
⇨ Lars und Lena sind Geschwister.

Übung Die Schüler führen dieselbe Übung mit den vier Abbildungen zu zweit mit leiser Stimme am Platz durch.
Oder: In Vierergruppen stellt abwechselnd einer die Aufgabe, einer der anderen sagt die Antwort.

Sprechstück Die Antwortsätze mit ihrem jeweiligen immanenten Sprechrhythmus lassen sich zu einem Sprechstück verbinden, in welchem einige der Verwandtschaftsbeziehungen auswendig gelernt werden.

Um die Stelle gut zu finden, wo das Klatschen im ganzen Sprechstück seinen Platz haben soll, wurden zwei Zeilen vorgeschaltet. Eine Aufteilung in zwei gleich starke Gruppen anstelle der Version mit Solo- und Tutti-Sprechern ist natürlich ebenso möglich. Man kann auch ganz auf eine Aufteilung verzichten. Der Lehrer gibt mit der ersten Zeile das Tempo vor, dann fallen alle anderen ein.
Denkbar wäre es auch, das ganze Sprechstück als Marsch anzulegen, indem man dazu im Kreis oder in einer langen Reihe marschiert.

Einer	Alle
Eins, zwei, drei, vier	Eins * Eins *
Das da ist Frau Michel	und Lars ist ihr Sohn.
Daneben ist Herr Michel.	Das wissen wir doch schon!
Lena ist die Tochter,	von beiden * das Kind.
Lars und Lena zwei Geschwister,	aber auch Bruder und Schwester sind.
Hokus Pokus Fidibus	und jetzt ist Schluss!
	* * *

Hinweise zur Phonetik
▸ *zwei* [tsvai], *vier* [fiːɐ]
▸ Vokalneueinsatz bei *da|ist* und bei *Lars|ist|ihr|Sohn*
▸ Auslautverhärtung bei *Kind* [kɪnt]
▸ vokalisiertes ⟨r⟩ in *Tochter* [ˈtɔxtɐ], *Geschwister*, *Bruder*, *Schwester*
▸ Vokalneueinsatz bei *jetzt|ist*

🎧 044
📹 057

Vorschlag zur Vermittlung des Sprechstückes
- Der Lehrer heftet die vergrößerten Abbildungen *Frau Michel* und *Lars* (eventuell ohne die Bezeichnungen darunter) nebeneinander an die Tafel, zeigt darauf und spricht die Takte drei und vier [siehe Notengrafik] vor. Die Klasse wiederholt mehrfach. Der Lehrer sorgt sanft dafür, dass sich ein gemeinsamer Sprechrhythmus einstellt.

- Nun spricht er diesen Satz zusammen mit den beiden vorgeschalteten Takten T1 und T2 vor. An den mit * gekennzeichneten Stellen [siehe Notengrafik] schnipst oder klatscht er leise. Mit der Klasse wiederholt er das mehrfach [vgl. *Rhythmische Reihung*, S. 54]. Das synchrone Klatschen wird nicht gleich gelingen!

- Dicht neben die beiden Abbildungen heftet er *Herrn Michel* und spricht T5 und T6 vor. Beim Satz: *Das wissen wir doch schon!* macht er eine abwinkende Geste.

Familie Michel

16c

- Die Klasse spricht und ahmt das nach. Es folgt eine Zusammensetzung von T1 bis T6.
- Der Lehrer spricht zunächst bis dahin die *Einer*-Teile, die Klasse die *Alle*-Teile. So werden die Zeilen dialogisch wiederholt. (Klatschen nicht vergessen!)
- Die Abbildung *Lena* wird unter *Lars* befestigt. Der Lehrer spricht die Takte 7 und 8 wiederholt vor und macht der zuhörenden Klasse sichtlich Lust auf das Auskosten des KLATSCH bei *von beiden * das Kind*.
- Die ganze Klasse wiederholt erst T8, bis es „schwingt". Dann folgen dialogisch T7 und T8. Mit vertauschten Rollen spricht man sie noch einmal und wiederholt von vorne bis dahin.
- In T9 und T10 steigen die Ansprüche: keine Sprechpausen und sogar eine Steigerung der Sprechgeschwindigkeit, um alle nötigen Silben unterzubringen. Der Lehrer spricht erst langsam vor und zeigt die verwandtschaftlichen Beziehungen an den Abbildungen der Tafel. Dann spricht er den Text im Originaltempo vor. Mit der ganzen Klasse übt er erst die erste Hälfte, dann die zweite Hälfte des Satzes.
- Takte 7 bis 10 werden im Zusammenhang gesprochen – mit Klatschen.
- Die Schlusszeile ist wieder leichter. Ein Solosprecher aus der Klasse kann die erste Hälfte übernehmen – vielleicht mit Zauberhut und -stab. Die letzten vier Worte skandieren alle gemeinsam und klatschen laut dazu.

94 Deutsch lernen mit Rhythmus

17 Sonntag, Montag, Dienstag

Was geht voraus? Wenn das Tagesdatum zum Pensum gehört, braucht man dafür die Namen der Monats- und Wochentage. Eine Merkhilfe ist in beiden Fällen, die Bedeutung der Namen zu erläutern. Zu den Wochentagen:

Sonntag	Tag der Sonne
Montag	Tag des Mondes
Dienstag	der dem Kriegsgott Ziu mit dem Beinamen Thingsus (Schützer des Thing/des Gerichts) geweihte Tag; engl. *Tuesday*, franz. *mardi*: Nachbildung von lat. *Martis dies* „Tag des (Kriegsgottes) Mars"
Mittwoch	Mitte der Woche, wenn man die Woche mit dem Sonntag beginnt
Donnerstag	von ahd. *Donares tag* „Tag des (Wettergottes) Donar", Donner: franz. *tonnerre*, engl. *thunder*
Freitag	Tag der Fria, Gattin des Gottes Wotan, Schutzpatronin der Ehe; engl. *Friday*, nachgebildet dem spätlateinischen *Veneris dies* „Tag der Venus"; franz. *vendredi*
Samstag	von hebr. *schabbath* bzw. griech. *sabbaton* „Feiertag" (Sabbat) In Nord- und Mitteldeutschland ist eher die Bezeichnung „Sonnabend" gebräuchlich: Der Abend vor dem Sonntag.

Hinweise zur Phonetik
- Kontrastpaar kurz/lang in *Sonntag, Donnerstag, Samstag*
- Zwei Langvokale in *Montag, Dienstag* [ˈdiːnstaːk]
- Auslautverhärtung bei allen Wochentagen
- Ach-Laut in *Mittwoch*, vokalisiertes <r> in *Donnerstag* [ˈdɔnɐstaːk]

Vorschlag zur Vermittlung des Sprechstückes

- Um zu vermeiden, dass die Wochentage stockend und tonlos heruntergeleiert werden, forciert man leicht die Wortakzente, die durchweg auf der Erstsilbe liegen, und lässt eine Sprechpause zwischen den Wörtern. Sie wird durch synchrones Klatschen der Sprecher gefüllt und erlaubt zugleich nachzudenken, wie der folgende Tag heißt.
- Die Mitte der Woche wird klanglich durch verändertes Klatschen markiert. Es entsteht eine kurze Generalpause.
- Der herausfallende Sprechrhythmus von *Donnerstag* sowie das erneute Klatschen erst in der Sprechpause fordern erhöhte Konzentration.
- Die Assoziation von *Samstag* und (schul)frei führt die Aufzählung zu einem fröhlichen Ende: Zum Satzakzent auf dem letzten Wort *frei* werfen wir die Arme in die Luft.

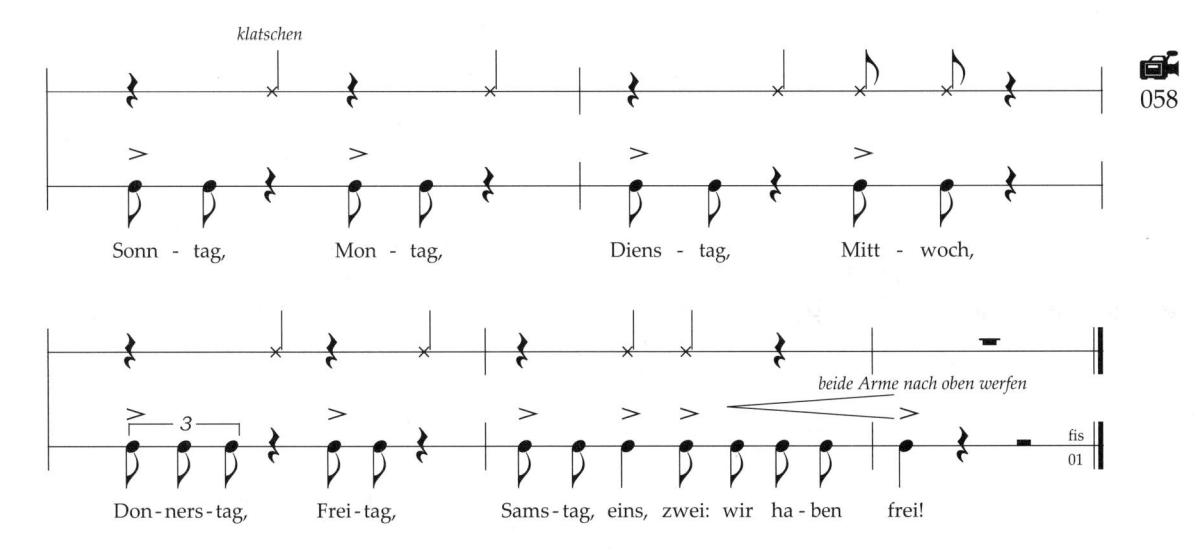

---

[1] nach: Wahrig „Deutsches Wörterbuch", Gütersloh 1968

Da oben auf dem Berge 18

🎧 045

📹 059

Ein Bewegungs-spiel, im Sitzen

Strukturen
- da oben – da unten
- auf dem Berge – auf der Wiese
- kleine Zwerge – ein großer Riese
- Zahlen: eins bis zwölf

**Da oben auf dem Berge,
eins, zwei, drei —
da tanzen kleine Zwerge;
vier, fünf, sechs —
da unten auf der Wiese,
sieben, acht, neun —
da sitzt ein großer Riese,
zehn, elf, zwölf.**

Hinweise zur Phonetik
- Vokalneueinsatz bei *da | oben, da | unten, sieben | acht* und *zehn | elf*
- Aussprache des <z>: [ts] in *tanzen, Zwerge, zwei, zehn*
- langer Vokal [i:] in *Wiese, Riese* und *sieben*
- Häufung des gleichen Rhythmusschemas in *oben, Berge, tanzen, kleine Zwerge, großer Riese*

Variante A: Wir spielen den Vers noch einmal, aber flüsternd.

Variante B: Wir spielen den Vers nur mit der Gestik und artikulieren den Text stumm. Aber die Zahlen rufen wir laut.

1. 2.

**Da oben auf dem Berge,
eins, zwei, drei –**

Mit den Händen über dem Kopf eine Bergspitze andeuten. Mit großer Geste der rechten Hand wird mit den Fingern durchgezählt.

3. 4.

**da tanzen kleine Zwerge,
vier, fünf, sechs –**

Die Finger beider Hände tanzen auf dem Kopf. Jetzt wird mithilfe von beiden Händen weitergezählt.

5. 6.

**da unten auf der Wiese,
sieben, acht, neun –**

Mit den Händen die Füße berühren, mit dem rechten Fuß bei jeder Zahl stampfen.

7. 8.

**da sitzt ein großer Riese,
zehn, elf, zwölf.**

Alle plustern sich so groß wie möglich als Riese auf und stampfen bei jeder Zahl mit dem linken Fuß.

Text und Zeichnungen aus: S. Stöcklin-Meyer: „Eins, Zwei, Drei – Ritsche, Ratsche, Rei", Kösel-Verlag München, 2004

19 Ein schlechter Schüler

Vorschlag zur Vermittlung

Dieser Text eignet sich gut für eine intensive Leseübung, bei der unter rhythmisch-melodischem Aspekt die Intonation, die Artikulation und die Emotion in den Vordergrund gerückt werden.

Die Lernenden können im Text die Sprechakzente mit Farbe markieren und dazwischen mit Bleistift Melodiebögen ziehen. So wird die klangliche Intonationslinie grafisch vorbereitet.

Bei genügender Geläufigkeit und Vertrautheit des Textes lässt er sich anschließend effektvoll als Sketch spielen. Dabei achte man darauf, dass die Hauptakzente in den Sätzen intensiv genug gesprochen werden. Eine sinngemäße Mimik und Gestik kann sie unterstützen und plausibel machen.

046

060

Text

Lehrer: Wiederholen Sie bitte: Ich wohne in Köln.
Schüler: Sie wohnen in Köln.
Lehrer: Nicht Sie – ich!
Schüler: Ich weiß – Sie!
Lehrer: Ich meine, Sie sollen wiederholen:
Ich wohne in Köln. Wörtlich.
Schüler: Gut, aber wenn ich nun gar nicht in Köln wohne …
Lehrer: Aber das spielt doch keine Rolle!
Schüler: Ich weiß nicht … Ich bin immer für die Wahrheit.
Lehrer: Also gut. Wo wohnen Sie wirklich?
Schüler: In Hamburg.
Lehrer: Dann wiederholen Sie jetzt:
Ich wohne in Hamburg.
Schüler: Ach! Sie auch?
Lehrer: Was …?
Schüler: Sie wohnen also auch in Hamburg?
Lehrer: Ich? Wieso?
Schüler: Das haben Sie doch gerade gesagt.
Lehrer: Ich geb's auf. Sie lernen's nie!

Text aus: Hören, Brummen, Sprechen (Begleitheft), Ernst Klett Sprachen GmbH, 2005, Stuttgart, S. 3

Ein Frühlingsblumenstrauß 20a

047

Was geht voraus? Neben den Wochen- und Monatsnamen gehören die Namen der Jahreszeiten zum Grundwortschatz, die Lexik zur Beschreibung des Wetters in bestimmtem Umfang auch. In den Zusammenhang mit Farben passen Grundbegriffe aus der (Tier- und) Pflanzenwelt.

Das folgende Sprechstück bringt vier typische Frühlingsblumen in eine rhythmisch-melodische Folge und in einen Sinnzusammenhang.

An dem Text lässt sich das Prinzip der Komposita zeigen.

Schnee + Glöckchen	⇨	Schneeglöckchen
Mai + Glöckchen	⇨	Maiglöckchen
Frühling + Blumen	⇨	Frühlingsblumen
Frühlingsblumen + Strauß	⇨	Frühlingsblumenstrauß

Vorschlag zur Vermittlung des Sprechstückes

- Der Lehrer (*L*) befestigt Vergrößerungen der vier Abbildungen in falscher Reihenfolge an der Tafel oder er legt sie im Stuhlkreis auf den Fußboden.

- Die Schüler (*S*) suchen die Blumennamen in der Muttersprache und stellen die richtige Reihenfolge her. Bei beiden Aufgaben ist mit Schwierigkeiten zu rechnen!

- *L* zeigt ein Glöckchen (Bild oder real), weist auf die glockenähnliche Blütenform hin und sagt mit fröhlich-erstaunter Stimme den Namen der ersten Frühlingsblume: *Ein Schneeglöckchen!* *S* wiederholen und ahmen seine Stimme nach.

- *L* zählt an den Fingern seiner Hand die ersten fünf Monate des Jahres auf, bis zum Mai. Er verknüpft den Monatsnamen mit der zweiten Blume: *Ein Maiglöckchen!* *S* wiederholen. Sie wiederholen auch die rhythmische Reihung [vgl. S. 54], die *L* anschließend vorspricht: *Schneeglöckchen, Maiglöckchen; Schneeglöckchen, Maiglöckchen …*

- *L* nennt gleich danach im rhythmischen Zusammenhang die Namen der restlichen Blumen:
Tulpen und Narzissen. *S* wiederholen mit der richtigen Betonung.

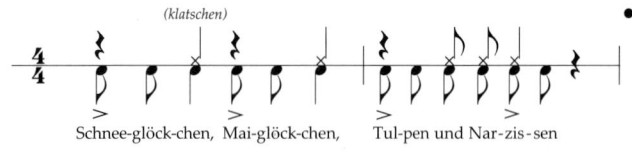

- *L* spricht alle Bezeichnungen auf einen Atem und klatscht leise dazu. Er macht die Wortakzente gut hörbar. Wenn *S* wiederholen, kommt es darauf an, dass sie die unbetonten Silben deutlich leiser und reduziert sprechen.

- *L* zeigt das vergrößerte Bild *Blumenstrauß* und leitet über die Wörter *Frühling, Blumen, Blumenstrauß* zum Kompositum *ein Frühlingsblumenstrauß*. Er suggeriert beim Sprechen des langen Wortes mimisch den Wohlgeruch und gestisch die Farbintensität. Die Erstsilbe ist betont, die vier folgenden Silben werden immer leiser gesprochen.

- Beide Teile werden zusammengesetzt. Dabei kann jeder Wortakzent etwas lauter werden bis zum *Frühlingsblumenstrauß*.

- *L* spielt die Instrumentalbegleitung der cowbells vor. *S* spielen den Wechsel zwischen Tiefton und Hochton zunächst mit linker und rechter Hand auf Tisch und Buch (zwei Klänge!) nach. Ein *S* fügt den Guiro hinzu. Dann übernimmt ein anderer *S* die cowbells und alle anderen sprechen den Text zur Begleitung.

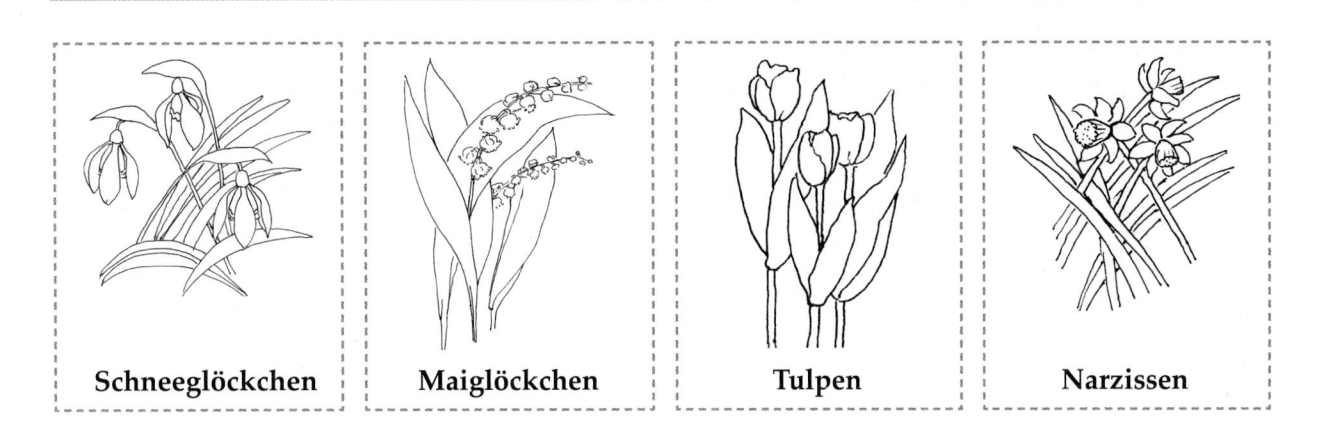

20b Ein Frühlingsblumenstrauß

Schneeglöckchen | **Maiglöckchen** | **Tulpen** | **Narzissen**

Schnee - glöck - chen, Mai - glöck - chen, Tul - pen und Nar - zis - sen: ein Früh - lings - blu - men - strauß!

Guiro

Cowbells

Frühlings-blumenstrauß

Deutsch lernen mit Rhythmus

Guten Morgen, Frau Charlotte

21a

Ein Kinderreim in Dialogform

Die Marktfrau kennt ihre Kundschaft. Frau Charlotte ist sehr vornehm und hat immer besondere Wünsche. Wer sonst verlangt nur *eine* Karotte, *zwei* Orangen, *eine* Banane? Sie hat bestimmt einen sehr empfindlichen Magen. Oder sie besitzt keinen Kühlschrank. Oder sie liebt es einfach, besonders zu sein.

Emotionalität

In der Sprechweise können wir die beiden verschiedenen Typen charakterisieren: laut, direkt, fröhlich die eine – distinguiert, leise, affektiert die andere. In der letzten Zeile macht sich die Marktfrau über ihre *schöne* Kundin lustig; natürlich etwas leiser und erst, wenn Frau Charlotte sich abgewendet hat. Die passende Gestik dazu stellt sich von selbst ein.

Zunächst kann die Klasse die Rolle der Marktfrau übernehmen und im Chor die Begrüßung rufen. Der Lehrer/Die Lehrerin spielt die *schöne Dame* und spricht ihre Wünsche mit deutlicher Betonung von Rhythmus und Satzakzent. Die Klasse ahmt in der letzten Zeile die deutliche Artikulation nach und macht sich so über die Dame lustig.

Einzelne Schüler der Klasse übernehmen die Rolle der *Charlotte*. Der Lehrer sorgt dafür, dass die Akzentuierung theatralisch gut ausgeführt wird. Schließlich wird der Dialog von Einzelsprechern gespielt. Als Requisiten reichen ein Hut und ein Körbchen für die *Dame* und – neben echtem Obst oder Bildkarten davon – ein Kopftuch für die Marktfrau.

Währenddessen können die anderen das Malblatt bearbeiten.

Hinweise zur Phonetik
- reduzierte Endsilben in *Guten Morgen*, mit einem Ang-Laut am Ende [guːtn̩ ˈmɔrgn̩]
- kurzer Vokal [ɔ] in *Charlotte* und *Karotte*
- langer Vokal [oː] in *Oh!*
- kurzer und langer Vokal <a> in *Banane* [baˈnaːnə]
- langes <a> und unbetontes <e> in *Dame* [ˈdaːmə]

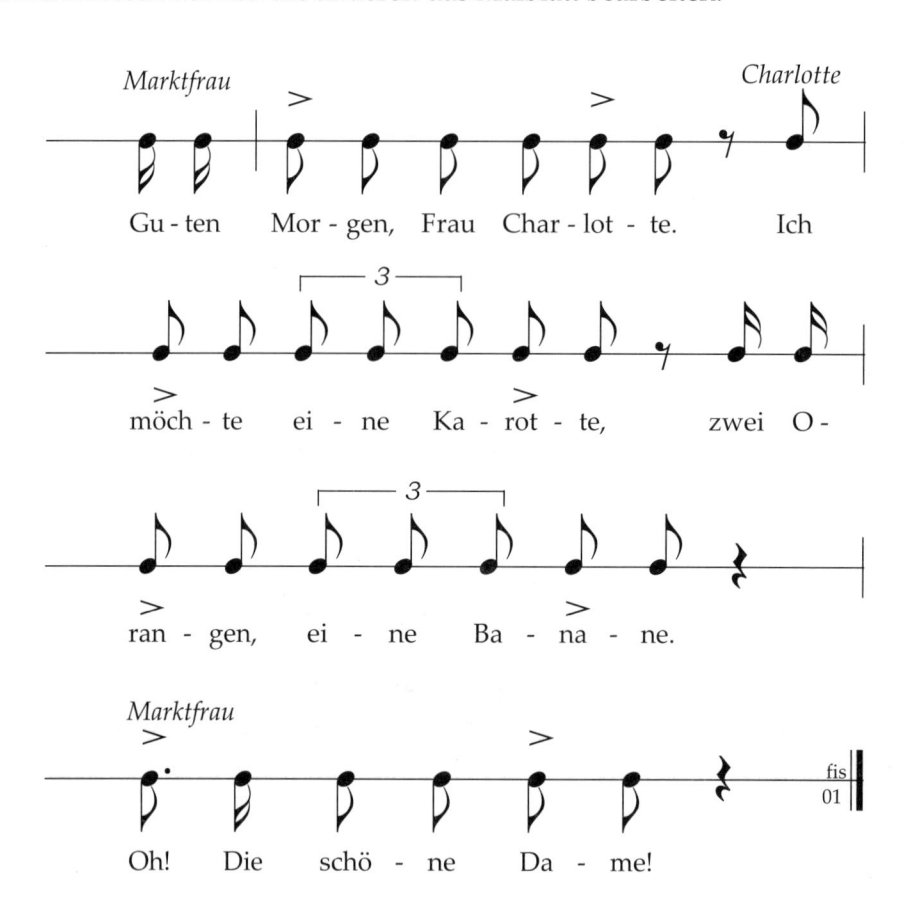

21b Guten Morgen, Frau Charlotte

Marktfrau: Guten Morgen, Frau Charlotte.
Charlotte: Ich möchte eine Karotte, zwei Orangen, eine Banane.
Marktfrau: Oh! Die schöne Dame!

Bastelvorschlag:

Male die Karotte, die Orange und die Banane an, schneide sie aus und klebe sie als Auge, Nase, Mund in das Gesicht.

Die Orange für das zweite Auge darfst du selber malen.

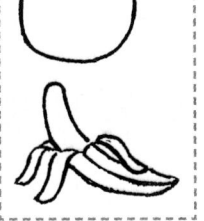

Guten Morgen, ihr lieben Beine 22a

🎧 049 **Ein Bewegungsspiel, mit den Füßen**

> Guten Morgen, ihr lieben Beine.
> Wie heißt ihr denn?
> Ich heiße Strampel!
> Ich heiße Hampel!
> Ich bin das Füßchen Tu-nicht-gut!
> Ich bin das Füßchen Übermut!
> Tu-nicht-gut und Übermut
> gehen auf die Reise.
> Sie stampfen durch die Sümpfe,
> nass sind ihre Strümpfe.
> Kommt die Mutter aus dem Haus,
> klopft die beiden tüchtig aus.

Spielform

Ausführbar im großen Stuhlkreis oder auf Bänken im Gymnastikraum; auch auf dem Fußboden im Kreis sitzend. Die Koordination der Bein-, Fuß- und Handbewegungen, die Unterscheidung von rechts und links, vor und zurück, anheben und aufstampfen, gehen (auch auf Zehenspitzen) und stampfen, beziehen den ganzen Körper ein. Sprechen und Handeln werden eins.

Eine Ausführung am Sitzplatz in traditioneller Sitzordnung ist weniger zu empfehlen, weil der Einzelne viel weniger von dem sieht, wie es die Mitschüler machen. Es kommt weniger „WIR-Gefühl" auf.

Intonation und Rhythmus

Bei der gemeinsamen Ausführung kommt es darauf an, dass sich ein regelmäßiges Sprechtempo einstellt, zu dem sich die Bewegungen der Gliedmaßen gleichmäßig ausführen lassen: langsames Gehtempo, etwa ein Schritt pro Sekunde. Die Sprechakzente des Textes fallen damit zusammen. So stellt sich fast von alleine eine authentische Intonation ein. Um den natürlichen Tonfall auch in diesem Sprechvers zu erhalten, ist es empfehlenswert, die Wörter *Beine, Strampel, Hampel, Reise, Sümpfe, Strümpfe* auf der betonten Erstsilbe tendenziell etwas kürzer zu sprechen und die Endsilben deutlich zu reduzieren:

🎧 050 **Sprechrhythmus**

Reise
Sümpfe
Strümpfe

Bei - ne, Stram - pel, Ham - pel, Rei - se

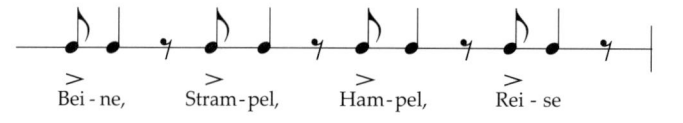

Zu vermeiden ist ein leiernder Tonfall, etwa derartig:

🎧 051

Ich hei - ße Stram - pel, ich hei - ße Ham - pel.

strampeln:	die Beine rasch bewegen
hampeln:	zappeln, sich hin- und herbewegen, Hampelmann
ausklopfen:	durch Klopfen säubern (Kleider, Teppich), scherzhaft: jdn. schlagen

22b Guten Morgen, ihr lieben Beine

Spielform Denkbar ist auch eine Ausführung, bei der die beiden Beine personalisiert werden: Zwei Schüler stellen *Strampel* und *Hampel* dar. Die Gruppe spricht die beiden an, sie antworten, die Gruppe kommentiert, was sie anschließend tun, und die Gruppe darf ihnen am Schluss – maßvoll! – den Po verhauen. In einem Gespräch mit der Gruppe kann man vorher oder nachher darüber reden, welche Mutter in so einem Fall zu Hause nicht strafen würde, ob es hier überhaupt einen Grund für Strafe gibt und welche „Strafe" die Kinder vorschlagen.

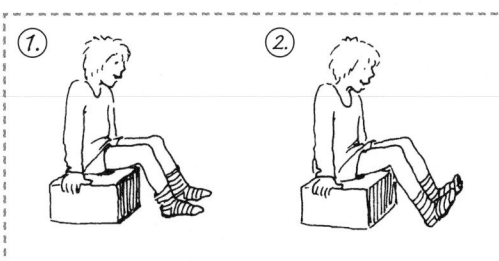

1. 2. Guten Morgen, ihr lieben Beine. Wie heißt ihr denn?

Füße nach vorne strecken und anschauen.
Füße zurückziehen und anschauen.

3. 4. Ich heiße Strampel! Ich heiße Hampel!

Rechtes Bein anheben und aufstampfen.
Linkes Bein heben und aufstampfen.

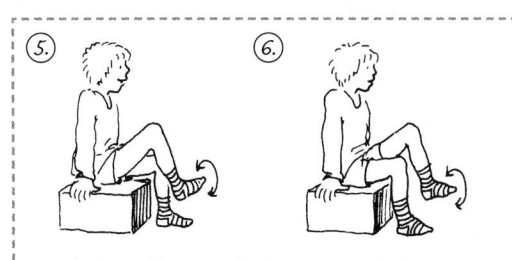

5. 6. Ich bin das Füßchen Tu-nicht-gut! Ich bin das Füßchen Übermut!

Rechtes Bein heben und mit dem Fuß kreisen.
Linkes Bein heben und mit dem Fuß kreisen.

7. 8. Tu-nicht-gut und Übermut gehen auf die Reise. Sie stampfen durch die Sümpfe.

Gehen am Ort.
Mit beiden Füßen kräftig aufstampfen.

9. Nass sind ihre Strümpfe.

Auf Zehenspitzen gehen.

10. Kommt die Mutter aus dem Haus, klopft die beiden tüchtig aus!

Spaßeshalber auf die Füße klopfen.

Nahe liegend wäre die Frage an die Kinder, ob sie in ihrer Muttersprache einen ähnlichen Vers kennen oder ob ihre (Groß-)Eltern noch einen anderen kennen. Dann kann man beide lernen und spielen.

Text und Zeichnungen aus: S. Stöcklin-Meyer: „Eins, Zwei, Drei – Ritsche, Ratsche, Rei", Kösel-Verlag München 2004

Deutsch lernen mit Rhythmus

Halt! Stopp! 23a

Was geht voraus? Im täglichen Unterrichtsgeschehen kehren ständig Anweisungen, Hinweise, Bitten wieder – zwischen dem Lehrer und den Schülern, aber auch unter den Schülern. Man hört sie oft, aber in Texten, Dialogen, Hefteinträgen tauchen sie selten auf.

Zwanzig ganz einfache sind hier versammelt. Ihre Anordnung birgt rhythmisch, aber auch inhaltlich eine Steigerung bis zur Schlusspointe. Als Vorübung kann man den Text *Komm her! Geh raus!* [siehe S. 107] verwenden.

Zur Schreibweise Nur für den Lehrer ist die ganzseitige Partitur [siehe S. 106] gedacht. Für die 1. Gruppe sind die Notenhälse nach oben, für die 2. Gruppe nach unten geschrieben. (Man beachte den unregelmäßigen Wechsel im Refrain!) Für die Schüler ist der eingerahmte Text auf S. 105 gedacht.

Zu den Instrumenten Der Guiro wird in Deutschland auch als „Gurke" bezeichnet. Er ist ursprünglich ein eingekerbter Flaschenkürbis, oft als bunter Fisch gestaltet und angemalt. Über die Kerben wird ein Holzstab gestrichen. – Für das Zweiklang-Instrument (z. B. Cowbell, Bongo, Holzblocktrommel oder zwei verschiedene Glasflaschen) stehen die nach unten geschriebenen Notenhälse für den tieferen Ton, die nach oben geschriebenen für den höheren.

Zur Dauer und zur Spielform Es empfiehlt sich eine Aufteilung auf zwei Schulstunden.

In der ersten Stunde beschränkt man sich auf die vier Anweisungen der 1. Strophe, jeweils von einer passenden Geste begleitet. Die Gestik wird künftig jedes Mal in gleicher Weise mitgespielt! Der Refrain führt zu einem ersten Abschluss.

Die zweite Stunde kann mit dem Erlernen der Instrumentalgruppe beginnen. Dann spricht man die schon bekannte erste Strophe dazu und lernt die beiden anderen im Anschluss.

Nach der sicheren phonetischen Aneignung kann man die Anweisungen als Wortkarten paarweise an der Tafel befestigen, um die Reihenfolge nicht durcheinander zu bringen.

In leistungsfähigen Gruppen ist auch eine Realisierung denkbar, wie sie der Film zeigt: Die Strophen 1–3 werden in einem Zug durchdeklamiert und der Refrain erklingt nur einmal, dafür um so effektreicher, als Schlusspointe.

Vorschlag zur Vermittlung des Sprechstückes
- Der Lehrer (*L*) führt das erste Paar von Anweisungen – mit den zugehörigen Gesten – normal sprechend ein. Die Zeile wird mehrfach gesprochen, bis die Schüler – auch gestisch! – mit einsetzen. Die konträren Befehle sind Absicht und sollen belustigend verstanden werden. Als Kontrastpaare haben sie ihre eigene Logik.
- *L* bittet die Schüler aufzustehen und verfällt mit denselben Worten in eine rhythmisierende Sprechweise, was nur eine kleine Veränderung bedeuten dürfte. Die Körper wiegen unwillkürlich mit. Die rhythmische Reihung [vgl. S. 54] wird bewusst „ausgekostet".
- *L* sagt laut: HALT! und spricht leise weiter in die Pause: *da da dia da* und wieder laut: STOPP!, danach leise: *ssst pa-tam!* (*ssst* = Achtelpause, *pa-tam* = Hand- und Schenkelklatsch)

Nach einer Idee von Catherine Lacroix, Lyon.

23b — Halt! Stopp!

- *L* wiederholt den Halt-Stopp-Refrain auf diese Weise, vielleicht sogar mit ulkiger Überzeichnung der onomatopoetischen (klangmalerischen), leisen Effekte in den Sprechpausen.
- Das machen die Schüler nach. So bereiten wir schon die spätere Rhythmusbegleitung vor.
- Wir setzen die erste Zeile mit diesem *HALT! STOPP!* zusammen.
- *L* unterteilt in zwei sich gegenüberstehende Gruppen. Gruppe 1 besorgt sich je zwei Stifte. (Ess-Stäbchen aus Plastik eignen sich gut dafür. Ihr Klang ist heller.)
- *L* übt mit Gruppe 1: *HALT!* (leise mit den Bleistiften klappern, Akzent beim 3. Schlag)
- *L* übt mit Gruppe 2: *STOPP!* (*ssst*) — *pa-tam* (*pa* = Handklatsch, *tam* = Schenkelklatsch)
- Übung, mehrfach: Gruppe 1 gibt vor, Gruppe 2 antwortet.
- Zusammensetzung:
  Teil 1 der 1. Strophe mit *HALT! STOPP!*
  Teil 2 der 1. Strophe mit *HALT! STOPP!*
- Der Schluss-Refrain *Gib mir mal …* wird eingeübt: Man soll ihn szenisch auffassen und entsprechend spielen, dabei auf die Betonung achten und rhythmisch ganz exakt im Sprechtempo bleiben.
- Die erste Strophe mit Refrain bis *… oh nein! Schluss!* im Zusammenhang üben.

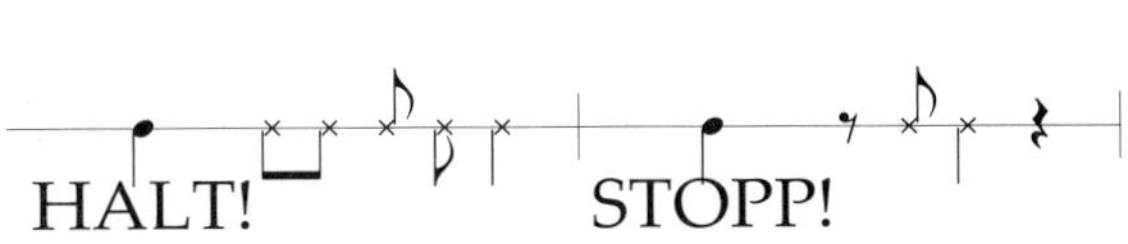

	A	B
(2 x)	Setz dich!	Steh auf!
	HALT!	STOPP!
(2 x)	Sei leise!	Sprich lauter!
	HALT!	STOPP!

Refrain:

A	B
Gib mir mal den Kuli!	Bitte schön.
Danke schön.	
Gib mir mal den Pulli!	Bitte schön.
Danke schön.	
Gib mir einen Kuss!	Oh nein! SCHLUSS!

	A	B
(2 x)	Guck mal!	Hör zu!
	HALT!	STOPP!
(2 x)	Mach langsam!	Mach schneller!
	HALT!	STOPP!

Refrain

	A	B
(2 x)	Tür auf!	Tür zu!
	HALT!	STOPP!
(2 x)	Komm her!	Bleib da!

Refrain

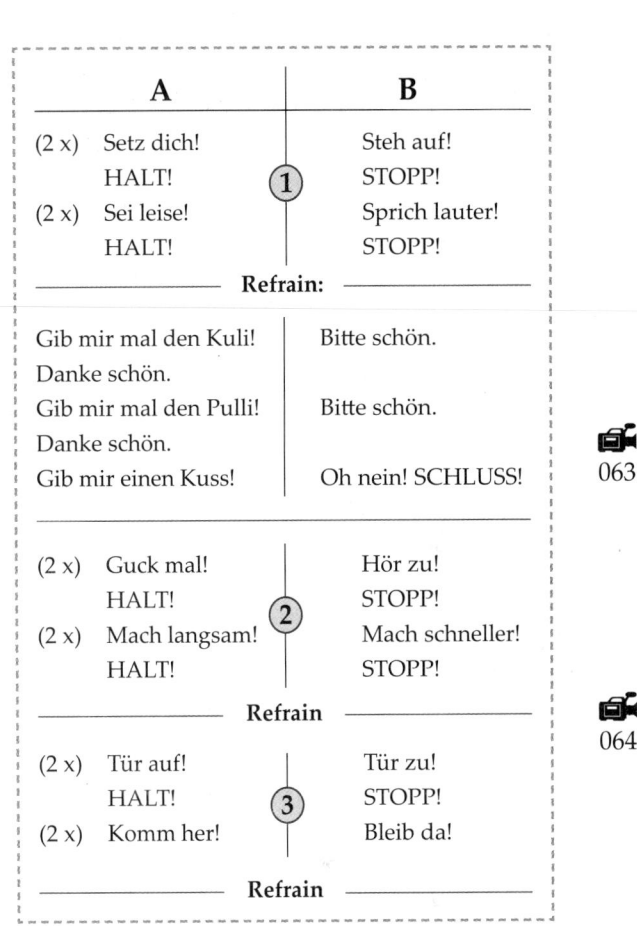

Aufbau der Instrumental-Gruppe

Prinzip: Keine Stufe weitergehen, bevor die vorige Zeile nicht sicher ist.

a) *L* klatscht ganz gleichmäßig (Schüler machen allmählich mit.)
b) Schüler klatschen allein weiter. (Nicht schneller werden!) *L* spricht leise in die Pausen *ssst*.
c) Schüler und Lehrer klatschen abwechselnd. Nicht schneller werden!
d) Übung c) von den zwei Schülergruppen realisieren lassen; *L* spricht, wenn das gut klappt, leise die Strophe 1 dazu. Er lobt, wenn sie sich nicht aus dem Rhythmus bringen lassen.
e) *L* spielt den Guiro zum *Klatsch* der 2. Gruppe mit und gibt ihn bald an einen musikalischen Schüler ab.
f) *L* spielt das Zweiklang-Instrument dazu und gibt es dann auch an einen Schüler ab.
g) Beide Sprechergruppen realisieren den Kuli-Pulli-Refrain zu den beiden Instrumenten.
h) Beide Sprechergruppen realisieren die Strophe(n) zur ständig spielenden Instrumentalgruppe.

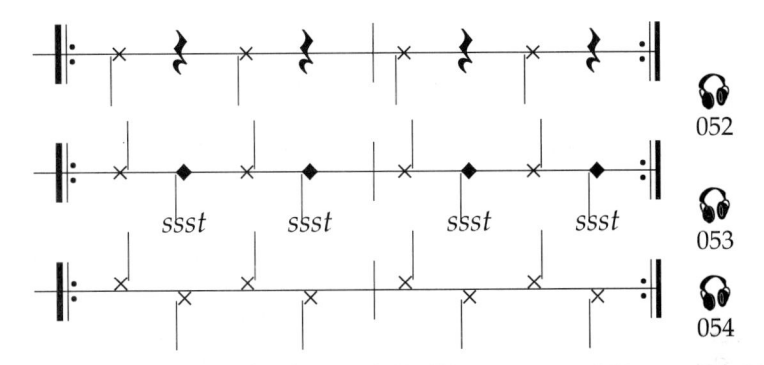

Deutsch lernen mit Rhythmus

Halt! Stopp!

23c

Cowbells / alternativ / Guiro

1. Steh auf! Steh auf!
2. Hör zu! Hör zu!
3. Tür zu! Tür zu!

1. Setz dich! Setz dich!
2. Guck mal! Guck mal!
3. Tür auf! Tür auf!

Stopp!

Sprich lauter! Sprich lauter!
Mach schneller! Mach schneller!
Bleib da! Bleib da!

Sei leise! Sei leise!
Mach langsam! Mach langsam!
Komm her! Komm her!

Stopp!

Halt!

Refrain

Gib mir mal den Kuli!

Bitte schön. Gib mir mal den Pulli.

Danke schön.

Danke schön.

Bitte schön. Gib mir einen Kuss!

Oh nein! Schluss!

106 Deutsch lernen mit Rhythmus

24 Komm her! Geh raus!

Echo-Sprechen, rhythmisch

- Der Lehrer (*L*) kündigt an, dass die Klasse ihm das Folgende in Tonfall und Gesten genau nachmachen soll.
- Er bittet die Schüler (*S*) aufzustehen.
- *L* spielt den ersten Befehl situationsgerecht vor, *S* imitieren ihn.
- *L* spielt den zweiten Befehl mit klarer Geste vor, *S* imitieren ihn.
- Beide Zeilen werden wiederholt. Dann folgt – mit einer passenden Geste – der Befehl STOPP, von den *S* ebenfalls imitiert.
- In derselben Weise werden die anderen Zeilen ausgeführt.
- Es ist darauf zu achten, dass die *S* das Vor- und Nachsprechen strikt einhalten, also nicht schon mit *L* sprechen. Das ist eine Sache der Konzentration.
- Es ist ebenfalls darauf zu achten, dass sich gleich ein rhythmisches Sprechen einstellt, Sprechpausen also respektiert werden. Die Gruppe soll ein Gefühl für synchrones Sprechen und Agieren entwickeln und schätzen lernen.
- Als Steigerungsform wird anschließend eine geeignete Schlagzeug-Begleitung vom Tonband oder von einem Synthesizer eingespielt (Vierertakt, passend zum Sprechtempo).
- Nach zwei Takten Einleitung beginnt das Echo-Sprechen und wird ohne Unterbrechung bis zum Ende durchgezogen.
- Besonders effektvoll ist es, wenn am Ende von *L* und *S* ein gemeinsames drittes kräftiges *SCHLUSS!* ertönt und die Musik zugleich endet.

Spielform und Vertiefung

- Die 18 Befehle werden auf Wortkarten verdeckt an die *S* ausgeteilt.
- Auf die Frage *Lena, was hast du?* führt Lena die zu ihrer Wortkarte passende Geste vor allen aus. *S* raten, welche Anweisung auf ihrer Wortkarte steht. Lena fragt den nächsten *S*: *Was hast du?*

Komm her!   Komm her!
Geh raus!   Geh raus!

——— STOPP! ———

Guck mal!   Guck mal!
Hör mal!   Hör mal!

——— STOPP! ———

Setz dich!   Setz dich!
Steh auf!   Steh auf!

——— STOPP! ———

Augen zu!   Augen zu!
Augen auf!   Augen auf!

——— STOPP! ———

Sei leise!   Sei leise!
Sprich lauter!   Sprich lauter!

——— STOPP! ———

Langsam!   Langsam!
Mach schneller!   Mach schneller!

——— STOPP! ———

Tür auf!   Tür auf!
Tür zu!   Tür zu!

——— STOPP! ———

Gib mir mal …!   Gib mir mal …!
Danke!   Danke!

——— SCHLUSS! ———

Sprechstück *Komm her! Geh raus!*: nach Catherine Lacroix, Lyon

Ich wollt′, ich wär′ ein Huhn   25a

🎧 055

Hinweise zur Phonetik
- zweimal Vokalneueinsatz bei *Ich wollt,|ich wär|ein Huhn!*
- [h]-Laut und Dehnungs-h in *Huhn*
- vier lange Vokale in *tun* und *legte jeden Tag*
- Vokalneueinsatz bei *Tag|ein|Ei* und *samstags|auch*
- Kontrastpaar kurzer/langer Vokal <i> in *nicht viel* [nɪçt ˈfiːl]

> Ich wollt′, ich wär′ ein Huhn!
> Ich hätt′ nicht viel zu tun:
> Ich legte jeden Tag ein Ei,
> und samstags auch mal zwei.
>
> Ich wollt′, ich wär′ ein Huhn!
> Ich hätt′ nicht viel zu tun:
> Ich legte jeden Tag ein Ei,
> und sonntags – – – hätt′ ich frei!

Was geht voraus?

Diese Scherzverse sind im deutschen Sprachraum in verschiedenen Versionen so bekannt, dass sie Eingang in die Welt des Cartoons gefunden haben. Der Originaltext von Hans Fritz Beckmann stammt aus einem Foxtrott in dem Ufa-Film „Glückskinder" (1936). Der Text soll hier weniger dazu dienen den Konjunktiv zu lernen als vielmehr z. B. im Rahmen des Themas *Wochentage* oder *Tiernamen* bzw. *Tierlaute* etwas Lustiges zu bieten. An vielen Orten wird es sinnvoll sein, mit den Schülern (in der Muttersprache) in dem Zusammenhang auch über das Leben auf dem Hühnerhof zu sprechen, über Nutztierhaltung früher und heute, über artgerechte Tierhaltung, über Legebatterien und über gut und schlecht schmeckende Eier.

Spielform

Zunächst wird die Refrainzeile auf der Tischplatte mit den Fingern beziehungsweise den Fingernägeln realisiert. Es folgt die erste Strophe, zunächst vom Lehrer gesprochen. An den mit *pick pick* markierten Stellen picken alle Sprecher (synchron!) wieder mit einem Fingernagel auf den Tisch. Dem Gongschlag (das Ei wird gelegt!) folgt das Hühnergackern der Gruppe, dem zweifachen Gongschlag ebenso. Es folgt wieder eine Refrainzeile, und die zweite Strophe schließt sich an. Man beachte die kleine Sprechpause nach der Stelle *und sonntags* ❋ ! Das Hühnergackern wird am Schluss verschönt vom Ruf des Hahns.

Denkbar wäre als Abschluss eine weitere Refrainzeile, zu der ein Teil der Schüler behagliches Gackern produziert. Alles wird leiser und leiser, bis es verstummt (fading).
Begabte Schüler übernehmen bald die Solorolle.

Cartoon: Peter Gaymann © www.cartoon-agentur.de

25b Ich wollt´, ich wär´ ein Huhn

Zur Syntax Die Form *Ich wollte, ich wäre …* nehmen wir einfach so hin. In der Muttersprache kann erläutert werden, dass es sich um Wunschdenken handelt.

Zur Lexik
jeden Tag etwas tun	⇨ an jedem Tag etwas tun
samstags, sonntags usw.	⇨ jeden Samstag, jeden Sonntag
viel zu tun haben	⇨ ich habe viel zu tun
frei haben	⇨ ich habe frei

das Huhn, der Hahn (beim Schlussruf), ein Ei legen

Refrain

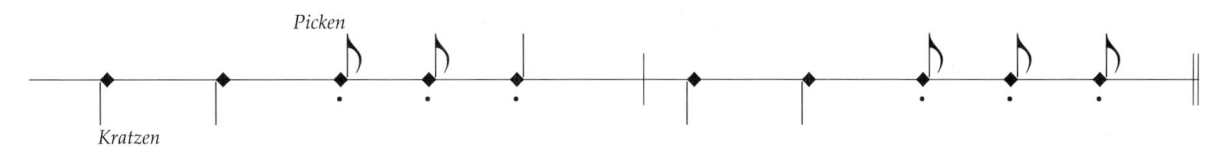

Picken

Kratzen

Ich wollt', ich wär' ein Huhn. (pick pick) Ich hätt' nicht viel zu tun. (pick pick) Ich

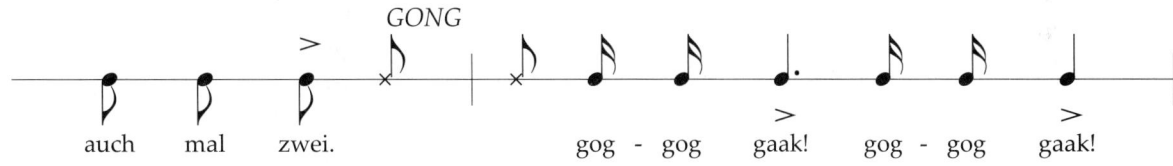

legte jeden Tag ein Ei, gog-gog gaak! gog-gog gaak! und samstags

auch mal zwei. gog-gog gaak! gog-gog gaak!

Refrain wiederholen

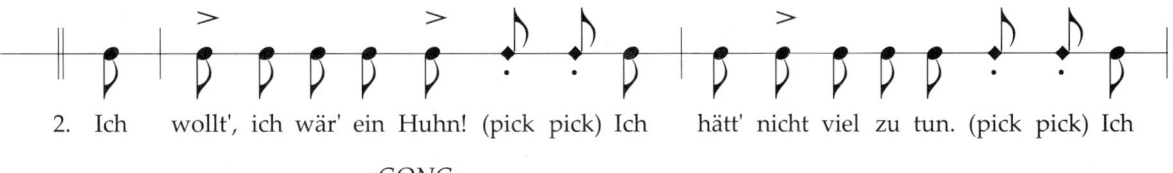

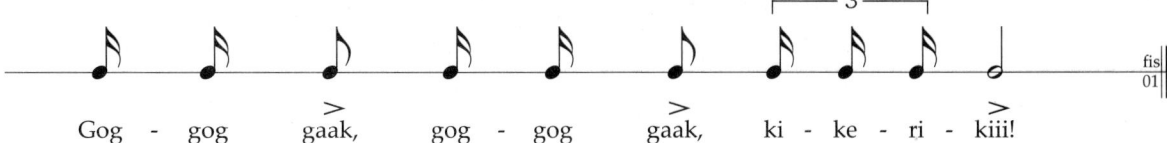

2. Ich wollt', ich wär' ein Huhn! (pick pick) Ich hätt' nicht viel zu tun. (pick pick) Ich

legte jeden Tag ein Ei gog-gog gaak! gog-gog gaak! und sonntags - hätt' ich frei!

Gog - gog gaak, gog - gog gaak, ki - ke - ri - kiii!

Deutsch lernen mit Rhythmus

Januar, Februar, März, April 26a

Was geht voraus? Die Wochentage [vgl. *Donnerstag, der 7. August*, S. 75; *Sonntag, Montag, Dienstag*, S. 95], die Zahlen bis 30 – auch als Ordnungszahlen – und die Monatsnamen sind gelernt. Motivierende Sprechanlässe findet man in den Geburtsdaten bzw. -monaten der Schüler. Bildkarten mit Abbildungen für die verschiedenen Monate können in der Gruppe verteilt werden. Wer den Januar hat, sagt: *Ich bin der Januar. Wo ist der Februar?* Wer *Hier!* ruft, bekommt einen Ball zugeworfen und fragt entsprechend weiter.

Oder der Lehrer beginnt: *Ich bin im Oktober geboren. Wo ist der Oktober?* Wer *Hier!* ruft, bekommt einen Ball zugeworfen und fragt entsprechend weiter.

Die unterschiedliche Bedeutung von Au**g**ust und **Au**gust ist thematisiert worden.

Der Jahrkreis mit seinen zwölf Monaten lässt sich sprachlich rhythmisieren. Dabei erhalten die zwei Monatsnamen mit dem herausfallenden Sprechakzent (Ap**ril** und Au**gust**) eine besondere Funktion, die dem Sprechstück – diesmal in Form eines Kanons – seine besondere Note verleiht.

🎧 056 **Vorschlag zur Vermittlung des Sprechstückes**

- Der Lehrer spricht die ersten und die zweiten vier Monate im Walzerrhythmus (mit leichter Betonung jeweils auf dem ersten Schlag) und markiert den Wortakzent von *April* und *August* (Zeichen ✶) mit einem Effektinstrument, z. B. Gong, Triangel, Vibra-Slap, Schlag auf Metallstab vom Metallofon, Fahrradklingel.

- Er gibt das Effektinstrument einem Schüler, und die Gruppe wiederholt die Zeilen mit ihm (nicht zu langsam, sondern: Wiener Walzer!). Man darf sicher sein, dass viele Schüler das Instrument spielen wollen, und dafür sind auch alle bereit, die Worte entsprechend oft zu wiederholen.
  Das Synchron-Sprechen wird optimiert, bevor es weitergeht.

- Der Lehrer zieht ein zweites Effektinstrument hervor und lässt es erklingen. Viele Hände recken sich, um es spielen zu dürfen. Bevor es soweit ist, bildet der Lehrer zwei Gruppen und bittet sie aufzustehen. Beide Gruppen schauen sich an. Ein Schüler der Gruppe I erhält das erste Instrument, ein Schüler der Gruppe II erhält das zweite.

- Gruppe I spricht nach dem Kommando *Achtung – Fertig – Los!* die ersten vier Monatsnamen, Gruppe II antwortet im Takt mit ihren vier Namen. Die Instrumente werden getauscht und es wird wiederholt, auch schneller, laut/leise, Jungen/Mädchen, solo/tutti.

- Die letzten vier Monatsnamen werden gemeinsam normal gesprochen, fast etwas „leiernd", doch mit hörbarem Wortakzent: Sep**tem**ber, Ok**to**ber, No**vem**ber, De**zem**ber.
  Angefügt wird: **Das** ist ein **gan**- zes **J a h r.** ✶ (Pause)
  Bei dem Wort *ganzes* kann man die Dehnung des eigentlich kurzen <a> durch eine Bogengeste für den Jahrkreis plausibel machen.
  Mit vertauschten Rollen kann man alles wiederholen.

Hinweise zur Phonetik
▸ Diese vier Monatsnamen enden alle auf ein vokalisiertes <r>: [zɛp'tɛmbɐ].

110 Deutsch lernen mit Rhythmus

26b Januar, Februar, März, April

Kanon

- Dasselbe lässt sich im Kanon durchführen: Gruppe I beginnt den ganzen Text zu sprechen – mit dem Effektinstrument an den vorgesehenen Stellen. Wenn sie die 3. Zeile beginnt, fängt Gruppe II mit demselben Text von vorne an – mit ihrem Effektinstrument an den vorgesehenen Stellen. Die Verwirrung ist zunächst groß. Doch wenn man den Gruppen sagt, dass sie so leise sprechen sollen, dass sie die andere Gruppe hören, geht es gleich viel besser.

- Vorschlag für die Beendigung des Kanons: Nach zwei Durchgängen der Gruppe II bricht man ab. Wenn alles richtig klappt, muss das Effektinstrument der Gruppe I mit dem Wort *August* als letztes allein erklingen, nämlich in der Schlusspause von Gruppe II.

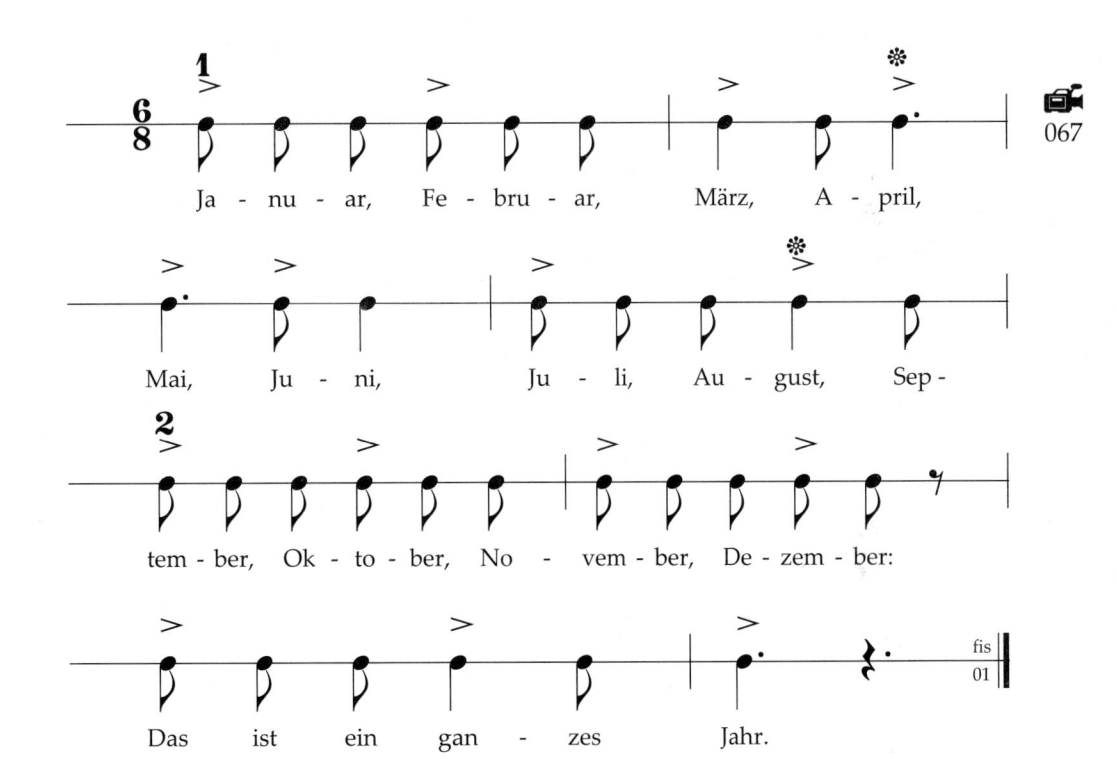

Ja - nu - ar, Fe - bru - ar, März, A - pril,
Mai, Ju - ni, Ju - li, Au - gust, Sep -
tem - ber, Ok - to - ber, No - vem - ber, De - zem - ber:
Das ist ein gan - zes Jahr.

Deutsch lernen mit Rhythmus

Male mir ein Haus 27a

PIEPS und QUATSCH heißen die beiden Handpuppen aus dem Videokurs „Anna, Schmidt & Oskar" (Langenscheidt-Verlag). Sie begegnen uns dort zum ersten Mal in der zweiten Folge mit dem Thema „Das Haus, die Wohnung". Sie sind lustig und sorgen für Heiterkeit.

Was geht voraus? Wenn der Film eingesetzt werden kann, halten wir ihn am Ende der Szene an, wo den beiden im Streit die Zeichnung zerreißt.

Das folgende Sprechstück beruht auf der genannten Filmszene.[1] Es kann aber auch ohne deren Kenntnis eingesetzt und gespielt werden.

Vorschlag zur Vermittlung des Sprechstückes
- Der Lehrer nimmt A4-Abbildungen von PIEPS und QUATSCH, auf Karton geklebt, auf Stäbe gesteckt, vielleicht sogar koloriert und mit Plastikfolie überklebt, und stellt die beiden der Klasse vor, am besten in einem kurzen Marionetten-Dialog.
- PIEPS holt die Teile des Bastelblattes „Mein Haus" hervor und zeigt sie QUATSCH, eins nach dem anderen. Es entwickelt sich folgender Dialog, unauffällig, aber bewusst im notierten Sprechrhythmus:

['kuk]	Guck mal, die Wand.	Super! Die Wand!
	Guck mal, das Dach.	Super! Das Dach!
	Guck mal, das Fenster.	Super! Das Fenster!
	Guck mal, die Tür.	Super! Die Tür!

Für die Wiederholung reicht der Lehrer den QUATSCH in die Klasse, und sie antwortet – ganz rhythmisch – im Chor. Der Ausruf *Super!* wird bei der nächsten Wiederholung ersetzt durch *Klasse!*, dann durch *Wahnsinn!*, dann durch *Au ja, toll!* Einzelne Schüler übernehmen auch die Rolle von PIEPS.

PIEPS sagt selbstzufrieden:	Mein Haus ist **fer**tig.
QUATSCH widerspricht:	**Mein** Haus!
PIEPS insistiert:	**Mein** Haus!
Beide ahmen das Geräusch	
von zerreißendem Papier nach:	**fffft** *(Das ist Phonetik!)*
Beide klagen kleinlaut:	Ohhh! Mein **Haus** ist ka**putt**!

Dieser Ablauf wird mehrfach wiederholt: mit Rollentausch der Gruppen, Einzelne, Jungen/Mädchen, langsam/schnell, im Stehen. Dabei sollen der klare rhythmische Ablauf und die Sprechakzente optimiert werden. Schließlich setzt man beide Teile zusammen.

Man beachte dabei den schnellen Wechsel bei:

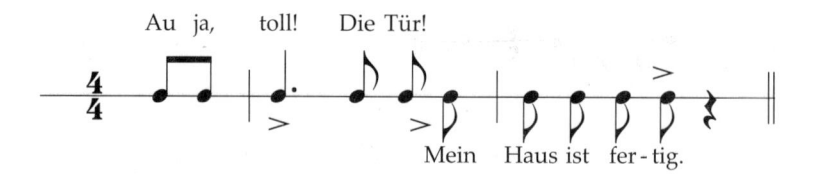

[1] Aus lizenzrechtlichen Gründen konnte kein Originalausschnitt auf die CD übernommen werden.

27b — Male mir ein Haus

- Der Anfang des Dialogs wird eingeübt. Der schnelle Wechsel bei *Hallo, QUATSCH! – Weißt du was?* will geübt sein. Die Sprechpausen – im Textblatt mit ✳ markiert – sollen durch Gestik gefüllt werden, damit sie natürlich wirken.
- Wenn die Verbindung mit dem schon gelernten Dialogende klappt, fügt man die drei „Hammerschläge" hinzu [siehe S. 114]: Die ganze Klasse klopft dazu leise (!) und wie *ein* Spieler den vorgeschlagenen Rhythmus auf den Tisch. Nach vier Takten spricht der Lehrer den ganzen Text dazu. Dann übernimmt ein taktsicherer Schüler mit einem geeigneten Instrument das Hämmern, und die Klasse spricht den Dialog dazu.

Quatsch: Hal-lo Pieps! ✳ Weißt du was? Ma-le mir ein Haus.

Pieps: ✳ Hal-lo, Quatsch! ✳ Ein Haus? ✳ Gut, ein Haus. ✳ Guck mal, die Wand.

Su-per! Die Wand! ✳ Klas-se! Das Dach!

✳ Guck mal. Das Dach. ✳ Guck mal. Das Fens-ter.

Wahn-sinn! Das Fens-ter! ✳ Au ja, toll! Die Tür!

✳ Guck mal, die Tür. ✳ Mein Haus ist fer-tig. Mein Haus! Fffft! Ohhh! Mein Haus ist ka-putt!

Mein Haus! ✳ Fffft! ✳ Ohhh! Mein Haus ist ka-putt!

(kleinlaut, klagend)

fis / 96

Deutsch lernen mit Rhythmus

Male mir ein Haus 27c

Bei chorischem Sprechen mit zwei Gruppen kann man zum Beispiel mit woodblocks (Holzblocktrommel) begleiten. Die Begleitfigur wird bis zum Ende ständig wiederholt und endet mit dem Wort *kaputt*.

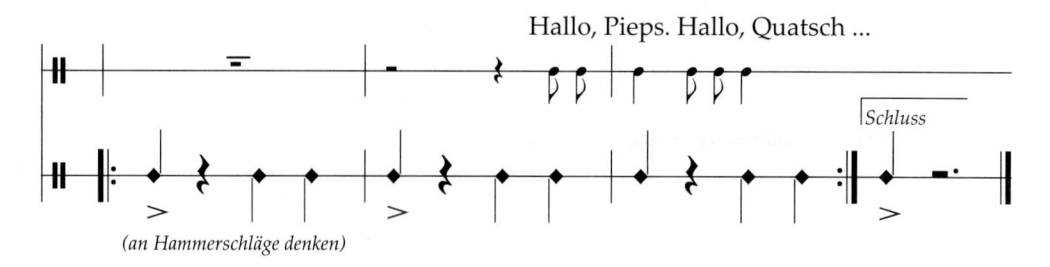

(an Hammerschläge denken)

Weitere Hinweise
1. Es wird empfohlen, das Lernen dieses Sprechstückes auf zwei Stunden zu verteilen.
2. Zwischen der dritten und vierten Phase kann man die Hausteile im Heft zeichnen und beschriften.
3. Wenn zwei Schüler das Stück alleine sprechen/spielen, fügen sie dabei die Teile des Hauses auf dem Tisch zusammen.

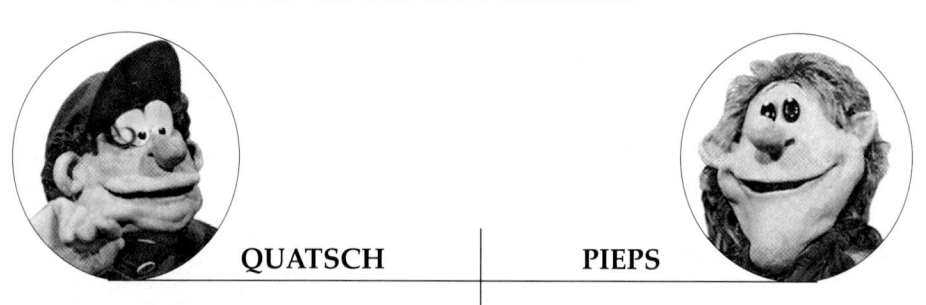

QUATSCH	PIEPS
Hallo, Pieps! Weißt du was? ✱ Male mir ein Haus.	Hallo, Quatsch! Ein Haus? ✱ ✱ Gut, ein Haus. Guck mal: die Wand.
Super! Die Wand!	Guck mal: das Dach.
Klasse! Das Dach!	Guck mal: das Fenster.
Wahnsinn! Das Fenster!	Guck mal: die Tür.
Au ja, toll! Die Tür!	Mein Haus ist fertig.
Mein Haus!	**Mein** Haus!

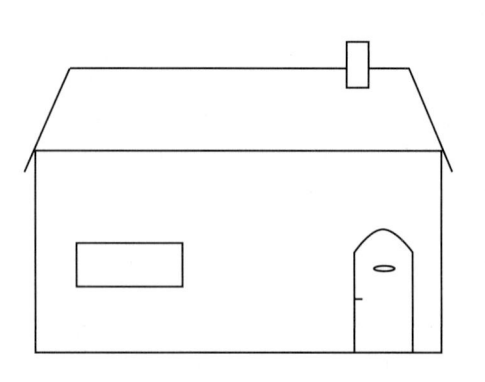

(ffffft)
Oh! Mein Haus ist kaputt!

28 Meine Mi-, meine Ma-, meine Mutter

**Meine Mi-, meine Ma-,
meine Mutter schickt mich her,
ob der Ki-, ob der Ka-,
ob der Kuchen fertig wär'.
Wenn er ni-, wenn er na-,
wenn er noch nicht fertig wär',
käm' ich mi-, käm' ich ma-,
käm' ich morgen wieder her!**

Hinweise zur Phonetik

- In spielerischer Form finden sich hier einige Phoneme als versteckte Einzelübung zur Vokalfärbung: mi – ma – mu/ki – ka – ku, ni – na – no/mi – ma – mo
- Der Wechsel zwischen den betont kurz artikulierten Vokalen der einen Zeilen und der fließenden Intonation der anderen bietet ein ungewöhnliches Hör- und Sprecherlebnis.
- Zwei verschiedene rhythmische Muster alternieren regelmäßig.

058

Spielformen

Intonation und Rhythmus
Die rhythmisch-musikalischen Einheiten laufen in einem regelmäßigen metrischen Schema ab (Marschtempo). Deshalb kann man die Schüler in der Lernphase beim Sprechen ruhig leise auf dem Tisch oder den Oberschenkeln mitklopfen lassen. In den Spielformen wird versucht, das Sprachspielerische in Körpersprache umzusetzen.

Version 1: in der Gruppe, für draußen geeignet

- In einer Marschkolonne (einzeln, zu zweit, zu viert hintereinander, im Kreis oder alle in einer breiten Front) stellt sich die Gruppe auf.
  Sie beginnt im Gleichschritt zu marschieren, wobei die Arme hin und her schwingen. Der rechte Fuß (*re*) fängt an. Erst beim vierten Schritt auf links (*li*) setzt der Text ein. Immer auf den Silben mit dem Zeichen ✻ (*Mi-, Ma-* usw.) halten alle starr den Schritt an. Auch die Arme erstarren dabei in der Luft. Der übrige Text wird normal durchmarschiert. (Die letzte Zeile der Textgrafik kann zunächst oder immer weggelassen werden.)
- Das Marschieren und Sprechen lässt sich in verschiedenen „Stilarten" und Tempi realisieren: der Wanderer, der alte Opa, das Baby, die Soldaten, Pinocchio, die Tänzer, die Gymnastikgruppe.

```
         Mei-ne Mi-, mei-ne Ma-, mei-ne Mutter schickt mich her.
re  li  re    li    re*      li*       re    li       re

         ob der Ki-, ob der Ka-, ob der Kuchen fer-tig wär'.
         li    re*    li*       re      li       re

         Wenn er ni-, wenn er na-, wenn er noch nicht fer-tig wär',
         li      re*       li*         re      li          re

         käm' ich mi-, käm' ich ma-, käm' ich mor-gen wie-der her.
         li       re*       li*       re       li         re

         – – – Danke schön, auf Wiederseh'n. Gu-ten Appe-tit!
         li    re      li    re          li    re      li  re
```
(laut neben den linken Fuß stellen)

070

Version 2: mit Einzelsprechern

- Die Gruppe bildet einen Kreis. Ein Schüler spricht innen im Kreis den Reim. Bei den Silben *Mi-, Ma-, Mutter* usw. „zählt er seine Mitschüler ab": An der Stelle *mi-, ma-, morgen wieder her* ist er bei dem 10., 11., 12. Schüler angekommen. Dieser letzte ist nun „der Bäcker" und antwortet ihm – schön im Rhythmus – mit der Schlusszeile aus der Textgrafik: *Danke schön. Auf Wiederseh'n. Guten Appetit!*
- Als Nächstes ist „der Bäcker" dran. Er fängt bei seinem rechten Nachbarn mit dem Abzählen an.
- Auch bei dieser Form sind verschiedene „Stilarten" denkbar: fröhlich, aufgeregt, schüchtern, lahm, stotternd, zerstreut, flüsternd … Die Gestik wird sich entsprechend ändern.

Meine Lieblingsfarbe 29a

Was geht voraus? Farben üben auf alle Menschen – und auf Kinder besonders – eine starke, individuell sehr unterschiedliche Wirkung aus, die oft bis ins Mystische hineinreicht. Allgegenwärtig ist eine Farbsymbolik, die in verschiedenen Kulturen nicht nur verschieden „aussieht", sondern auch unterschiedlich „klingt".

Die Farbigkeit der Dinge ist in unserem betont visuell bestimmten Alltag eine wichtige Eigenschaft. Kinder spielen gern und ausdauernd das Spiel *Ich sehe was, was du nicht siehst und das ist (folgt eine Farbe)*.

Zu Recht taucht im Anfangsunterricht also bald das Thema „Farben" auf. Kinder malen gern. Sie möchten eigene Malstifte haben. Sie haben Lieblingsfarben. Wenn ihnen eine fehlt, leihen sie sie untereinander aus – oder auch nicht!

Im Farbkanon sollten bunt, silber und gold(-farben) nicht fehlen. Das Sprichwort *Reden ist Silber, Schweigen ist Gold* [vgl. S. 121] ließe sich in dem Zusammenhang thematisieren.

Vorschlag zur Vermittlung des Sprechstückes

- L geht aus von der Dialogstruktur *Gib mir mal dein Rot/Grün/Schwarz ... – Bitte schön. – Danke schön.* und lässt die Schüler reihum mit der passenden Gestik mehrmals spielen.

- L lässt sich von einem Schüler um sein *Blau* bitten, antwortet ihm allerdings: *Mein Blau??? Das möcht' ich dir nicht geben!* – mit entsprechender Mimik und Gestik.

- L bildet zwei Gruppen, die sich gegenüberstehen. Mit der entsprechenden gestischen Untermalung sprechen sie sich an:
(*bittend*) Gib mir mal dein **Blau**. (*abwehrend*) **Mein Blau???**
Dasselbe geschieht gleich auch mit getauschten Rollen.

- Der folgende Satz wird – wenn er sich als zu schwer oder zu lang erweist – in rhythmischer Reihung [vgl. S. 54] und mit guter Intonation vom Ende her aufgebaut:

    nicht **ge**ben
    dir nicht **ge**ben
    das **möcht'** ich

    (*mit „Anlauf"*) Das **möcht'** ich – das **möcht'** ich – das möcht' ich dir nicht **ge**ben.

- Zu diesem Satz kommt eine ablehnende Gestik.

- Zur erstaunten Gegenfrage *Warum nicht?* kann man beim Sprechakzent beide Arme in die Hüften stemmen und ihn damit spürbar und plausibel machen.

- Die Antwort *Blau ist meine Lieblingsfarbe ...* kommt sichtbar geziert und verlegen.

- Bei *Oh, Mann!* drücken wir unser ganzes Unverständnis dadurch aus, dass wir beim langen *oh* beide Arme langsam hochziehen und bei *Mann!* mit den Händen eine wegwerfende Bewegung machen. (Übrigens: *Oh, Frau!* sagt man nicht. Thematisieren?)

- *Ja, gerne.* klingt ganz locker, harmlos, als ob nichts gewesen wäre. Gestik?

    (Möglich und genauso richtig wäre auch die zweisilbige Antwort *Ja, gern*. Das ist Geschmackssache bzw. eine musikalische Frage.)

29b Meine Lieblingsfarbe

Zur Instrumentalbegleitung

Das *Bleistiftbündel* (oder ein Bündel Ess-Stäbchen oder Maracas) spielt – leicht und federnd in die Hand geschlagen – zunächst zwei Takte voraus. Der Guiro kommt zwei Takte lang dazu: Entweder auf den 1. und 3. Schlag (wie notiert), oder auf den 2. und 4. Schlag (off-beat). Dann folgt der Dialog. Die Instrumente spielen bis zum Schluss mit und enden mit drei kurzen Schlägen *cha cha cha*.

Meine Lieblingsfarbe

Gruppe 1	Gruppe 2
Gib mir mal dein Blau.	Mein Blau??
	Das möcht´ ich dir nicht geben.
Warum nicht?	Blau ist meine Lieblingsfarbe …
Oooh, Mann!	
Dann gib mir eben Lila.	Ja, gerne.

(Die Überschrift lässt sich bunt oder in der Lieblingsfarbe des Schülers ausmalen.)

Hinweise zur Phonetik
- Kurze Vokale in *gib, möcht´, ich, nicht, ist, Mann, dann*
- Lange Vokale in *mal, geben, **Lieblings**-, ooh, eben, **Lila***
- Vokalisiertes <r> in *mir, dir*
- Fallende Melodie z. B. im 1. Satz, steigende Melodie im 2. Satz, auf- und absteigender Melodiebogen in *Blau ist meine Lieblingsfarbe.*

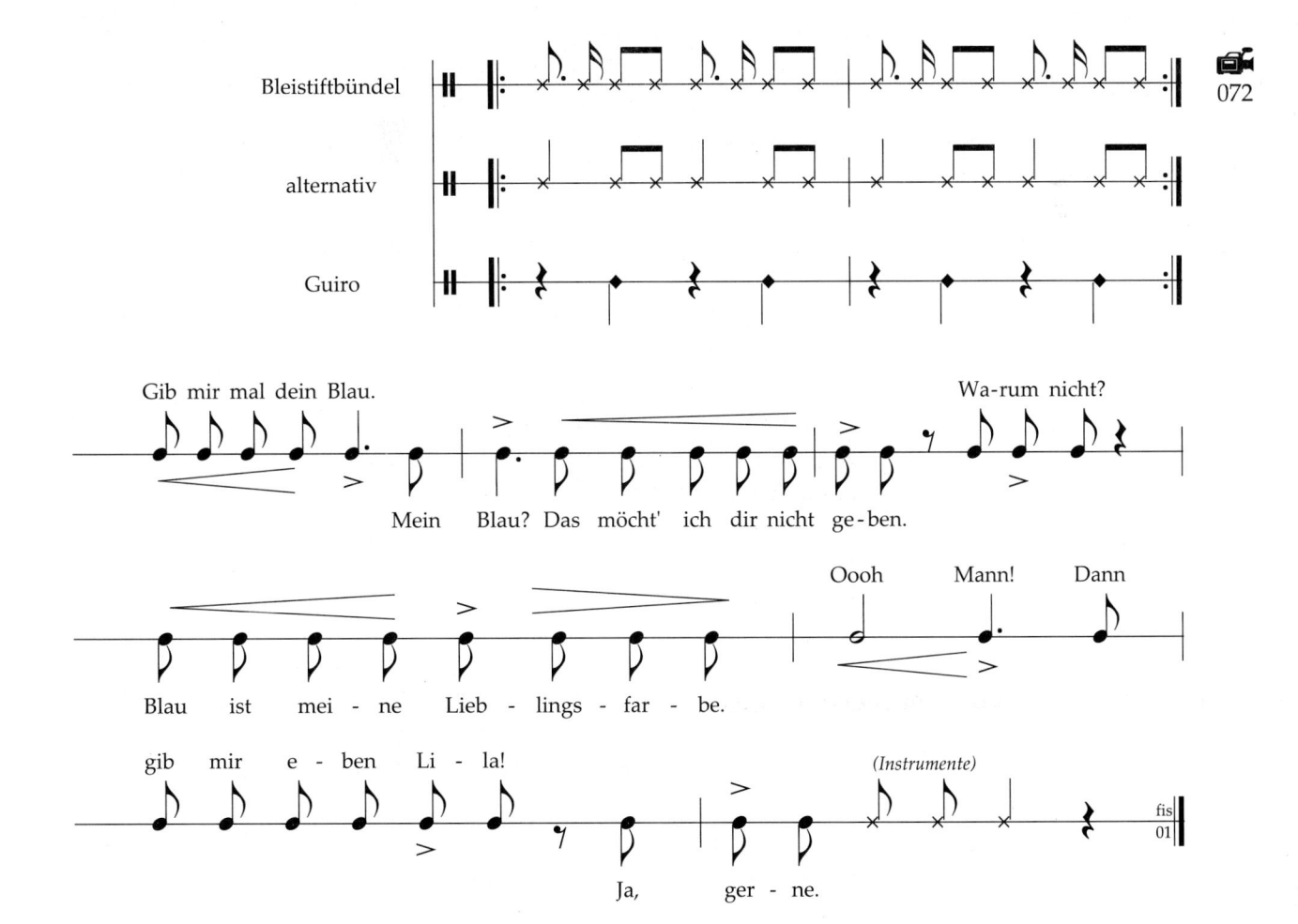

059

072

Deutsch lernen mit Rhythmus

Mozart und Napoleon   30a

Was geht voraus? 073	Den Comic kann man zunächst traditionell als Dialog spielen lassen. Man kann ihn aber auch als Hilfsmittel zur Einführung der Lexik und zur Umschreibung der Situation einsetzen. Die Sprechblasen können leer angeboten und zum Schluss nach eigenen Ideen gefüllt werden. Gut vorstellbar ist ebenso die Präsentation der Handlung durch den Lehrer als Einmannstück mit wechselnden Rollen. Sein schauspielerisches Beispiel (Gestik!) wird die Schüler ermuntern, es ihm gleich zu tun.	
Zum Instrument	Das Stück verliert nicht allzu viel an Reiz, wenn man auf das dazu gedachte Metallofon verzichtet und stattdessen nur pfeift. Aber man unterschätze nicht den Reiz, den ein Instrument auf die Schüler ausübt. Das gilt besonders für Orte, wo sie im Unterricht sonst selten oder gar nicht eingesetzt werden.	
Zur Dauer	Man benötigt eine Schulstunde, wenn der Inhalt des Comic vorher bekannt ist. Im anderen Fall kommt man mit zwei Stunden aus, wobei noch Zeit übrig bleiben dürfte für eine Wiederholung aus der Vorstunde, für das Ausfüllen der Sprechblasen und für das Ausmalen.	

Abb. aus: Fahr mit 1, Ed. Nathan, Paris, S. 13

30b — Mozart und Napoleon

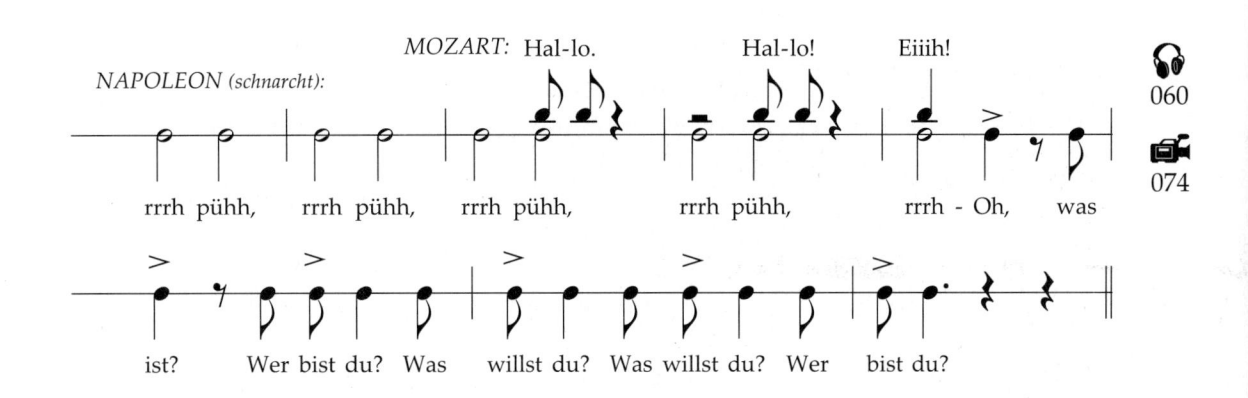

NAPOLEON (schnarcht): rrrh pühh, rrrh pühh, rrrh pühh, rrrh pühh, rrrh –
MOZART: Hal-lo. Hal-lo! Eiiih!
Oh, was ist? Wer bist du? Was willst du? Was willst du? Wer bist du?

MOZART (pfeifen oder auf einem Instrument)
(sagt) Ich bin Mozart,
(singt) Ich bin Mozart. Du, und du, und du und wer bist du?

NAPOLEON (nimmt "Haltung" an und singt)
(1 2 3) *leise zählen*
Na, dann bin ich Kaiser Napoleon, le jour de gloire est arrivé! *(stampfen)*

Na-po-le-on! Mo-zart! Na-po-le-on! Mo-zart! Al-les klar! *(schnips)* Al-les klar!

Vorschlag zur Vermittlung des Sprechstückes

- Der Lehrer fordert auf: *Alle schnarchen!* Er wartet ab, bis sich ein gemeinsamer Schnarchrhythmus eingestellt hat. Am besten schnarcht er zunächst mit. Dabei lanciert er das gewünschte Tempo, das sich aus der Zeile: *Wer bist du? Was willst du?* ergibt.

- Der Lehrer weckt die Schläfer mit *Hallo! Eiiih!* [ɛiː] und spielt sogleich die Antwort mit: *Oh, was ist?* Gestik und Aussprache dürfen leicht forciert werden.

- Lehrer und Schüler wiederholen eine rhythmische Reihung [vgl. S. 54] dieser Überraschungsfrage des Langschläfers. Dazu wird man die passende Gestik suchen, suggerieren, bestätigen.

Deutsch lernen mit Rhythmus

Mozart und Napoleon 30c

Hinweise zur Phonetik
- *Was* mit stimmhaftem Frikativ [v] und mit stimmlosem Frikativ [s]: [vas]
- Vokalneuansatz und Schluss-[t] bei *Was|ist?*
- vokalisiertes <r>, kurzes <i> und assimiliertes <d> in *Wer bist du?* [veɐ̯'bɪstuː]
- zweimal stimmhafter Frikativ <w> und assimiliertes <d> in *Was willst du?* [vas'vɪlstuː]

- Der Lehrer lobt das Ergebnis und wiederholt alles bis dahin: Eine Hälfte schnarcht, die andere weckt die „Schläfer". Und umgekehrt.
- Der Lehrer lobt wieder das Ergebnis und fügt mit leicht forcierter Aussprache gleich zweimal an: *Wer bist du? Was willst du? – Wer bist du? Was willst du?*
  Die rhythmische Reihung **A / B / A / B** stellt sich von selber ein.
- Spielerische Variante als Dialog: *Wer bist du? – Was willst du?*
  Jungen ⇔ Mädchen; Schüler ⇔ Lehrer (und umgekehrt)
  (Übungszweck ist immer und in erster Linie die Optimierung der Aussprache.)
- *L* spricht die Reihung nun vor, wie im Sprechstück vorgesehen:
  A B / B A. Visuelle Hilfe: Den Daumen zeigen, dann den Zeigefinger und umgekehrt. – Die Schüler fallen mit ein. Wenn es funktioniert, kann man noch „drive" dazugeben und in die Sprechpausen hinein schnipsen.
- *L* lobt: *Sehr gut!* und stellt ein (Alt-)Metallofon auf. (Die nicht benötigten Stäbe D/re, E/mi, A/la, H/si können vorher entnommen werden; Filzschlägel benutzen.) Er spielt die ersten zwei Takte der „Kleinen Nachtmusik" von Mozart vor, die Gruppe pfeift wiederholt mit. *L* bestimmt einen musikalischen Schüler für das Instrument. Dieser spielt sich zu der pfeifenden Mozart-Gruppe ein. Dazu beginnt *L* die Zeile *Ich bin Mozart* zu sprechen und wiederholt sie mit einer „Mozart"-Gruppe. Die passende Gestik wird hinzugefügt (Mozart war Geiger und Klavierspieler). Wenn diese etwas schwierige Stelle nicht gelingt, setzt das Instrument in der Sprechzeile aus. Die Singzeile *Du, und du ...* erfolgt aber unisono mit dem Instrument. *L* ermuntert die Schüler, sich den Schwerpunkt der Singzeile für den Schlusston aufzuheben: *Wer bist* **DU**?
- *L* lobt wieder: *Sehr gut!* und wiederholt alles bis dahin.
- Für den musikalisch richtigen Anschluss des NAPOLEON-Teiles nimmt *L* noch einmal auf: *... und du, und wer bist du?*, zählt anschließend flüsternd und sichtbar mit den Fingern *1, 2, 3* und spricht rhythmisch pointiert vor: *Na, dann bin ich Kaiser Napoleon*. Dasselbe übt er mit den Schülern zwei- bis dreimal.
- *L* spielt auf dem Metallofon die 1. Zeile der „Marseillaise" vor, dann spielt und singt er mit den Schülern auf diese Melodie den deutschen Text. Der Rest wird ohne Instrument auf Französisch oder auf die Silben „lala" weitergesungen. Der Schüler übernimmt wieder das Instrumental-Spiel. Die Geste „NAPOLEON" wird hinzugefügt: linker Arm hinter den Rücken, zwei Finger der rechten Hand zwischen die (imaginären?) Hemdknöpfe stecken.
- Wiederholung von vorne bis dahin.
- Der Lehrer führt – mit Gestik – zu Ende vor:
  |: *Mozart! – Napoleon!* :| (*schnips*) *Alles klar!*
- Die Gesamtaufführung kann man nach Belieben auch mit szenischen Elementen bereichern: liegen, dazukommen, aufschrecken, schlendern, sich aufrappeln, marschieren, Schlusspose „Mozart" und Schlusspose „Kaiser Napoleon".

31 Reden ist Silber, Schweigen ist Gold

Sprichwort

Der Sinn des Sprichwortes muss mit Schülern der Primarstufe erst erschlossen werden. Sie haben keine Mühe damit, Beispiele zu finden, wo klar wird, dass Reden wichtig, vielleicht sogar lebenswichtig ist. Sie werden aber nicht so schnell welche finden, wo es offenbar wird, dass Schweigen manchmal besser ist als Reden.

061

Gold und Silber

Die Farben gehören zu den Standardthemen im Anfangsunterricht. Aber bezieht man die Farben Silber und Gold auch ein? Dabei sind sie so etwas Besonderes! Sie wecken eine Menge Assoziationen: *Silberschmuck, Familiensilber, silbergraues Haar, silbrig schimmernder Mond, der Silbersee ... – Goldschmuck, goldblondes Haar, goldrichtig, er hat Gold in der Kehle, du bist goldig ...*

Gold ist die Grundlage vieler Währungen. Es ist gleichbedeutend mit Reichtum, Glanz, Fülle und Gediegenheit. Viele Leute lieben es, Grüße und Glückwünsche mit Silber- oder Goldbronzestift zu schreiben oder zu verzieren. Silber hat zwar viel Wert, steht aber hinter dem des Goldes in unserer Kultur zurück.

Spielform

Wenn die Zusammenhänge und die Bedeutung des Sprichwortes erschlossen worden sind, kann man es in folgender Spielform anschaulich machen:

Eine Hälfte der Gruppe spricht laut, kräftig und selbstbewusst den Satz *Reden ist Silber*. Einer aus der Gruppe begleitet ihn mit einem Triangel-Triller (innen gegen zwei Seiten schlagen). Der Triangel hat eine silbrige Farbe.

Die andere Hälfte der Gruppe antwortet, in Mimik und Gestik nachdenklicher, wissend und etwas belehrend, mit dem Satz: *Schweigen ist Gold*. Einer aus der Gruppe schlägt genau auf das Wort GOLD einen Gongschlag: dolce! Der Gong (Zymbel) hat eine goldene Farbe. Es folgt eine Wiederholung des Ganzen.

Beim dritten Mal antwortet die GOLD-Gruppe nicht mehr laut, sondern sie artikuliert ihren Satz stumm. Der Gongschlag ertönt zum unhörbaren Wort GOLD und verhallt.

(forte)

Reden ist Silber,

(piano, dolce)

Schweigen ist Gold.

Die Kästchen unter den Silben sind im Heft der Schüler zum Markieren der Sprechakzente gedacht.

Wenn die Spezialstifte zur Verfügung stehen, kann man die betonten Silben als Silber- und Goldpunkte malen. Dafür reicht je ein Stift, der in der Klasse wandert.

Reden ist Silber,

Schweigen ist Gold.

Hinweise zur Phonetik
- reduzierte Schluss-Silbe in *reden*
- vokalisiertes <r> in *Silber* [ˈreːdn̩ ɪst ˈzɪlbɐ]
- die Schluss-Silbe von *schweigen* wird zu einem Ang-Laut
- Auslautverhärtung in *Gold* [ˈreːdn̩ ɪst ˈɡɔlt]

Deutsch lernen mit Rhythmus

Punkt, Punkt, Komma, Strich

32a

🎧 **Ein Malvers**
062

> Punkt, Punkt, Komma, Strich:
> Fertig ist das Mondgesicht.
> Und zwei Ohren, eine Zunge:
> Fertig ist der freche Junge.

1. Stunde

Hinweise zur Phonetik

- *Punkt*
  behauchtes <p>, kurzes, ungespanntes <u>, Ang-Laut und behauchtes <t> [ˈpʰʊŋtʰ]; die Artikulation des Schluss-[t] wird erleichtert, wenn man es „aus der Hand pickt"
- *fertig* [ˈfɛrtɪç] (die Aussprache [ˈfɛrtɪk] gilt auch als korrekt)

🎧 063

- *Mondgesicht*
  langes [oː], Auslautverhärtung <d> zu [t], stimmhaftes <s> [z], Ich-Laut und behauchtes Schluss-[t] [ˈmoːntɡəzɪçtʰ]

Zeilen 1 und 2

Ich male vor den Augen der Gruppe an die Tafel und spreche dazu die ersten zwei Zeilen. Nach ein bis zwei Wiederholungen halte ich jemandem die Kreide hin und fordere ihn gestisch auf, auch einen „bonhomme" zu malen. Ich wiederhole den Text, während der Schüler malt. Er reicht die Kreide an jemanden weiter, bis die Tafel voll ist. Zu Abwandlungen der Zeichnung muss man vielleicht erst einladen. Vorsichtiges Mitsprechen der Schüler stellt sich allmählich von selbst ein.

Ich male beim Sprechen mit dem Finger auf eine Tischplatte zwei Punkte und ein Komma, aber ich wische beim Wort *Strich* mit der offenen Hand oder der Faust kräftig über die Platte. Wir **hören** das Wischen bei *Strich* (Lautmalerei!). Wir ahmen den Laut [ç] von *Strich* nach. Wir führen das Wischen und die Lautnachahmung gleichzeitig aus. Wir sprechen gemeinsam und malen dazu auf die Tischplatte: *Punkt, Punkt, Komma, Strich* (*Wisch*). Es kommt Spaß auf. Wir steigern das Tempo und die Lautstärke. Wir können es!

Ich lasse mir zwei Bleistifte geben oder ziehe zwei Ess-Stäbchen hervor und klappere folgenden Rhythmus zur zweiten Zeile:

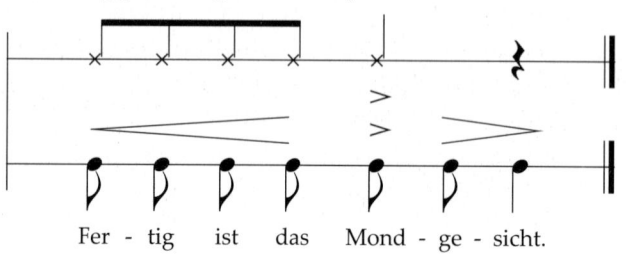

Fer - tig ist das Mond - ge - sicht.

Der Begleitrhythmus endet absichtlich mit der ersten Worthälfte, um den Satzakzent auf dem melodischen Höhepunkt zu betonen. Die Schluss-Silben klingen ganz unbetont aus.

Der Ich-Laut wurde schon geübt. In der Verbindung -*gesicht* ist er erneut schwer. Wir holen sozusagen Schwung auf der Silbe -*ge*-, summen das stimmhafte „s"[z] und sausen über das „i" durch das [ç] bis zum hörbaren Schluss-[t]. Nach einigen Wiederholungen in der Gruppe und auch einzeln (Lob nicht vergessen!) setzen wir noch den *Mond* davor: Mit den Händen zaubern wir einen Vollmond vor unser geistiges Auge.

Eine halbe Gruppe versieht sich mit Bleistiften, und wir gehen zum Dialog über:

A	B
(malend und wischend)	*(klappernd)*
Punkt, Punkt, Komma, Strich:	Fertig ist das Mondgesicht.

Wir tauschen die Gruppen; wir können den Reim auch laut/leise durchführen, oder hoch/tief oder langsam/schnell oder wütend/freundlich.

32b Punkt, Punkt, Komma, Strich

2. Stunde

Auswertung des Malverses

Ich male wie in der ersten Stunde an die Tafel. Die Schüler sprechen spontan mit, staunen und lachen aber, wenn ich die Zeichnung ergänze. Den Haarschopf zeichne ich im Sprechrhythmus der letzten Zeile. Ich wiederhole die neuen Zeilen, wobei ich meine Ohren und meine Zunge zupfe bzw. herausstrecke und mit gespreizten Händen die Punker-Frisur markiere.

Die Schüler machen zunächst die Gestik, zunehmend die Sprache gerne nach. Als Schlusspointe füge ich den Zeilen noch den Ruf *Punkt!* an. Und da die Rede ist von einem *frechen Jungen*, darf man am Schluss auch die Zunge herausstrecken, wie wir es gemalt haben.

064

Hefteintrag: Die Schüler fertigen eine eigene derartige Zeichnung an. Die Ermunterung zu fantasievoller Gestaltung und Übertreibung lassen sie sich nicht zweimal sagen. Wer als Lehrer eine Erziehung mit allen Sinnen anstrebt, wird auf diesen Teil nicht verzichten. – Ob auch der Text dazu geschrieben wird, hängt von der Situation ab.

Bastelarbeit in Gruppen, als mögliche Erweiterung: Je vier Schüler zeichnen zwei Ohren, eine lange Zunge und eine Punkerfrisur, malen sie bunt an und schneiden sie aus. Dann halten sie sich die Teile gegenseitig reihum an den Kopf. Ein Foto davon im Heft ist eine lustige Erinnerung.

3. Stunde

Erweiterungsvorschläge in Richtung Musik und Tanz

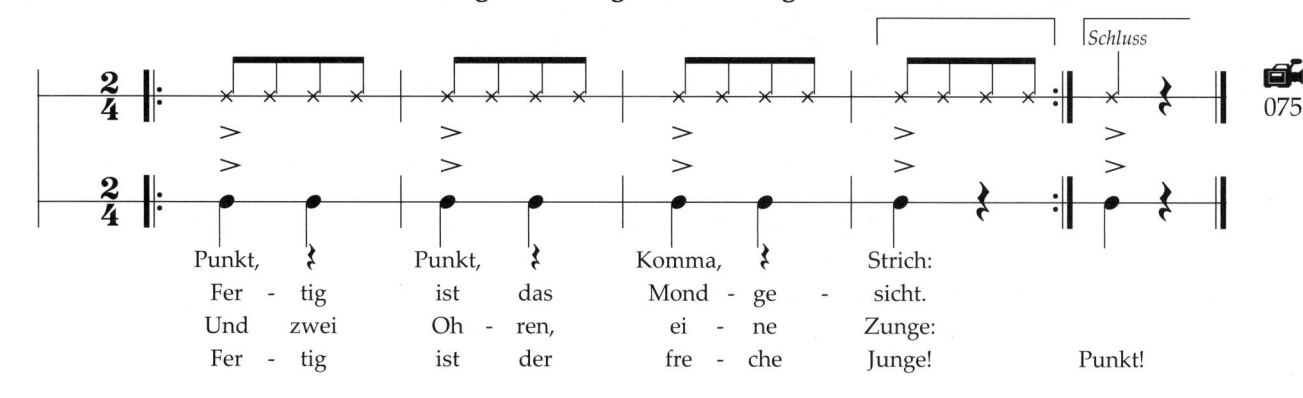

075

Punkt,	Punkt,	Komma,	Strich:	
Fer - tig	ist das	Mond - ge -	sicht.	
Und zwei	Oh - ren,	ei - ne	Zunge:	
Fer - tig	ist der	fre - che	Junge!	Punkt!

A) Sprechstück (mit rhythmischer Begleitung)

Ich spiele 4x4 Achtel auf Maracas voraus, dann kommt die Gruppe mit dem Text dazu. Maracas endet auf dem letzten *PUNKT!*, abschließend machen alle *BÄÄÄH!* (das Maracas-Tempo orientiert sich am erreichbaren Sprechtempo).

Deutsch lernen mit Rhythmus 123

Punkt, Punkt, Komma, Strich 32c

Der Rhythmus von Zunge/Junge: ♪ ♩ / ♪ ♩
Man soll kein /g/ hören, sondern einen Ang-Laut: ['tsʊŋə/'jʊŋə].[1]

Zwei, höchstens drei Schüler üben eine der folgenden Begleitformen. Man kann sich mit ihnen natürlich auch leichtere oder schwierigere Formen ausdenken.

076

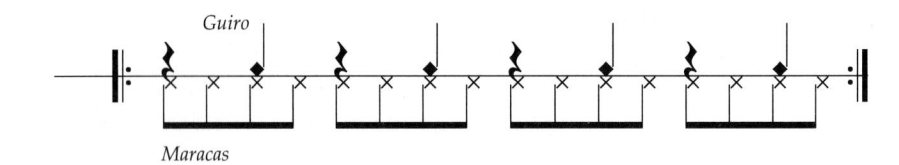

alternativ:

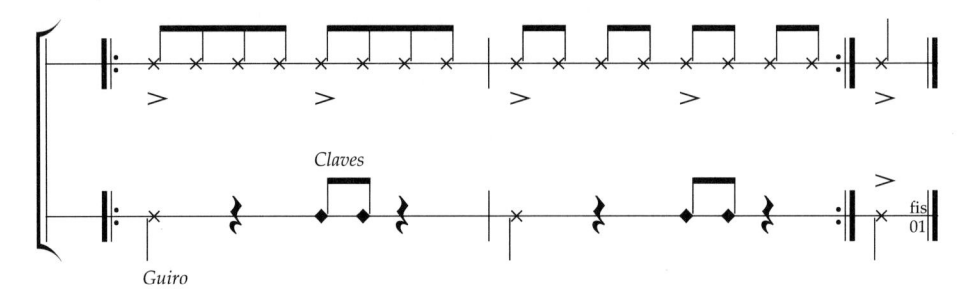

Spielform: 4 mal 4 Achtel Maracas voraus, dazu 4 mal 4 Achtel Guiro (evtl. 4 mal 4 Achtel Claves) dazu Sprechgruppe im Rhythmus

B) Tanzform (im Raum verteilt)

077

Hinweise zur Phonetik
- *Ohren* ['o:rən]
- bei *Zunge* ['tsʊŋə] und *Junge* ['jʊŋə] hört man im Ang-Laut kein [g]

Punkt, Punkt,	*Hüpfer nach rechts, Hüpfer nach links*
Komma, Strich:	*mit einem/beiden Armen zeichnen*
Fertig ist das Mondgesicht.	*Mondform groß in die Luft zeichnen*
Und zwei Ohren,	*hampeln und die Ohren zupfen*
eine Zunge:	*gestisch: die Zunge herausziehen*
Fertig ist der freche Junge.	*gespreizte Finger wedeln auf dem Kopf*
Punkt! BÄÄÄH!	*Zunge herausstrecken*

---

[1] In den Videobeispielen werden die zwei Wörter noch mit zwei gleichlangen Silben gesprochen. Das führt kaum vermeidbar dazu, dass leider noch ein [g] hörbar wird. Wird die betonte Erstsilbe jedoch kurz gesprochen, ergibt sich die Reduzierung der zweiten von selbst [vgl. *Hörbeispiele*].

Wortsalat

Wortsalat

(Du nimmst 6 Wörter:
Holz, Kunst, Harz, Tisch, Lack, Glanz.
Du wirfst sie in einen Topf und
rührst sie immer wieder von neuem
kräftig durcheinander.)

Holzkunstharztischlackglanz
Kunstharztischlackglanzholz
Harztischlackglanzholzkunst
Tischlackglanzholzkunstharz
Lackglanzholzkunstharztisch
Glanzholzkunstharztischlack

(Seltsamerweise kann man sich
immer etwas vorstellen.)

Hans Manz

Komposita

In diesem Beispiel erleben wir ein faszinierendes doppeltes Spiel mit Sprache: Der Dichter Hans Manz mixt sechs verschiedene Nomen in sechs Kombinationen zu langen Komposita – eine Spezialität der deutschen Sprache –, die einen immer neuen Sinn ergeben. Und die Sprecher experimentieren mit den sich daraus ergebenden rhythmischen Möglichkeiten.

Die Videoaufzeichnung stammt aus „experiment sprechen: akzente setzen (Sabine Schaller-Kassian). Eine Sprechperformance anlässlich der Preisverleihung ‚Landeslehrpreis 1999' in der Pädagogischen Hochschule Freiburg/Br. am 10. Juni 1999."

Texte für ähnliche derartige Sprechkunst finden sich in der Sammlung „anspiel. Konkrete Poesie" (Krusche/Krechel), Goethe-Institut München 1999; 107 Seiten + 24 Textfolien + Hörkassette im Ringhefter.

Der Text *Wortsalat* stammt aus: Hans Manz „Die Welt der Wörter", 1991, Verlag Beltz & Gelberg in der Verlagsgruppe Beltz, Weinheim und Basel

Quark macht stark   34a

Hinweise zur Phonetik
065
- *Quark* [kvark] (nicht [kuark])
- vokalisiertes <r> in *Butter* ['butɐ] und *Futter* ['futɐ]

> **Quark macht stark!**
> **Aber Quark alleine**
> **macht krumme Beine.**
> **Quark mit Brot und Butter:**
> **Das ist das richtige Futter!**

Was geht voraus?
007

Das Sprechstück und Dialogspiel *Das Frühstück* [vgl. S. 66] oder ein anderes Essthema lässt sich mit diesem Sprechstück abrunden. Dabei kann man das tatsächliche Probieren von Erdbeermarmelade auf Brot mit Quark zum interkulturellen Erlebnis werden lassen. Die Schlusszeile wird umso überzeugender gesprochen und gespielt.

Ernährungsphysiologisch sollte man den Satz *Aber Quark alleine macht krumme Beine.* nicht auf die Goldwaage legen. Quark enthält je nach Sorte außer ca. 80 % Wasser immerhin 18 % Eiweiß, 0,5 % Fett, 3 % Kohlehydrate, Mineralstoffe und geringe Mengen Vitamine.

Aber Quark alleine ... das wäre eine zu einseitige Ernährung.

Vorschlag zur Vermittlung des Sprechstückes

- In Anspielung auf die erlebte oder angekündigte Kostprobe von Quark mit Brot, Butter und Marmelade spricht *L* die ersten zwei Zeilen protzig vor (Wiederholung der ersten nicht übersehen!). Er begleitet sich selbst dazu auf der Handtrommel. Nach ein oder zwei Wiederholungen mit allen Schülern, die dazu aufstehen, gibt er die Trommel an einen Schüler ab, der die nächste Wiederholung begleitet.

- *L* fährt fort und „belehrt" die Klasse: *Aber Quark alleine – macht krumme Beine!* Er mimt das Resultat und wiederholt den Satz, mimisch und rhythmisch wie notiert. Die Schüler fallen bei der nächsten Wiederholung mit ein. [vgl. *Rhythmische Reihung*, S. 54]

- *L* bildet zwei Gruppen. *Gruppe I* bildet er aus den Zurückhaltenderen, weil das gruppendynamisch interessanter ist. (Die Rolle formt bzw. verändert den Sprecher!) Dann folgt eine Wiederholung im Dialog: *Gruppe I* deklamiert großsprecherisch, *Gruppe II* dagegen belehrend.

- *L* führt die Belehrung aus der Sicht der *Gruppe II* fort: *Quark mit Brot und Butter: Das ist das richtige Futter!* (Bei einer gesunden Ernährung dürfen Kohlenhydrate, Mineralstoffe, Vitamine und Fett nicht fehlen. Beim Brot denkt man in Deutschland zunächst nicht an Weißbrot!) Der Ausdruck „Futter" in diesem Zusammenhang muss erklärt werden als derb umgangssprachlich, aber als Reimwort unverzichtbar und gewollt.

- *L* skandiert nun die Doppelzeile, wie nach der Heimkehr von einem langen Marsch. Dabei gewöhnt er die Klasse gleich an die richtige Intonation. Genießerisch wird angefügt: *... und dann noch Marmelade!* (schönes Schluss-ə !). Dem Satz *Das schmeckt gut!* geht – genau in der Pause – eine Feinschmeckergeste voraus.
Die Pausen in der 3. Zeile der Grafik sollen mit Rufen des Unwillens, der Überraschung, der Verwirrung, des Begreifens gefüllt werden. Auf der Hörkassette ertönt dazu u. a.: *Hä?? Wieso? Du spinnst! Stimmt das? Genau!* In gemeinsamer Arbeit findet man die passende Gestik dazu und auch für den übrigen Text spricht man sich ab, wie das ganze Sprechstück „mit Hand und Fuß" gespielt werden soll.

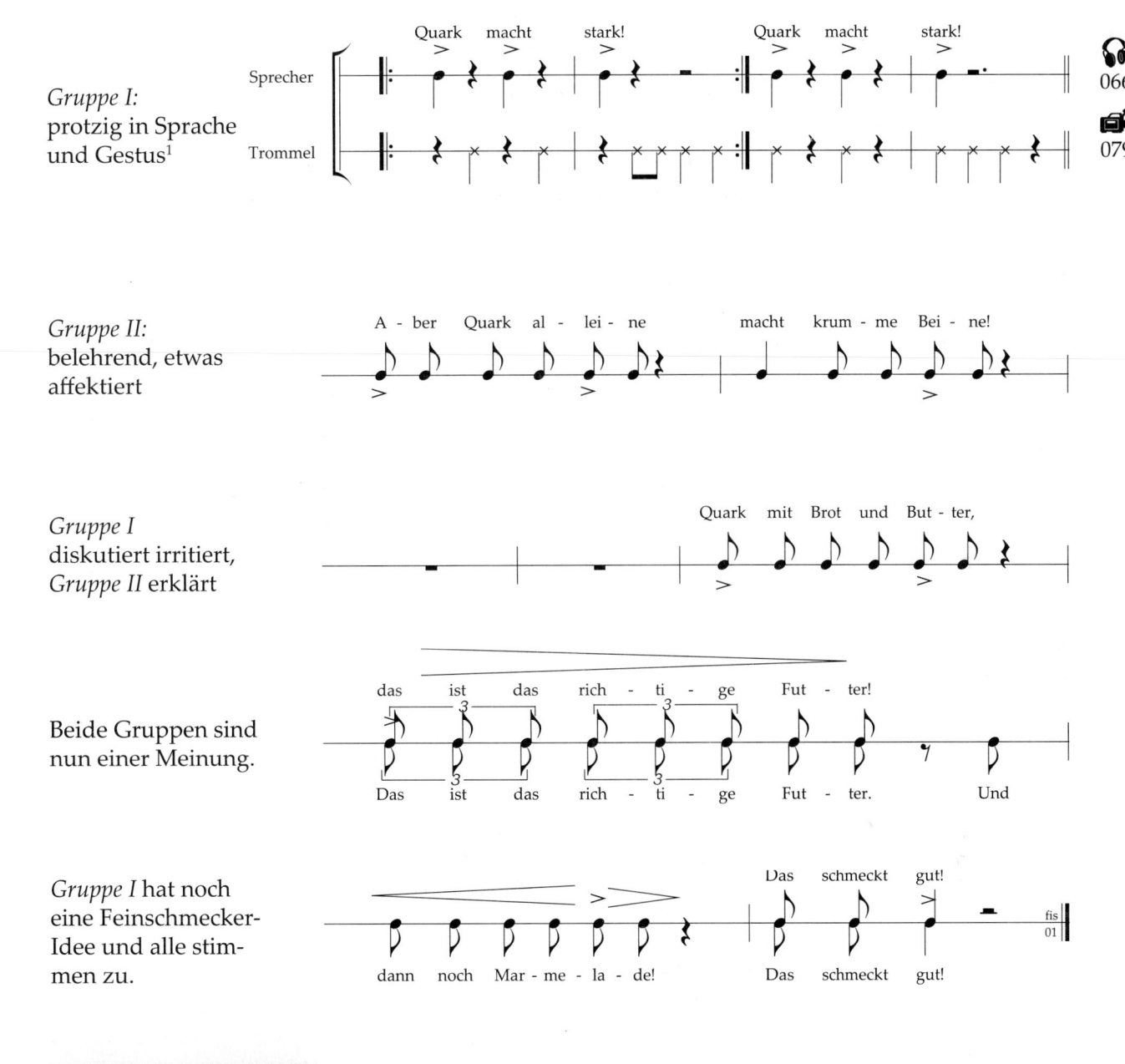

34b Quark macht stark

Gruppe I: protzig in Sprache und Gestus[1]

Sprecher: Quark macht stark! Quark macht stark!

Trommel

Gruppe II: belehrend, etwas affektiert

A-ber Quark al-lei-ne macht krum-me Bei-ne!

Gruppe I diskutiert irritiert, *Gruppe II* erklärt

Quark mit Brot und But-ter,

Beide Gruppen sind nun einer Meinung.

das ist das rich-ti-ge Fut-ter!
Das ist das rich-ti-ge Fut-ter. Und

Gruppe I hat noch eine Feinschmecker-Idee und alle stimmen zu.

dann noch Mar-me-la-de! Das schmeckt gut!
Das schmeckt gut!

> Quark macht stark!
> Aber Quark alleine
> macht krumme Beine.
> Quark mit Brot und Butter:
> Das ist das richtige Futter!
> Und dann …

---

[1] *Gruppe I* ballt zunächst die Faust einer Hand und umfasst mit der anderen Hand prahlerisch den Oberarmmuskel (Bizeps). Im Film haben viele Jungen das nicht richtig verstanden. Sie zeigen (leider) eine andere, aggressivere Geste.

Deutsch lernen mit Rhythmus

Telefon-RAP 35a

🎧 067   Das Wort RAP stammt aus dem Amerikanischen und meint Rapid Speech (Schnell-Sprechen). Ein RAP ist ursprünglich ein schneller Straßentanz mit kreativen Einlagen zu rascher Musik und möglichst schnell gesprochenen Sätzen, Satzteilen, Wortfetzen, Silben.

Was geht voraus? Ein oder zwei einfache Telefonspiele sollten vorausgegangen sein. Die Null muss bekannt sein und die Aussprache *zwo* statt *zwei*. (Man sagt *zwo* statt *zwei*, wenn eine Verwechslung mit *drei* unbedingt vermieden werden soll.)

Zur Schreibweise Das **Sprechstück** besteht aus dem Rhythmusmuster der Instrumentalgruppe, aus der Textstrophe und drei Versionen von Tanzstrophen. Die im Kasten vorgeschlagene Spielform ist ein möglicher Ablauf, wie er sich z. B. für eine Vorführung einstudieren ließe. Im Unterricht mag sie schlichter ausfallen. Die drei Versionen lassen sich auch auf drei Tanzteams verteilen. – Die zwei notierten Takte der Rhythmusgruppe werden während des ganzen Stückes ohne Pausen durchgespielt, doch beginnen sollten die Musiker immer in der vorgeschlagenen aufbauenden Reihenfolge.
Im Gruppendialog sind die Notenhälse für die Texte der Jungen nach oben, für die Texte der Mädchen nach unten notiert. Eine andere Gruppenverteilung steht jedem frei.

Zur Dauer In einer halben Unterrichtsstunde kann man die Textstrophe und deren Pointe samt passender Gestik sicher verfügbar machen, beim nächsten Mal fügt man die Instrumentalgruppe hinzu. Als Krönung bleibt – soweit erwünscht und machbar –, die Tanzstrophen zu realisieren.

Vorschlag zur Vermittlung des Sprechstückes
- Der Lehrer (*L*) spricht die ganze Textstrophe einmal rhythmisch pointiert vor. Dabei macht er durch seine Gestik deutlich, dass es sich um einen Dialog handelt.
- *L* spricht eine rhythmische Reihung der ersten beiden Textzeilen vor – also drei- bis viermal – und zeigt zugleich mit schwingenden Fingern die gesprochenen Zahlen. Für die NULL lässt sich leicht eine Geste finden.
- Die Schüler stimmen ein. Man achte auf das Schluss -[t] von *Tüüüt*. Im immer gleichbleibenden *swing* vereinzeln wir die Dialogteile a) und b) zunächst um der richtigen Aussprache willen: Lehrer ⇨ Schüler, Jungen ⇨ Mädchen, Mädchen ⇨ Jungen, Schüler ⇨ Lehrer

    a) |: Kommst du? * Ja, ich komme. :|
    b) |: Wann denn? * Weiß ich nicht. :|

- Textstrophe bis dahin zusammensetzen; anschließend zählt *L* mit schwingenden Fingern leise *1 und 2 und 3 und 4 und* und spricht den zweiten Teil des Textes (Zeile 5 und 6) vor.
  So wird die *Hallo – Hallo*-Zeile Nr. 4 schon vorbereitet und für die Gestik freigehalten.
- Zweiten Teil der Textstrophe entsprechend üben.
- Textstrophe ganz zusammensetzen; vorher einigen wir uns auf die Gestik für die *Hallo – Hallo*-Zeile.

Deutsch lernen mit Rhythmus

35b Telefon-RAP

Die Bongostimme ist hier gegenüber der Videoaufnahme vereinfacht. Sie ist in der Tonbandaufnahme (vorige Seite) auf dem Tamburin zu hören.

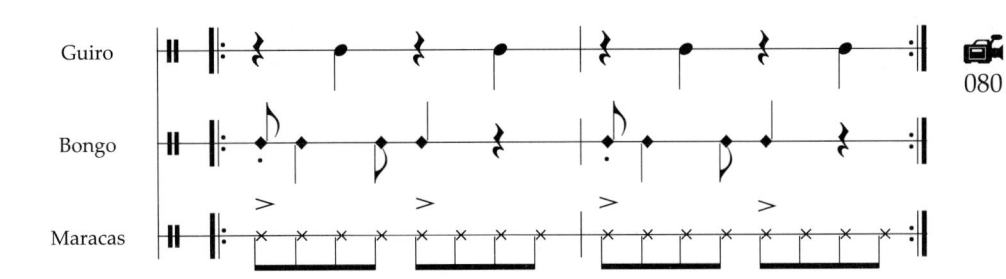

Eine mögliche Spielform

- 4 x 4 Achtel Maracas, dann
- 4 x 4 Achtel Bongo dazu, evtl.
- 4 x 4 Achtel Guiro dazu, zur Textstrophe
- 4 x 4 Achtel Zwischenspiel Tanzstrophe A
- 4 x 4 Achtel Zwischenspiel Textstrophe (Wdh.)
- 4 x 4 Achtel Zwischenspiel Tanzstrophe B oder C
- 4 x 4 Achtel Zwischenspiel Textstrophe

Die Instrumentalgruppe spielt pausenlos durch und endet nach dem Schlussruf *Ja!* mit *chachacha*.

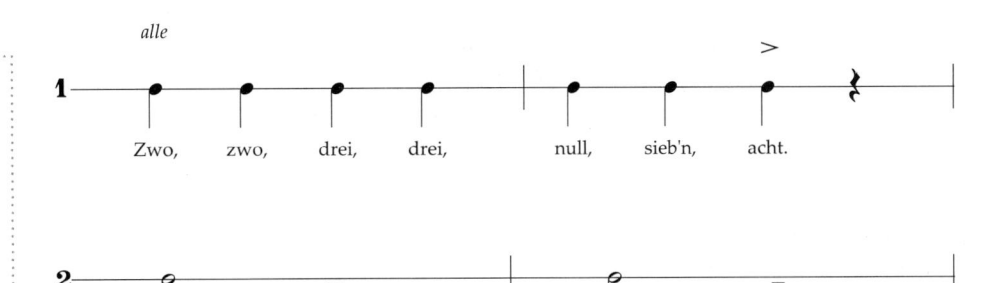

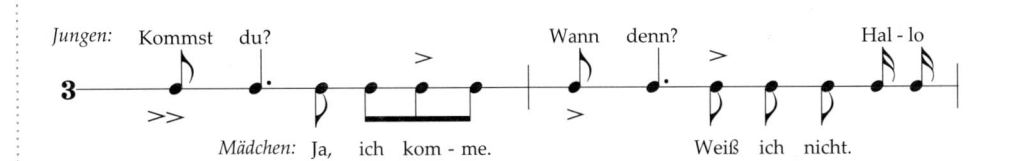

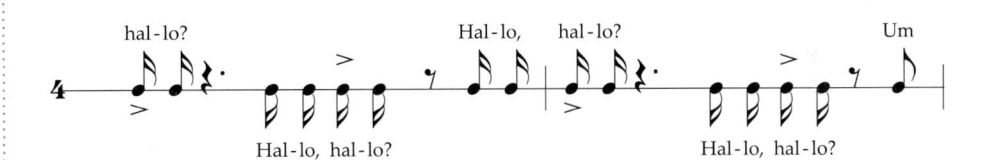

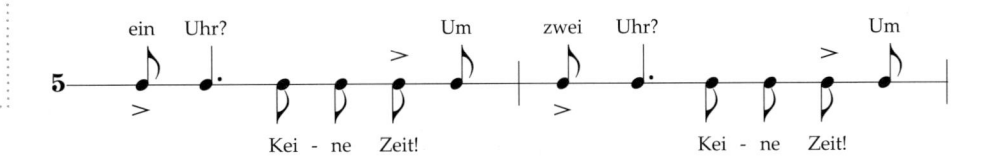

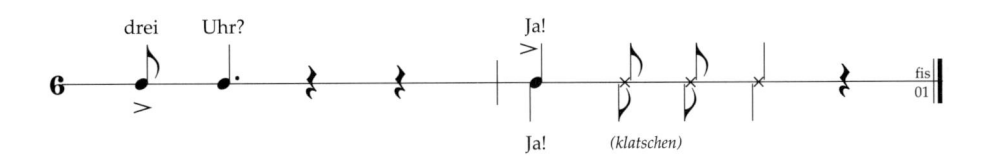

1. *alle* — Zwo, zwo, drei, drei, null, sieb'n, acht.
2. Tü ü üt. Tü ü üt.
3. *Jungen:* Kommst du? Wann denn? Hal-lo
   Mädchen: Ja, ich kom-me. Weiß ich nicht.
4. hal-lo? Hal-lo, hal-lo? Um
   Hal-lo, hal-lo? Hal-lo, hal-lo?
5. ein Uhr? Um zwei Uhr? Um
   Kei-ne Zeit! Kei-ne Zeit!
6. drei Uhr? Ja!
   Ja! (klatschen)

Deutsch lernen mit Rhythmus

Telefon-RAP 35c

Zwo zwo drei drei null sieben acht
tüüüt - - - -   tüüüt - - - -

A	B
Kommst du?	Ja, ich komme.
Wann denn?	Weiß ich nicht.
Hallo, hallo?	Hallo, hallo!
Um 1 Uhr?	Keine Zeit!
Um 2 Uhr?	Keine Zeit!
Um 3 Uhr?	- - -

(alle) **Jaaa!** ♪ ♪ ♩ (klatschen)

Tanzstrophen zur Wahl

Frei getanzt, aber dialogisch aufeinander zu.
Die Gruppen setzen nacheinander ein, sprechen ihren verschiedenen Text dann aber gleichzeitig und rhythmisch sehr exakt.
Motto: Aufeinander hören!

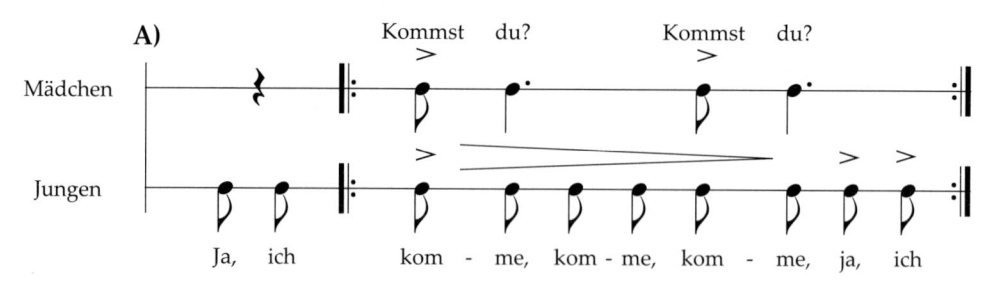

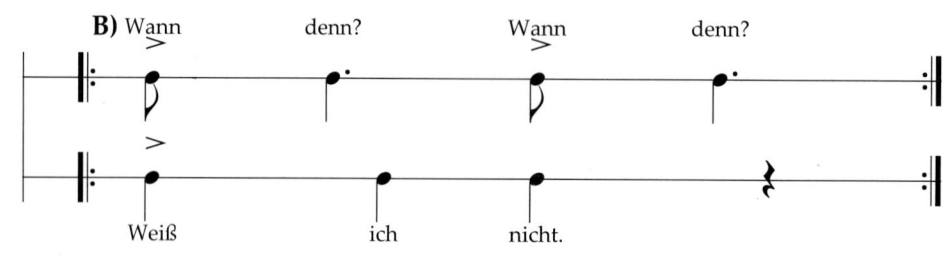

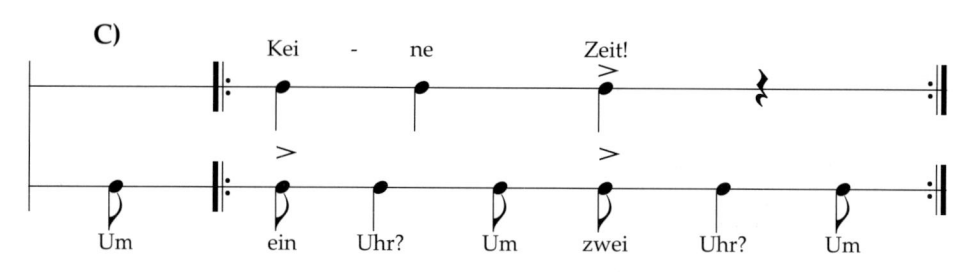

A) Mädchen: Kommst du? Kommst du?
Jungen: Ja, ich kom-me, kom-me, kom-me, ja, ich

B) Wann denn? Wann denn?
Weiß ich nicht.

C) Kei-ne Zeit!
Um ein Uhr? Um zwei Uhr? Um

Das Sprechstück beruht auf einer Idee aus „Knollis und Wollis – Fotosketche für den Frühdeutschunterricht", (Blatt VIII/5), ein Projekt des Deutsch-Französischen Jugendwerks.

Deutsch lernen mit Rhythmus

36 Wenn Vaterland

> **Wenn Vaterland das erste Wort des Polen ist, so ist Freiheit das zweite.
> Ein schönes Wort! Nächst der Liebe gewiss das schönste.**

Der Text stammt aus der Feder von Heinrich Heine.[1] Er ist ein gutes Beispiel für die Tatsache, dass im Unterschied zu Alltagstexten in Zeitungen und (Lehr-)Büchern literarische Prosatexte sehr oft rhythmisch gut durchgearbeitet sind, dass „der Atem stimmt". Kein Wort ist überflüssig, die Syntax gewinnt Einfluss auf die Interpretation.

Ordnet man denselben Text zeilenweise gemäß den Hauptakzenten, sieht er aus wie ein Gedicht und wird auch so empfunden, wenn man ihn entsprechend vorträgt. Hier folgt die Transkription in der Form eines Sprechstückes, wie ihn eine polnische Seminargruppe in Gdańsk (Danzig) eingerichtet hat.

> Wenn Vaterland das erste Wort des Polen ist,
> so ist Freiheit das zweite.
> Ein schönes Wort!
> Nächst der Liebe
> gewiss das schönste.

083

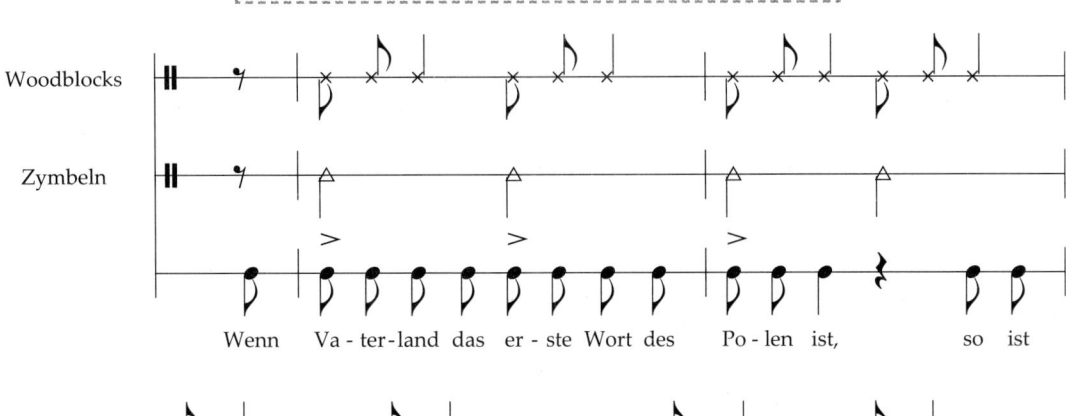

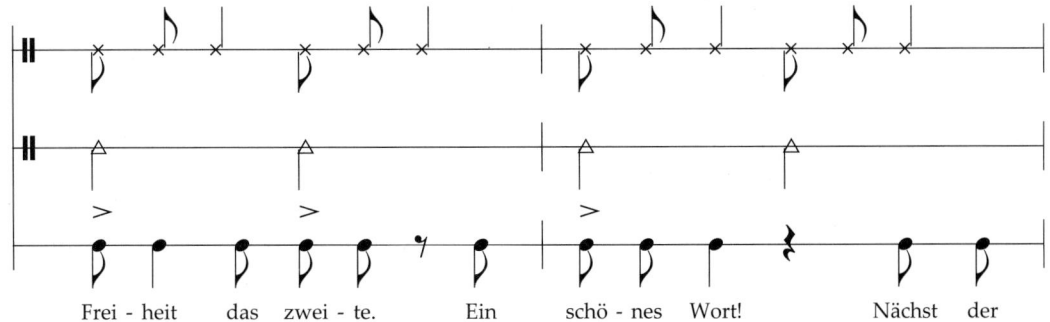

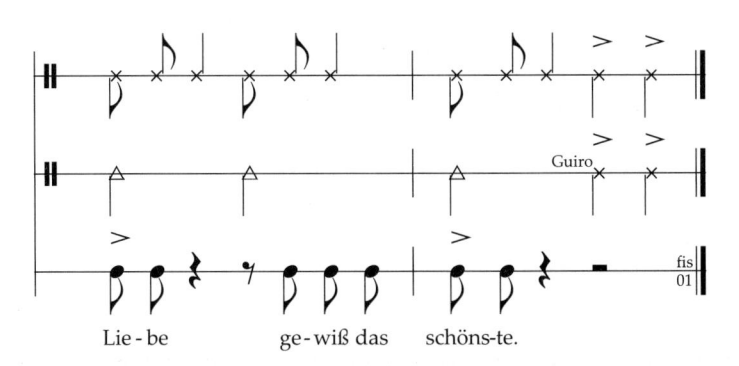

Spielform
2 Takte Woodblocks,
2 Takte Zymbeln dazu,
dann Sprecher-Einsatz:
Nach dem ersten Satz könnte eine andere Person/Gruppe antworten.

---

[1] Heine: „Mit scharfer Zunge – 999 Aperçus und Bonmots", dtv, S. 158

Deutsch lernen mit Rhythmus

Verblühter Löwenzahn 37a

Sprechstück
069

> Wunderbar
> steht er da
> im Silberhaar.
> Aber eine Dame,
> Annette ist ihr Name,
> macht ihre Backen dick,
> macht ihre Lippen spitz,
> bläst einmal mit Macht,
> bläst zweimal mit Macht,
> bläst dreimal mit Macht,
> bläst ihm fort die
> ganze Pracht.
> Und er bleibt
> am Platze
> zurück mit
> einer Glatze.

Josef Guggenmoos

Für den Anfangsunterricht in Deutsch als Fremdsprache wurde der Text vom Präteritum ins Präsens übertragen.

Das Gedicht ist für den Fremdsprachenunterricht aus zwei Gründen von Interesse.

Zum einen: Der humorvolle Schluss ist so überraschend, weil er die Pflanze personifiziert und unsere Emotionen anspricht.

Zum anderen: Die Verse lassen sich vorzüglich im Rhythmus und im Betonungsschema von 2/4- und 3/8-Takt sprechen.

Der Spaß am Inhalt überträgt sich erfahrungsgemäß auf die Art der sprachlichen Gestaltung.

Sie wird erweitert, indem wir Instrumente und Mundgeräusche hinzunehmen, die das rhythmische Sprechen unterstützen und die Spielmöglichkeiten sowie die Assoziationen verstärken.

Anmerkung: Der verblühte Löwenzahn wird in der Umgangssprache, vor allem von Kindern, *Pusteblume* genannt: [ˈpʰuːstəbluːmə].
pusten ⇨ (kräftig) blasen

---

[1] Text aus: Josef Guggenmoos „Ich will dir was verraten", 1992, Verlag Beltz & Gelberg in der Verlagsgruppe Beltz, Weinheim und Basel

37b Verblühter Löwenzahn

Hinweise zur Phonetik
- langes [aː] in *wunderbar, da, Silberhaar, aber, Dame, Name*
- kurzes [a] in *Annette, macht, Backen, ganze Pracht, Platze, Glatze*
- Kontrastpaar langer/kurzer Vokal in *ihre – dick, ihre – spitz*
- vokalisiertes ‹r› in *wunderbar* [ˈvʊndɐbaːɐ̯]

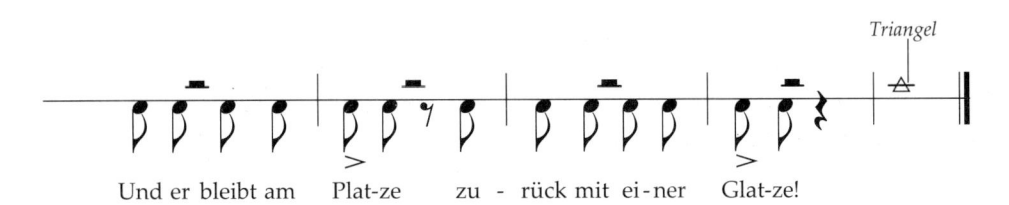

070

Wun-der-bar steht er da im Sil-ber-haar. A-ber ei-ne Da-me, An-net-te ist ihr Na-me, macht ih-re Ba-cken dick, macht ih-re Lip-pen spitz, bläst ein-mal mit Macht, bläst zwei-mal mit Macht, bläst drei-mal mit Macht: Bläst ihm fort die gan-ze Pracht. Und er bleibt am Plat-ze zu-rück mit ei-ner Glat-ze!

Spielform   Das Gedicht wird am besten stehend deklamiert, mit großen Gesten.

Begleitinstrumente   Triangel, Claves (Klangstäbe) oder woodblocks (Holzröhrentrommel), Zymbel, Becken oder Gong.

Das Blasgeräusch erzeugen entweder einige Schüler zur Sprechgruppe oder alle Schüler gemeinsam zu einem Solosprecher.

Nach einem Vorschlag aus: „Musikpraxis – Arbeitshilfen für Musik in Kindergarten und Grundschule", Heft 73, Boppard/Rhein und Salzburg: Fidula, 1997

Peter Bichsel: San Salvador 38a

Dieser Text von Peter Bichsel soll als Beispiel dafür dienen, wie sich für fortgeschrittene Lerner aus einem literarischen Originaltext sprachliche und gestalterische Aufgaben unter rhythmisch-melodischem Aspekt gewinnen lassen.

> Er hatte sich eine Füllfeder gekauft.
> Nachdem er mehrmals seine Unterschrift, dann seine Initialen, seine Adresse, einige Wellenlinien, dann die Adresse seiner Eltern auf ein Blatt gezeichnet hatte, nahm er einen neuen Bogen, faltete ihn sorgfältig und schrieb: „Mir ist es hier zu kalt", dann, „Ich gehe nach Südamerika", dann hielt er inne, schraubte die Kappe auf die Feder, betrachtete den Bogen und sah, wie die Tinte eintrocknete und dunkel wurde (in der Papeterie garantierte man, dass sie schwarz werde), dann nahm er seine Feder erneut zur Hand und setzte noch großzügig seinen Namen Paul darunter.
> Dann saß er da.
> Später räumte er die Zeitungen vom Tisch, überflog dabei die Kinoinserate, dachte an irgend etwas, schob den Aschenbecher beiseite, zerriss den Zettel mit den Wellenlinien, entleerte seine Feder und füllte sie wieder. Für die Kinovorstellung war es jetzt zu spät.
> Die Probe des Kirchenchores dauert bis neun Uhr, um halb zehn würde Hildegard zurück sein. Er wartete auf Hildegard. Zu all dem Musik aus dem Radio. Jetzt drehte er das Radio ab.
> Auf dem Tisch, mitten auf dem Tisch, lag nun der gefaltete Bogen, darauf stand in blauschwarzer Schrift sein Name Paul.
> „Mir ist es hier zu kalt", stand auch darauf.
> Nun würde also Hildegard heimkommen, um halb zehn. Es war jetzt neun Uhr. Sie läse seine Mitteilung, erschräke dabei, glaubte wohl das mit Südamerika nicht, würde dennoch die Hemden im Kasten zählen, etwas müsste ja geschehen sein.
> Sie würde in den „Löwen" telefonieren.
> Der „Löwen" ist mittwochs geschlossen.
> Sie würde lächeln und verzweifeln und sich damit abfinden, vielleicht.
> Sie würde sich mehrmals die Haare aus dem Gesicht streichen, mit dem Ringfinger der linken Hand beidseitig der Schläfe entlangfahren, dann langsam den Mantel aufknöpfen.
> Dann saß er da, überlegte, wem er einen Brief schreiben könnte, las die Gebrauchsanweisung für den Füller noch einmal – leicht nach rechts drehen – las auch den französischen Text, verglich den englischen mit dem deutschen, sah wieder seinen Zettel, dachte an Palmen, dachte an Hildegard.
> Saß da.
> Und um halb zehn kam Hildegard und fragte: „Schlafen die Kinder?"
> Sie strich sich die Haare aus dem Gesicht.

---

[1] Peter Bichsel „San Salvador" aus: „Eigentlich möchte Frau Blum den Milchmann kennenlernen", © Suhrkamp Verlag Frankfurt 1997

38b Peter Bichsel: San Salvador

Vorschlag I
- Ein rhythmisch strukturiertes, logisch verbundenes Satzpaar aus dem Text frei variieren und zu einer Rhythmusbegleitung rezitieren.

🎧 072

Mir ist es hier zu kalt. ⇨	*Ich gehe nach Südamerika.*
Mir ist es hier zu warm. ⇨	Ich gehe auf die Terrasse.
Mir ist es hier zu dunkel. ⇨	Ich zünde eine Kerze an.
Mir ist es hier zu hell. ⇨	Machst du mal den Vorhang zu?
Mir ist es hier zu laut. ⇨	Ich gehe nach nebenan.
Mir ist es hier zu ungemütlich. ⇨	Ich räume erst mal auf.
Mir ist es hier zu hektisch. ⇨	Wir fahren lieber zu dir.
Mir ist es hier zu teuer. ⇨	Wir gehen ins KaDeWe.[1]

Vorschlag II
- Ein rhythmisch strukturiertes Textzitat, das die Handlung der Frau genau beschreibt, auf den Mann bezogen fortführen und auf eine Hintergrundmusik passend sprechen.

🎧 073

> „Sie würde sich mehrmals die Haare aus dem Gesicht streichen, mit dem Ringfinger der linken Hand beidseitig der Schläfe entlangfahren, dann langsam den Mantel aufknöpfen."
>
> Er würde sich eine Zigarette drehen, mit dem linken Fuß die Brandyflasche angeln, dann langsam den ersten Zug einatmen und sich ein Glas einschenken.

Vorschlag III
- Freie Variation von Vorschlag II mit der Vorgabe, dass ein Satz aus dem Originaltext darin vorkommen soll.

🎧 074

> Sie würde sich die Hände abtrocknen, dabei rückwärts zum Telefon gehen, dann mit geschlossenen Lippen die verdammte Nummer wählen.
>
> Er würde es klingeln lassen, einmal, zweimal, dreimal, mit seinen dicken Fingern auf EMPFANG stellen und sagen: „Mir ist es hier zu kalt. Ich gehe nach Südamerika."

---

[1] KaDeWe = Das „Kaufhaus des Westens" in Berlin

Franz Kafka: Heimkehr

Es ist ganz offenbar, wie dieser Text Franz Kafkas „atmet". Der Leser findet sein Metrum, wenn er sich dabei z. B. vorstellt, wie der Ich-Erzähler mit langsamen Schritten den Hof des Vaters durchschreitet, wie er beobachtet und seinen Gedanken nachhängt.

🎧 075

> Ich bin zurückgekehrt, ich habe den Flur durchschritten und blicke mich um. Es ist meines Vaters alter Hof. Die Pfütze in der Mitte. Altes, unbrauchbares Gerät, ineinander verfahren, verstellt den Weg zur Bodentreppe. Die Katze lauert auf dem Geländer. Ein zerrissenes Tuch, einmal im Spiel um eine Stange gewunden, hebt sich im Wind. ⌈Ich bin angekommen. Wer wird mich empfangen? Wer wartet hinter der Tür der Küche? Rauch kommt aus dem Schornstein,⌉ der Kaffee zum Abendessen wird gekocht. Ist dir heimlich, fühlst du dich zu Hause? Ich weiß es nicht, ich bin sehr unsicher. Meines Vaters Haus ist es, aber kalt steht Stück neben Stück, als wäre jedes mit seinen eigenen Angelegenheiten beschäftigt, die ich teils vergessen habe, teils niemals kannte. Was kann ich ihnen nützen, was bin ich ihnen und sei ich auch des Vaters, des alten Landwirts Sohn. Und ich wage nicht an der Küchentür zu klopfen, nur von der Ferne horche ich, nur von der Ferne horche ich stehend, nicht so, dass ich als Horcher überrascht werden könnte. Und weil ich von der Ferne horche, erhorche ich nichts, ⌈nur einen leichten Uhrenschlag höre ich oder glaube ihn vielleicht nur zu hören, herüber aus den Kindertagen. Was sonst in der Küche geschieht, ist das Geheimnis der dort Sitzenden, das sie vor mir wahren. Je länger man vor der Tür zögert, desto fremder wird man. Wie wäre es, wenn jetzt jemand die Tür öffnete und mich etwas fragte. Wäre ich dann nicht selbst wie einer, der sein Geheimnis wahren will.⌉

Anmerkung   Die Tonbandausschnitte gehen vom Zeichen ⌈ bis ⌉.

🎧 076 **Übung I**
- Ein rhythmisch strukturiertes, logisch verbundenes Satzpaar aus dem Text sinngemäß variieren und zu einer Rhythmusbegleitung mit guter Intonation rezitieren.

    Ich bin angekommen.   ⇨ Wer wird mich empfangen?
    Ich bin abgereist.   ⇨ Wer wird mir schreiben?
    Ich bin ausgestiegen.   ⇨ Wer wird mich abholen?
    Ich bin weggefahren.   ⇨ Wer wird mich vermissen?
    Ich bin erwachsen geworden. ⇨ Wer will mir Vorschriften machen?

🎧 077 **Übung II**
- Eine Je-desto-Struktur in rhythmischer Prosa aus dem Text in eigenen Beispielen variieren und in rhythmischen Einheiten sprechen.*

    Je länger man vor der Tür zögert, desto fremder wird man.
    Je tiefer man taucht, desto mehr nimmt der Druck zu.
    Je lauter man ihn anschreit, desto breiter wird sein Lachen.
    Je eleganter sie sich kleidet, desto schöner wird ihr Gang.
    (*Satzteil 1 ließe sich mit Satzteil 2 innerhalb der vier Beispiele spielerisch kreuzen).

🎧 078 **Übung III**
- Die Struktur *Wie wäre es, wenn …* mit (literarischem) Konjunktiv aufnehmen und frei variieren.

    Wie wäre es, wenn jetzt jemand die Tür öffnete und mich etwas fragte.
    Wie wäre es, wenn jetzt jemand eine Sektflasche öffnete und …
    Wie wäre es, wenn jetzt jemand um Hilfe riefe und …
    Wie wäre es, wenn …

Text aus: Franz Kafka: Sämtliche Erzählungen, S. Fischer Verlag Frankfurt

5. Praktische Beispiele

5.2.

sowieso-RAPs

Vorbemerkungen

Alle RAP-Texte dieses Teiles basieren auf den Lektionen des Lehrbuches „sowieso, Deutsch als Fremdsprache für Jugendliche, Kursbuch 1", Langenscheidt, 1996, München (Zeichnungen: Thomas Scherling). Die Texte lassen sich ohne Einschränkung auch unabhängig von dem Buch verwenden.

Die Texte orientieren sich in Stil und Atmosphäre an dem genannten Buch. KIKI und AMADEUS sind immer in der Nähe. Wo diese beiden Figuren von den Schülern akzeptiert und nicht als zu kindlich empfunden werden, dürften die RAPs in gleichem Maße Anklang finden. Abbildungen von beiden Protagonisten finden sich auf der nächsten Seite. In vergrößerter Kopie, mit Folie überklebt und auf Stäbe gesteckt, lassen sie sich als Spielfiguren einsetzen.

Die grundlegenden Klangmerkmale der deutschen Sprache – Melodie, Rhythmus und Akzentuierung – können kaum besser als mit derartigen Sprechstücken vermittelt werden. Die eingebauten grammatischen Strukturen werden nicht mehr als Lernstoff empfunden.

Ein RAP kann zum Tüpfelchen auf dem „i" einer Einheit werden. Er bleibt so nachhaltig haften wie sonst nur Liedstrophen oder Reimverse. RAPs eignen sich vorzüglich für das Klassen- oder Schulfestprogramm, vor jüngeren Schülern, Eltern, Schulleitern, Inspektoren oder Gemeinderäten – als Werbung für Deutsch.

RAPs haben als Ausdrucksform bei Jugendlichen ein hohes Image. Es ist klar, dass die *sowieso-RAPs* nur in weiter Auslegung als RAP bezeichnet werden können. Sie enthalten wenig Protest, Aufschrei, Konflikt. Das war auch nicht beabsichtigt. Vielmehr sind sie grundsätzlich dialogisch angelegt und spiegeln sehr unterschiedliche Kommunikationssituationen. Die Sprechstile reichen vom Flüstern bis zum lauten Rufen, vom Skandieren bis zum Singen. Damit erfüllen sie wesentliche Anforderungen eines lebendigen Fremdsprachenunterrichts.

084 Wenn die hier vorgelegten RAPs ab einem bestimmten Alter oder Leistungsstand als zu leicht empfunden werden sollten, können sie immer noch dazu anregen, dass Schüler oder Lehrer zu selbst erzeugter oder ausgewählter Musik selber welche erfinden.

Das Grundanliegen aller *sowieso-RAPs* ist die Einbindung von ausgewählten Strukturen einer Lektion in kleine inhaltliche Einheiten, die emotional ansprechend auf eine Pointe hinzielen. Nach dieser Methode lassen sich prinzipiell aus jedem Lehrbuch, jeder Lektion Raptexte erfinden.

An den Audio- und Videobeispielen waren beteiligt:

Produktion:	**Inspection Académique de la Moselle, Centre Transfrontalier** de Documentation et de Formation pour l'Apprentissage de la Langue du Voisin
Koordination:	**Jean-Michel Mérillou**, Inspecteur de l'Education Nationale **Stéphanie Didiot**, Conseillère pédagogique en langue et culture régionales
Texte:	**Andreas Fischer**
Arrangements:	**Andreas Fischer** **Alain Kermann**, Conseiller pédagogique en éducation musicale **Roland Koffler**, Instituteur
Sprecher:	Andreas Fischer, Katharina Steffen (Lehrerin), Helmut Wilms (Lehrer), Audrey, Eric, Lukas, Charlotte, Sylviane, Brice: élèves du CM de l'école Elie Reumaux, Freyming-Merlebach
Ton:	**Jean-Claude Fournier**, Conseiller pédagogique en éducation musique

Diese Abbildungen der beiden Protagonisten KIKI und AMADEUS können als vergrößerte Kopie, mit Folie überklebt und auf Stäbe gesteckt als Spielfiguren eingesetzt werden.

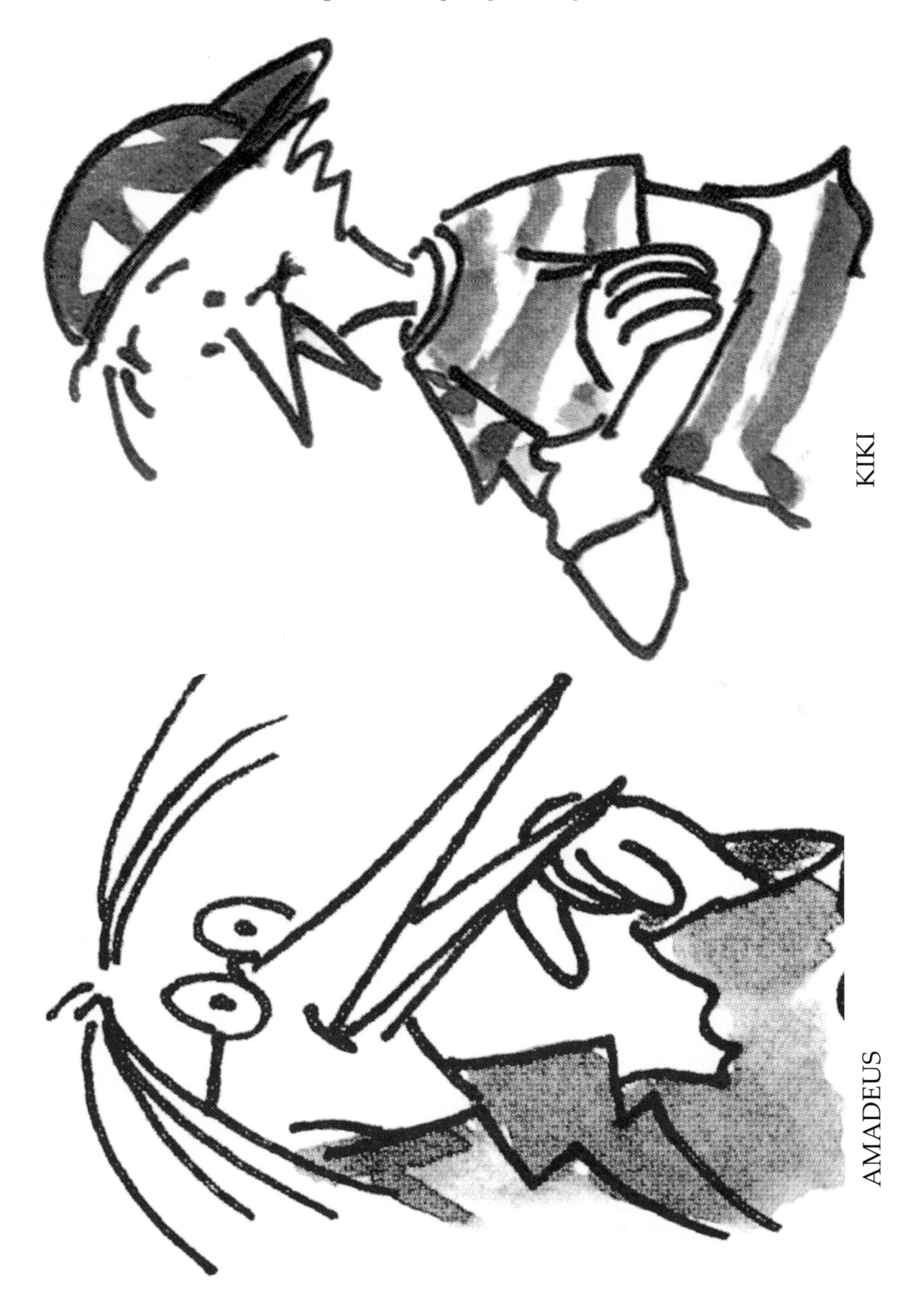

KIKI

AMADEUS

Deutsch lernen mit Rhythmus

sowieso-RAP 1

Titelsong

079
080

085

Das Titellied macht die Zusammensetzung des Wortes *sowieso* und seinen Gebrauch zum Thema.

▸ 1. Solo
eine Reihung von aktuellen Chiffren mit Endung auf dem Vokal [o] und dem Wortakzent auf der ersten Silbe

▸ 2. Solo
Limo ⇨ Limonade
Flo ⇨ Abkürzung für Florian

▸ 3. Solo
im Zoo [ɪm'tsoː]
auf dem Klo ⇨ Klosett, Toilette

Refrain *(tutti)*	so – wie – so sowie – wieso – soso Na klar: sowieso!
1. Solo	Magst du Kino, Video, Disco, Auto, Expo, Euro?
(tutti)	Na klar: sowieso!
	Refrain
2. Solo	Mit der Limo auf dem Foto: Das ist doch dein Freund Flo?
(tutti)	Na klar: sowieso!
	Refrain
3. Solo	Bist du froh im Büro, im Zoo und auf dem Klo?
(tutti)	Na klar: sowieso!
	Refrain

Der Wortakzent von *sowieso* kann auf die erste und letzte Silbe gelegt werden. In diesem RAP wird die Betonung auf den Anfang gelegt: ['zoviːzoː]. Um das Wort gut hörbar zu sprechen, können wir sie mit einer passenden Geste verbinden.

sowieso (Adv.)	⇨ so oder so, in jedem Fall, auf alle Fälle
das sowieso!	⇨ das versteht sich von selbst!
sowieso nicht	⇨ auf keinen Fall, bestimmt nicht (Wir warten nicht mehr. Er wird sowieso nicht kommen.)
sowie	⇨ im gleichen Augenblick wie, sobald; und auch (Rosinen sowie Nüsse und Mandeln)
wieso	⇨ warum
soso!	⇨ aha, also doch!; Was du nicht sagst!

Refrain

So, wie, so.   So wie, wie-so, so-so. Na klar: so-wie-so!

1. Magst du Ki-no, Vi-deo, Dis-co, Au-to, Ex-po, Eu-ro? Na klar: so-wie-so!

Refrain

2. Mit der Li-mo auf dem Fo-to: Das ist doch dein Freund Flo? Na klar: so-wie-so!

Refrain

3. Bist du froh im Bü-ro, im Zoo und auf dem Klo? Na klar: so-wie-so!

140 Deutsch lernen mit Rhythmus

2   Die Schreibmaschine

Die Ungeduld in der dritten Frage des „Amadeus" wird gestisch ausgedrückt: Beim Satzakzent *Was ist das denn?* kann man beide Fäuste in die Hüfte stemmen oder mit dem Fuß stampfen.

Die fröhliche Antwort von „Kiki" hat eine auf- und absteigende Sprechmelodie.

Amadeus:	Ist das ein Computer?
Kiki:	Nein.
Amadeus:	Ein Telefon?
Kiki:	Nein.
Amadeus:	Was ist das denn?
Kiki:	Das ist eine Schreibmaschine!

Hinweise zur Phonetik
- Assimilation des d in *ist das* [ˈɪstas]
- Vokalneueinsätze bei *das | ein Computer*, *was | ist das* und *das | ist | eine*
- melodischer Satzakzent *Was **ist** das denn?*

081
082

086

Kurzdialog

Dieser Kurzdialog mit seiner Dauer von 19 Sekunden ist der kürzeste *sowieso-RAP*. Er steht als Beispiel dafür, mit welch geringen Mitteln sich ein alltäglicher kleiner Dialog – aus einem Buch oder selbst erfunden – zu einem Sprechstück machen lässt.

Ähnliche Minidialoge kann man mit der Klasse nach demselben Muster erfinden. Eine dazu passende RAP-Musik werden die Schüler gerne suchen oder mit der Stimme, mit Instrumenten, mit Händen und Füßen produzieren.

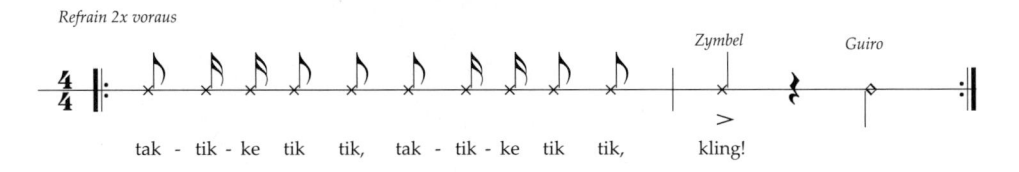

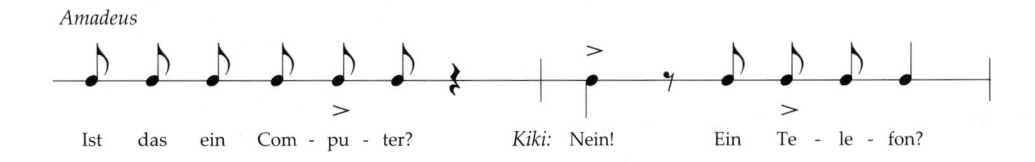

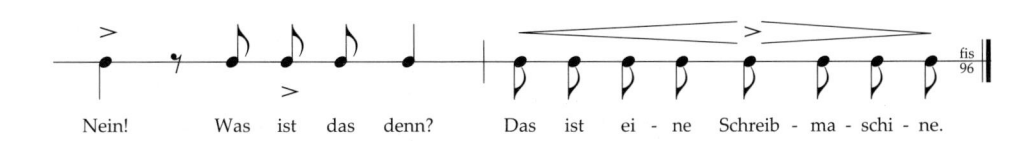

Deutsch lernen mit Rhythmus

Amadeus-RAP   3a

🎧 **sich vorstellen**   Elementare Strukturen der Kontaktaufnahme werden zu einer lebendigen
083   Übung von Satzmelodie, Rhythmus und Akzentuierung.
084

🎥 *Hinweise zur Phonetik*
087
- [h] in *Hallo* und *heiße*
- assimiliertes [d] und langer Vokal [u:] in *und du* [ʊnˈtuː]
- Vokalneueinsatz in *heiße | Amadeus*
- [h] in *aha, aha, aha*
- Vokalneueinsatz bei *ja | ich mag*
- lange Vokale in *Ja, mag, Musik*
- Wechsel von kurzen und langen Vokalen in *und ich mag dich*
- Vokalneueinsatz bei *und | ich*
- Kombination von Ich-Laut und ach-Laut in *ich dich auch*

Kiki:	Hallo, ich heiße Kiki. Und du, und du, und du?
Amadeus:	Ich heiße Amadeus, Ama-, Ama-de-us.
Kiki:	Aha, aha, aha.
Amadeus:	Jaja, jajaja.
Kiki:	Magst du Musik?
Amadeus:	Ja, ich mag Musik.
Kiki:	Und ich mag dich.
Amadeus:	Ja, und ich mag dich.
Beide:	Und ich dich auch! Und ich dich auch!

Die Rhythmusgruppe kann man imitieren:

- kurzer Vokal und Ang-Laut in *du dung dung* [dʊˈdʊŋ]
- unbetontes Schluss-[ə] in *tschake* im Unterschied zum behauchten Schluss-[k] in *tschak* [ˈtʃakʰ].
- So kann eine Phonetikübung zum Spiel werden!

Deutsch lernen mit Rhythmus

Amadeus-RAP

Rhythmusgruppe 2x voraus und bis zum Schluss

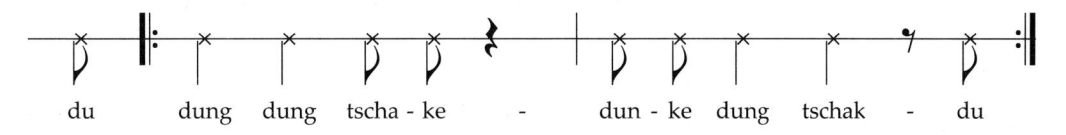

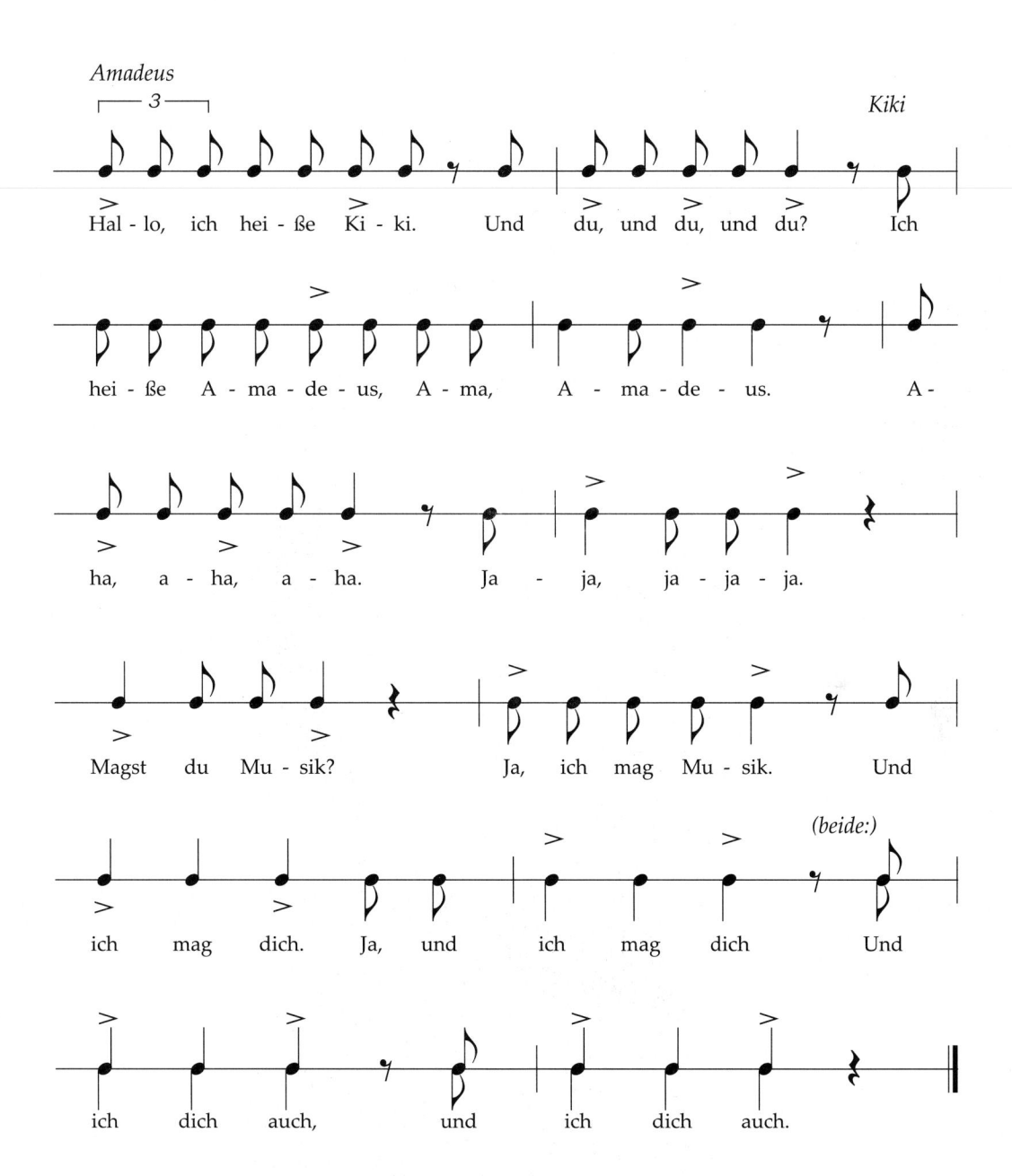

du dung dung tscha-ke - dun-ke dung tschak - du

Amadeus / *Kiki*

Hal-lo, ich hei-ße Ki-ki. Und du, und du, und du? Ich heiße A-ma-de-us, A-ma, A-ma-de-us. A-ha, a-ha, a-ha. Ja - ja, ja - ja - ja. Magst du Mu-sik? Ja, ich mag Mu-sik. Und ich mag dich. Ja, und ich mag dich. *(beide:)* Und ich dich auch, und ich dich auch.

Deutsch lernen mit Rhythmus

Abc-RAP 4a

Das deutsche Alphabet wird in Anlehnung an eine französische Melodie gesungen, die durch W. A. Mozarts Variationen darüber weltbekannt wurde.

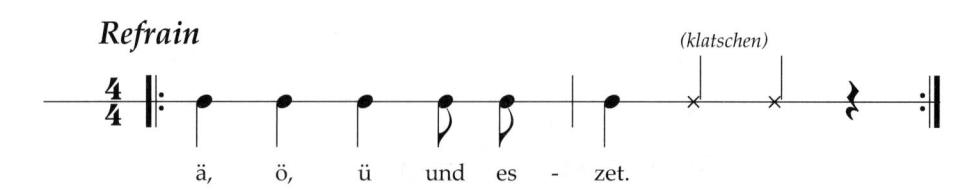

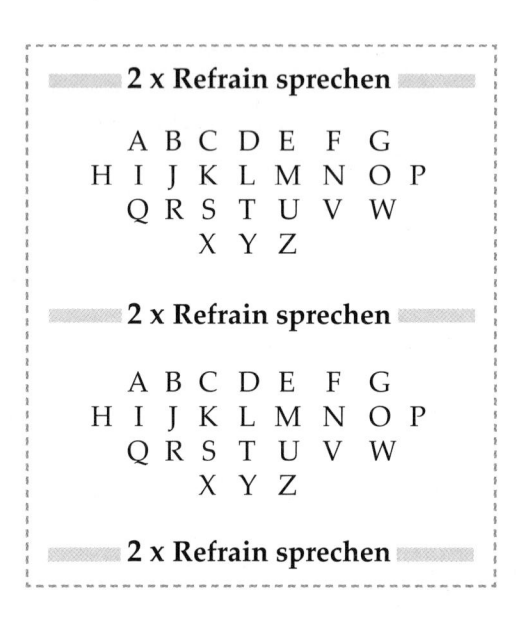

Refrain

(klatschen)

ä, ö, ü und es-zet.

---

2 x Refrain sprechen

A B C D E F G
H I J K L M N O P
Q R S T U V W
X Y Z

2 x Refrain sprechen

A B C D E F G
H I J K L M N O P
Q R S T U V W
X Y Z

2 x Refrain sprechen

Der Refrain Im Refrain werden die deutschen Umlaute und das ß (es-zet) zusammengefasst. Man kann das ß zur Not zwar durch ss ersetzen – in der mehrsprachigen Schweiz tut man das grundsätzlich und auf nicht-deutschen Computern ist es nur als Sonderzeichen zu finden –, aber man muss es in Originaltexten trotzdem richtig lesen und aussprechen können.
Die Artikulation der Bezeichnung „es-zet" birgt Probleme: erst [s], dann [ts] und ein behauchtes Schluss-[t] ⇨ [ɛsˈtsɛtʰ]. Der Artikulationsablauf wird im Refrain geübt. Man achte darauf, dass kein Schüler auf „ef-zet" ausweicht.

Das „ß" Zur Entstehung des ß sehen wir uns die gotische Schrift in einem alten Buch an:

Wenn die Suppe zu heiß ist.
(Wenn die Suppe zu heiß ist.)

ſ + ʒ = ß

altes „s" + altes „z" =   ß

Deutsch lernen mit Rhythmus

4b Abc-RAP

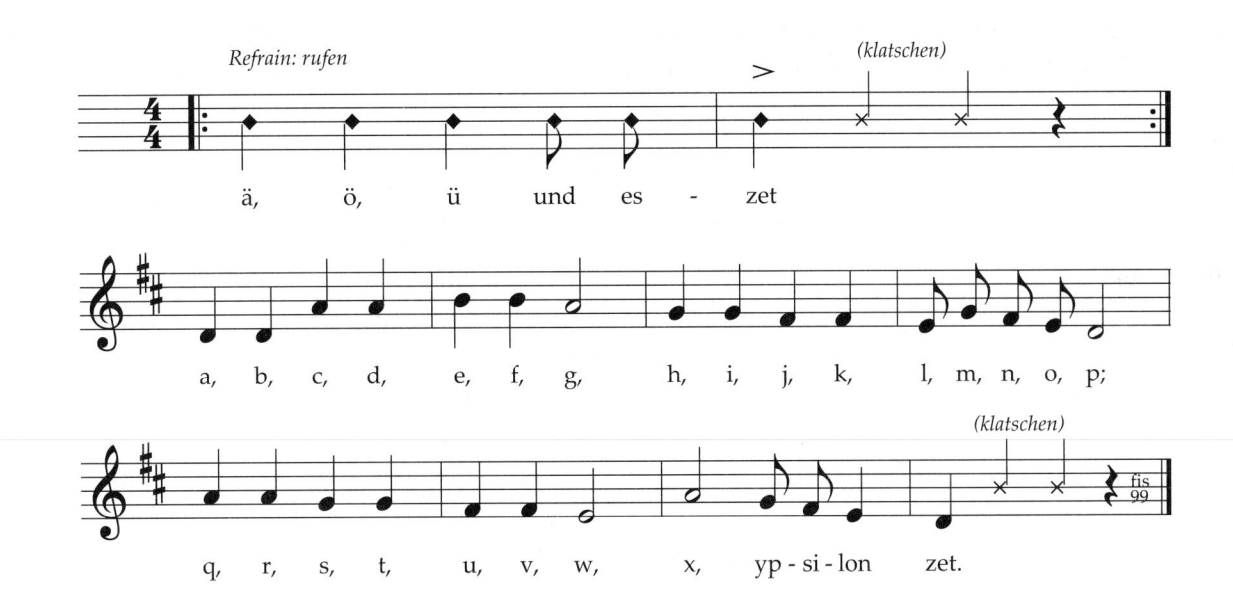

Refrain: rufen (klatschen)

ä, ö, ü und es-zet

a, b, c, d, e, f, g, h, i, j, k, l, m, n, o, p;

q, r, s, t, u, v, w, x, yp-si-lon zet.

Zu der Musik hat sich eine Klasse eine Tanzform ausgedacht.

Übung Die Kinder haben Spaß daran, den fremden Buchstaben zu schreiben. Ein möglicher Lernspruch dazu: *Runter – rauf – Rucksack auf.*
In Frankreich macht dazu der Lernspruch Spaß: *Bas – haut – sac-à-dos.*

Es ist keine vertane Zeit, wenn die Lerner mit dem „Es-zet" eine kleine Schreibübung machen. Sie suchen dazu eifrig nach Wörtern, die den Buchstaben enthalten. Sie sind sehr erfinderisch, wenn man sie ermuntert, ein großes „Es-zet" zu einer Blume, einem Tier, einem Fahrzeug oder einfach zu einem Muster zu verwandeln. Einige Beispiele sind auf S. 166 zusammengestellt.

Nach einer so kreativen Aufgabe werden sie das „Es-zet" überall erkennen und als ein gespanntes, stimmloses [s] lesen. Eine Verwechslung mit dem Großbuchstaben *B* wird höchstens noch aus Versehen vorkommen.

ß

Viel Spaß!

Deutsch lernen mit Rhythmus

Schulsachen-Appell 5a

🎧 087
🎧 088

Der Sinn dieses RAP liegt in der Verdeutlichung und Übung von **Wortakzenten**. Darum wird empfohlen, als **Vorübung** (siehe unten) die links aufgeführte Wörterliste der Schulsachen klanglich zu erarbeiten. Dazu verteilt man sie auf Wortkarten in der Klasse.

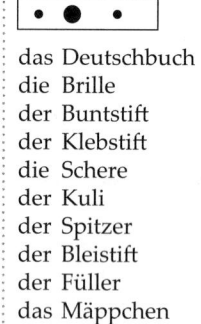

🎥 090

Drei Muster von Wortrhythmen, in die sich die genannten Schulsachen einordnen lassen:

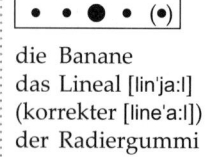

🎥 091

🎧 089

| • **●** • |

das Deutschbuch
die Brille
der Buntstift
der Klebstift
die Schere
der Kuli
der Spitzer
der Bleistift
der Füller
das Mäppchen

🎧 090

| • **●** • • |

das Wörterbuch
das Comic-Heft
die Turnhose
das Englischbuch
das Taschentuch
die Schultasche
das Aufgabenheft

🎧 091

| • • **●** • (•) |

die Banane
das Lineal [lin'ja:l]
(korrekter [line'a:l])
der Radiergummi

(Die ersten drei Silben der Wörter haben dasselbe rhythmische Muster; die Zahl der Endsilben variiert.)

Lehrerin:	Jeden Tag vergisst du was. Ich hab' die Nase voll!
Klasse:	Nein, Frau Hübner, heute nicht. Es läuft doch alles toll!
Lehrerin:	NA GUT.
	Das Wörterbuch, das Englischbuch, das Aufgabenheft?
Klasse:	Das Wörterbuch, das Englischbuch, das Aufgabenheft!
Lehrerin:	NA GUT.
	Der Radiergummi, der Klebstift, das Lineal?
Klasse:	Der Radiergummi, der Klebstift, das Lineal!
Lehrerin:	NA GUT.
	Das Deutschbuch, das Mäppchen, die Brille?
Klasse:	Das Deutschbuch, das Mäppchen, die Brille!
(singen)	Ja, ja, ja das hab'n [ham] wir alles da!
Lehrerin:	NA GUT.
	Der Füller, der Kuli, die Schere?
Klasse:	Der Füller, der Kuli, die Schere!
Lehrerin:	NA GUT.
	Der Bleistift, der Buntstift, der Spitzer?
Klasse:	Der Bleistift, der Buntstift, der Spitzer!
(singen)	Ja, ja, ja das hab'n [ham] wir alles da!
Einzelne:	Hier noch das Comic-Heft,
	hier noch das Taschentuch,
	hier noch die Turnhose,
	hier noch die Schultasche,
	hier die Banane.
(singen)	Ja, ja, ja …
Lehrerin:	NA GUT, ich passe.
Klasse:	Frau Hübner, Sie sind klasse!

Vorübung

- L bringt das 1. rhythmische Muster als Bildkarte an der Tafel an und klatscht oder spricht es mit hörbarem Unterschied vor (*da-di-da*).
- Die Klasse klatscht oder spricht es nach.
- Wer von den S eine Wortkarte hat, die in dieses Muster passt – immer mit dem Artikel –, befestigt sie an der Tafel
- Zu einem gleichmäßigen synchronen Klatschen (etwa einmal pro Sek.) wird die Liste in rhythmischer Reihung gesprochen, chorisch oder einer nach dem anderen: mit hörbarem Wortakzent und deutlich reduzierten Schluss-Silben.
- Die Listen zum 2. und 3. rhythmischen Muster werden in gleicher Weise an der Tafel zusammengestellt.

Mögliche spielerische Erweiterung

Je vier S haben die drei Rhythmus-Muster als Bildkarte vor sich liegen. L spricht die Wörter vor, S halten die passende Bildkarte hoch.

146 Deutsch lernen mit Rhythmus

5b Schulsachen-Appell

Lehrerin: Jeden Tag vergisst du was. Ich hab' die Nase voll! Nein, Frau Hübner, heute nicht. Es läuft doch alles toll! Na gut: Das Wörterbuch, das Englischbuch, das Aufgabenheft? Das Wörterbuch, das Englischbuch, das Aufgabenheft! Na gut. Der Radiergummi, der Klebstift, das Lineal? Der Radiergummi, der Klebstift, das Lineal! Na, gut. Das Deutschbuch, das Mäppchen, die Brille? Das Deutschbuch, das Mäppchen, die Brille! (singen:) Ja, ja, ja, das hab'n wir alles da! Na gut. Der Füller, der Kuli, die Schere? Der Füller, der Kuli, die Schere! Na gut. Der Bleistift, der Buntstift, der Spitzer? Der Bleistift, der Buntstift, der Spitzer! (singen:) Ja, ja, ja: Das hab'n wir alles da! Hier noch das Comicheft, hier noch das Taschentuch, hier noch die Turnhose, hier noch die Schultasche, hier die Banane. (singen:) Ja, ja, ja... Na gut – Ich passe. Frau Hübner, Sie sind Klasse!!

Deutsch lernen mit Rhythmus

Zahlensalat 6a

Die Zahlen spielerisch vorwärts, rückwärts und in beliebiger Reihenfolge üben, Reime bilden in freier Assoziation, das Ganze in einen musikalischen Ablauf bringen, die Sprechpausen mit Körpersprache füllen.

092
093

092

A	B
Eins – zwei – drei ✳✳	Vater isst ein Ei. ✳✳
Drei – zwei – eins ✳✳	Mutter isst keins. ✳✳
Vier – fünf – sechs ✳✳	Thomas macht'n Klecks. ✳✳
Sechs – fünf – vier ✳✳	Rudi mag Bier. ✳✳
Sieb'n – acht – neun – zehn ✳✳	Das kann ich leicht versteh'n. ✳✳
Zehn – sieb'n – drei ✳✳	Das Gedicht ist vorbei. ✳✳

(alle) **Wie schade!**

Hinweise zur Phonetik
▸ Schluss-Silbe deutlich reduzieren [viˈʃaːdə]

Sprechrhythmus Den unterschiedlichen Sprechrhythmus von Takt 2 und 4 hörbar machen:
Takt 2: da-da-da-da tam
Takt 4: da-da ♪ da tam
Man beachte und genieße die kleinen Sprechpausen in den Takten 4 und 12.

Variante Man kann die Zahlenliste erweitern, von null bis zwölf gehen und eigene Reime erfinden.

A	B
Null – eins – zwei – drei – vier	Ich bleibe heute hier.
Vier – null – drei – zwei – eins	....
Fünf – sechs – sieb'n – acht	....
Neun – fünf – acht – sieb'n – sechs	....
Zehn (und) elf (und) zwölf	....
Zwölf (und) elf (und) zehn	....

(alle) ....

Hinweise zur Phonetik
▸ Zahlwort *sieben* hier sehr reduziert sprechen [ˈziːbm̩]
▸ *zehn* [tseːn]
▸ *zwölf* [tsvœlf]
▸ deutsche Aussprache des /z/ klingt wie in der *Zar* oder in *die Tse-tse-Fliege*

148 Deutsch lernen mit Rhythmus

6b Zahlensalat

(klatschen)

Eins, zwei, drei. Vater isst ein Ei.

Drei, zwei, eins. Mutter isst keins.

Vier, fünf, sechs. Thomas macht 'n Klecks

Sechs, fünf, vier. Rudi mag Bier.

Sieben, acht, neun, zehn. Das kann ich leicht verstehn.

Zehn, sieben, drei. Das Gedicht ist vorbei.

Schlussruf: **Wie schade!**

Dumme Kuh! 7a

094
095

093

Die Titulierung mit Tiernamen und Schlimmerem ist unter Jugendlichen (leider) sehr verbreitet. Wer sich das als Erwachsener nicht abgewöhnt, muss es unter Umständen teuer bezahlen: 200 Euro zahlte ein Rowdy, der eine Politesse *Schwein* nannte, *Blöde Kuh* kostete einen anderen 300 Euro.

Er: (kratzt sich am Kopf)	Mannomannomann! Mannomannomann! Hei, sag mal, wie heißt das auf Deutsch?
Sie:	Sag ich nicht.
Er:	Dumme Kuh!
Sie:	Blöder Affe!
Er:	Du hast ja 'n Vogel!
Sie:	Du auch!
Lehrer:	He, ihr zwei, ihr spinnt wohl! Seid endlich still!
Er:	– – – –
Sie:	– – – –
Er:	Dumme Kuh!
Sie:	Blöder Affe!
(beide beginnen zu lachen)	

Zur Lexik *Mannomann!* ⇨ Der Ausdruck ist entstanden aus *Mann! Oh, Mann!* und drückt Überraschung, Überdruss, Befremden Unsicherheit aus.

Ihr spinnt wohl! ⇨ Ihr seid wohl nicht ganz richtig, ihr seid wohl verrückt.

Sprechform Der Dialogwechsel in der Stress-Situation bei einem Test geht in diesem RAP einerseits sehr schnell, andererseits nur geflüstert vor sich, bis auf den Lehrer. Die Spannung löst sich am Ende durch leises Gelächter.

Wo es wegen der etwas komplizierten Pausen zu schwer erscheint, zum Playback alleine zu sprechen, wird man sich darauf beschränken, den Dialog mitzusprechen. Hauptsache ist dabei wieder, die Sprechakzente richtig zu treffen.

Deutsch lernen mit Rhythmus

7b Dumme Kuh!

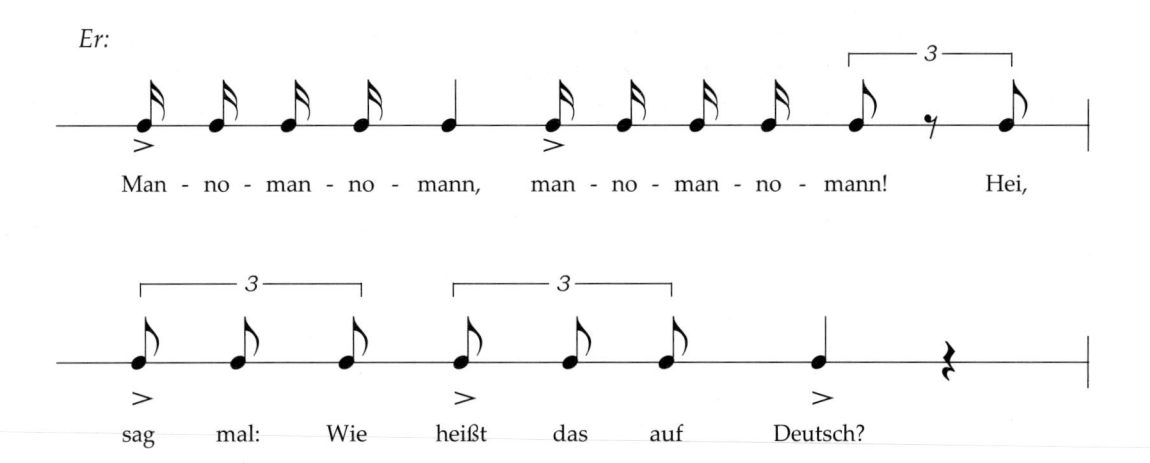

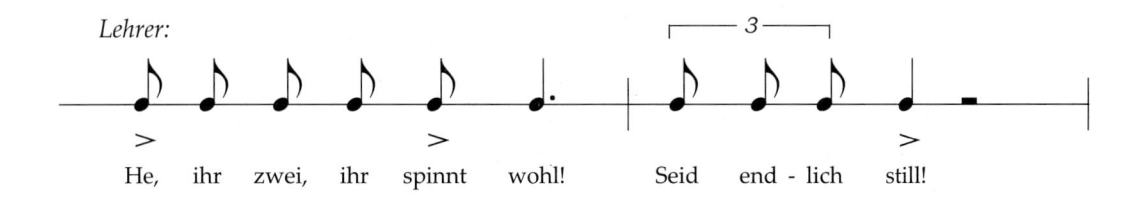

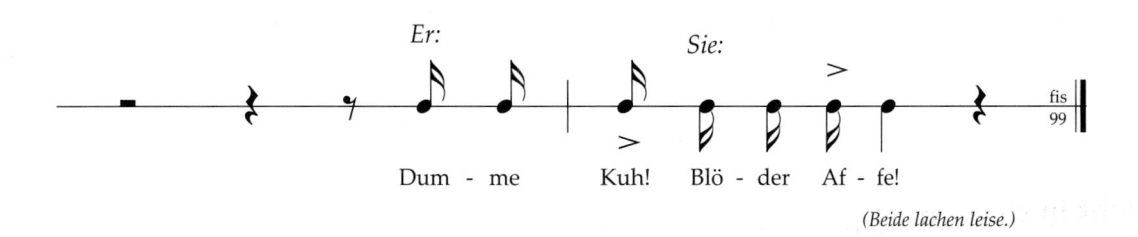

Er:
Man - no - man - no - mann, man - no - man - no - mann! Hei, sag mal: Wie heißt das auf Deutsch?

Sie:
Sag ich nicht! Dum - me Kuh! Blö - der Af - fe! Du hast ja 'n Vo - gel! Du auch!

Lehrer:
He, ihr zwei, ihr spinnt wohl! Seid end - lich still!

Er: Dum - me Kuh! **Sie:** Blö - der Af - fe!

(Beide lachen leise.)

Deutsch lernen mit Rhythmus

Ich bin-RAP   8a

> **Ich bin, du bist, er ist** aus Goslar.
> Ich bin, du bist, **sie ist** aus Weimar.
> Ich bin, du bist, **es ist** alles klar.
> **Wir sind** aus Wien.
> **Ihr seid** aus Berlin.
> **Sie sind** aus Bern.
> Das hören wir gern.

Zur Lexik

Goslar: Kreisstadt in Niedersachsen am Rande des Harzgebirges.
Weimar: Kreisstadt in Thüringen, Wirkungsstätte von Goethe und auch Schiller.

Alles klar! ⇨ Ich weiß, ich habe verstanden, okay.

Hauptstädte der D – A – CH - Länder
Berlin ⇨ Hauptstadt von **D**eutschland
Wien ⇨ Hauptstadt von Österreich (**A**ustria)
Bern ⇨ Hauptstadt der Schweiz (**CH** = **C**onfoederatio **H**elvetica)

Neben die Namen der Hauptstädte können die Schüler die zugehörige Länderfahne malen.

Vorschlag für einen **Hefteintrag**, mit den internationalen Autokennzeichen und mit den Nationalfahnen:

Ich bin, du bist, er ist aus Goslar.
Ich bin, du bist, **sie ist** aus Weimar.
Ich bin, du bist, **es ist** alles klar.

internationale Autokennzeichen   *Länder*   *Nationalfahnen*

◯   **Wir sind** aus Wien. ⇨ ....

◯   **Ihr seid** aus Berlin. ⇨ ....

◯   **Sie sind** aus Bern. ⇨ ....

Das hören wir gern.

Ja, das hören wir gern.
(Den letzten Satz kann der Schüler selber schreiben.)

Ich bin-RAP

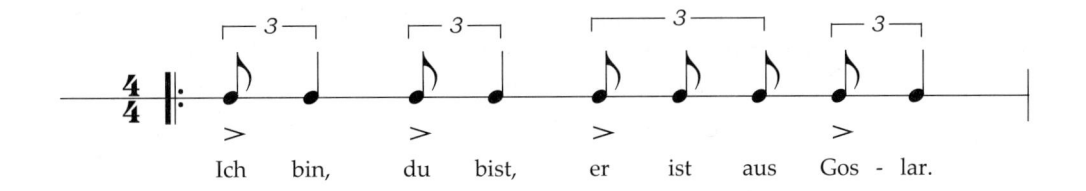

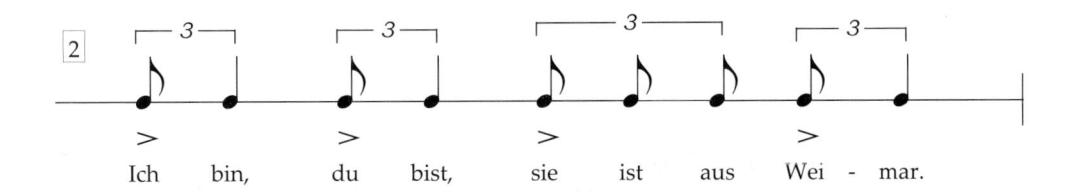

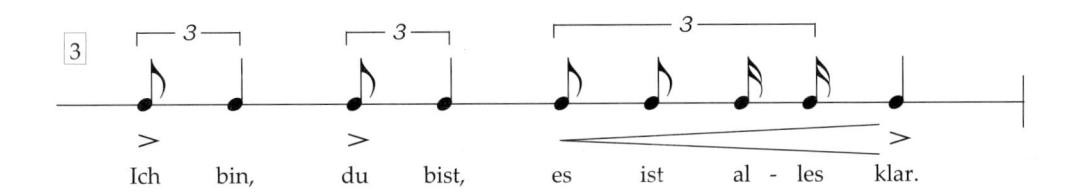

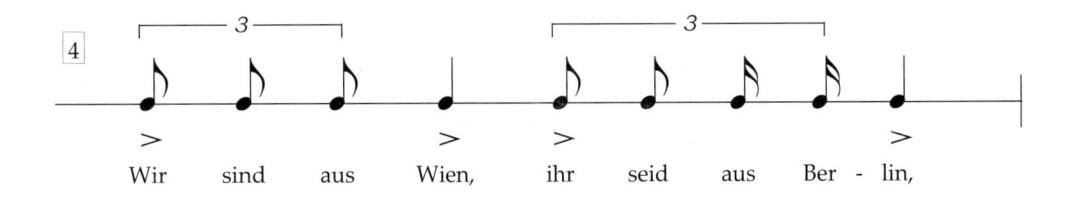

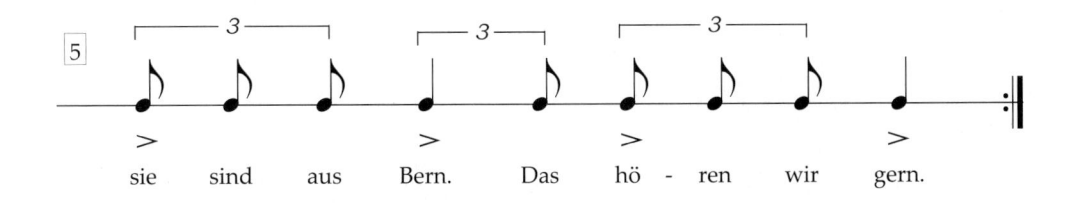

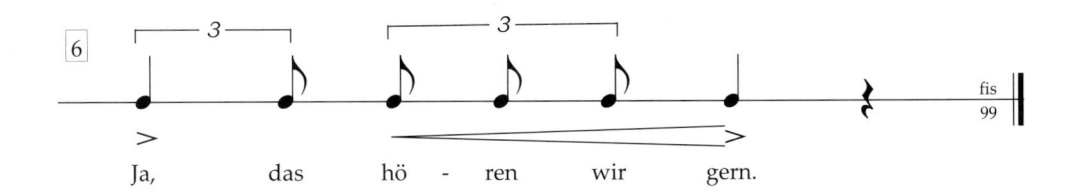

1. Ich bin, du bist, er ist aus Goslar.
2. Ich bin, du bist, sie ist aus Weimar.
3. Ich bin, du bist, es ist alles klar.
4. Wir sind aus Wien, ihr seid aus Berlin,
5. sie sind aus Bern. Das hören wir gern.
6. Ja, das hören wir gern.

Deutsch lernen mit Rhythmus

Ich habe-RAP

9a

Die gedachte Situation

Einer hat viel Geld, woher wird nicht verraten. Er macht sich damit wichtig, lässt es von und vor anderen abzählen. Alle dürfen auf seine Kosten bestellen und so viel essen wie sie können. Sie sollen mit seinem Geld bezahlen, aber das vergessen sie vor lauter Vergnügen.

Wer hat jetzt das Geld?

Wer bezahlt?

Schon kommt die Polizei …

Einer:	**Ich habe** viel Geld.
	Du hast es gezählt.
	Er/Sie hat für alle die Würstchen bestellt.
Alle:	**Es hat** wirklich nichts gefehlt!
	Wir haben gegessen …!
Einer:	**Ihr habt** gefressen!
(erschrocken flüsternd)	**Sie haben** zu zahlen vergessen …

Wo sind die Würstchen?

Hinten links.

… und hier sind Messer, Löffel und Gabeln.

9b Ich habe-RAP

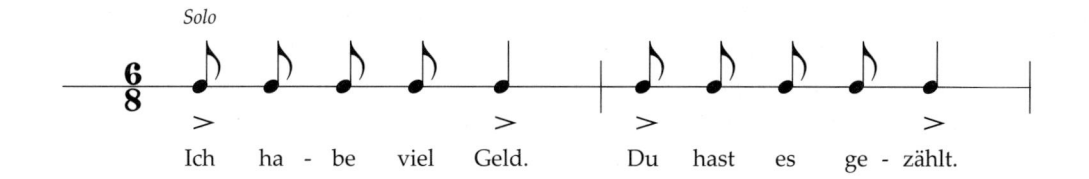

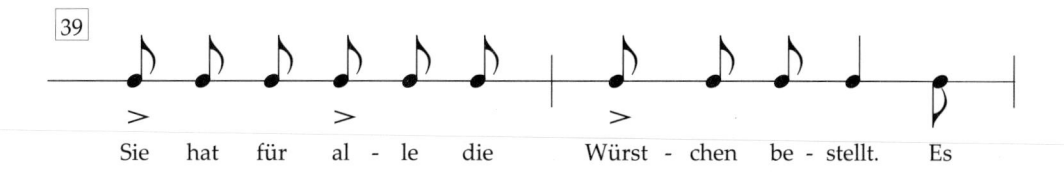

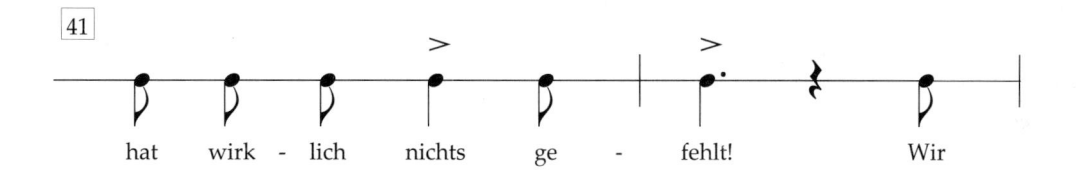

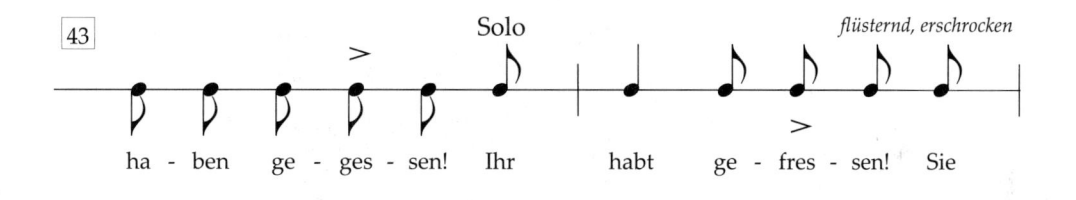

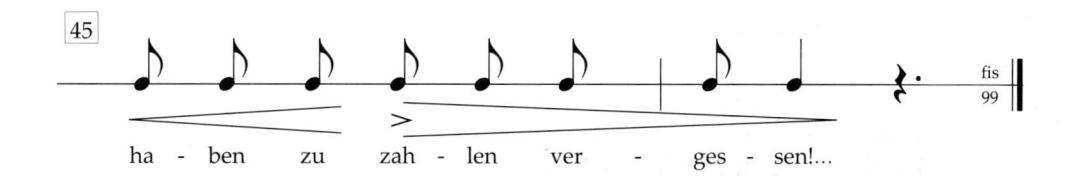

Solo
6/8 Ich ha - be viel Geld. Du hast es ge - zählt.

Tutti
[39] Sie hat für al - le die Würst - chen be - stellt. Es

[41] hat wirk - lich nichts ge - fehlt! Wir

[43] *Solo* ha - ben ge - ges - sen! Ihr habt ge - fres - sen! *flüsternd, erschrocken* Sie

[45] ha - ben zu zah - len ver - ges - sen!...

Deutsch lernen mit Rhythmus

Familienfoto 10a

🎧 100 101

🎥 095

Hinweise zur Phonetik
- vokalisiertes <r>, Vokalneueinsatz, assimiliertes <d> und noch ein Vokalneueinsatz in *Wer ist das auf dem Foto?* [veːɐ̯ʔˈɪstas ʔaɔ̯fdeːmˈfoːto]
- Ach-Laut in *ach* [ax]
- Ich-Laut in *rechts* [rɛçts] und *Mädchen* [ˈmɛːtçən]
- Assimilation in *oben* [ˈoːbm̩], Elision in *unten* [ˈʊntn̩]
- Ang-Laut in *links* [lɪŋks]
- Nasallaut in *Cousin* (= Vetter) [kuˈzɛ̃]

Kiki:	Amadeus, Amadeus! Wer ist das auf dem Foto?
Amadeus:	Ach, das alte Foto. Das ist schon lange her …
Kiki:	Oben rechts, bist du das?
Amadeus:	Oben rechts, das ist mein Vater!
Kiki:	Oben links, bist du das?
Amadeus:	Oben links ist Großvater und Großmutter daneben!
Kiki:	Unten links, bist du das?
Amadeus:	Unten links ist mein Cousin und das da die Cousine.
Kiki:	Unten rechts, bist du das?
Amadeus:	Unten rechts ist doch ein Mädchen! Meine Schwester ist das!
Kiki:	In der Mitte, bist du das?
Amadeus:	Ja, in der Mitte bin ich.
Kiki:	Du siehst aber komisch aus!
(macht sich über ihn lustig)	Du siehst aber komisch aus!!!

🎧 102 103

Vorschlag zur Vermittlung

- Vorübung: Im Stehen sprechen wir mit passender Gestik und im Rhythmus:

  a) *oben – unten – rechts – links – in der Mitte*
  b) *oben rechts – oben links – unten links – unten rechts – in der Mitte*

  Der Lehrer (*L*) stellt sich dazu mit dem Rücken zur Klasse und zeigt die Richtungen an der Tafel. So geht links und rechts für alle in die gleiche Richtung.

- *L* heftet dann die Abbildung stark vergrößert an die Tafel oder projiziert sie mit dem Tageslichtprojektor dorthin.

- In rhythmischer Reihung [vgl. S. 54] und mit der Frageintonation sprechen *L* und *S* erst Zeile für Zeile, dann zusammenhängend:

  Oben rechts, bist du das?
  Oben links, bist du das?
  Unten links, bist du das?
  Unten rechts, bist du das?
  In der Mitte, bist du das?
  Ja, in der Mitte bin ich.

🎧 104

- Dabei wird die genannte Richtung jedes Mal deutlich mit der Hand gezeigt.

10b   Familienfoto

Kiki: A-ma-de-us, A-ma-de-us! Wer ist das auf dem Foto?

Amadeus: Ach, das alte Foto. Das ist schon lange her.

Oben rechts, bist du das? Oben rechts, das ist mein Vater.

Oben links, bist du das? Oben links ist Großvater und Großmutter daneben.

Unten links, bist du das? Unten links ist mein Cousin und das da die Cousine.

Unten rechts, bist du das? Unten rechts ist doch ein Mädchen! Meine Schwester ist das.

In der Mitte, bist du das? Ja, in der Mitte bin ich.

Du siehst aber komisch aus! *(lauter)* Du siehst aber komisch aus!

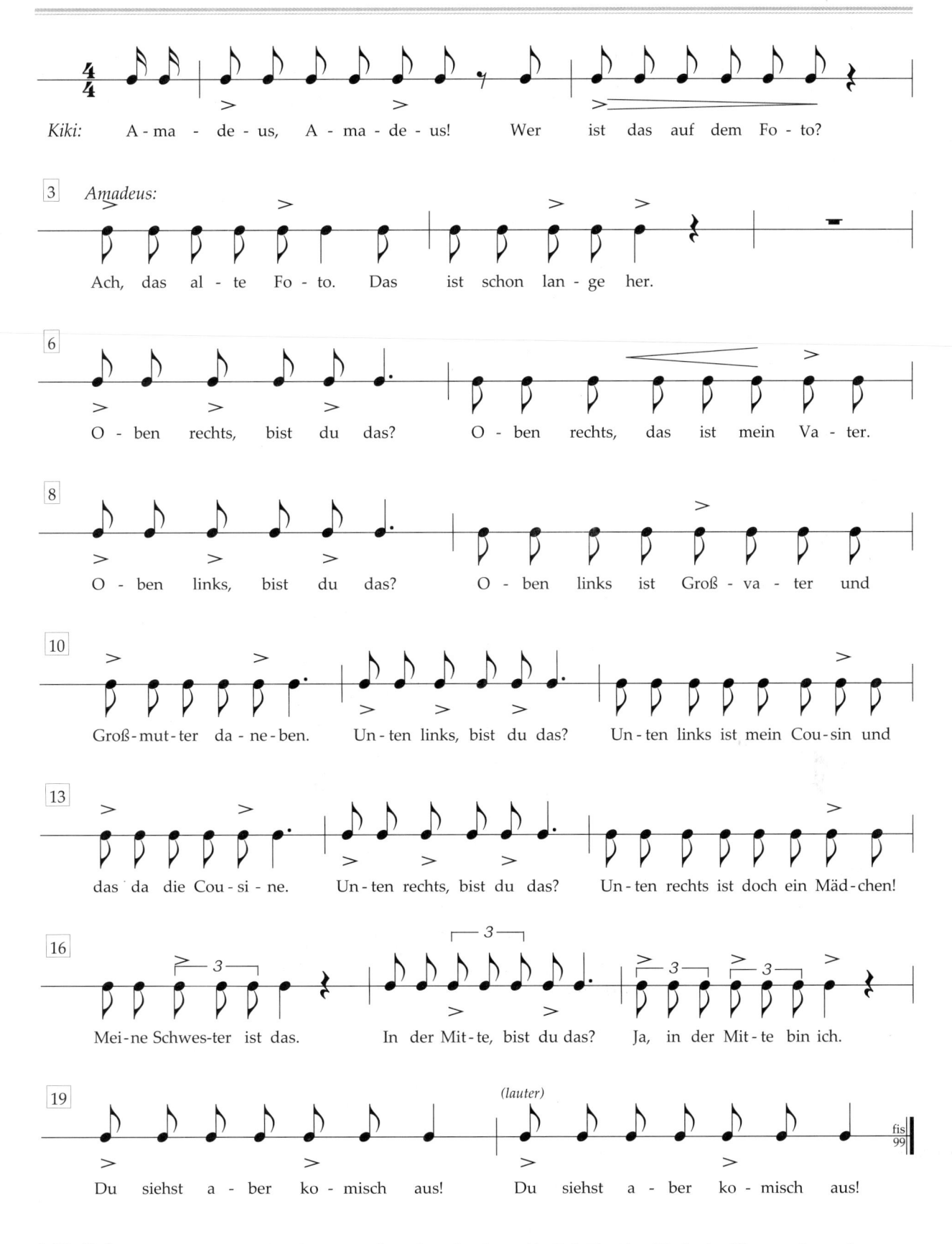

Mögliche Erweiterung

In Partnerarbeit beschriften die Schüler im Heft ein Klassenfoto, das vorher vervielfältigt wurde:

Oben rechts ist … Oben in der Mitte ist … Vorne rechts ist …
Hinten links ist … In der Mitte rechts bin ich.

Kino-RAP

11a

🎧 105 106
Der *Kino-RAP* spielt die Namensgleichheit von Person und Film als Anlass zu einem Missverständnis aus. Das bietet Gelegenheit zu verstärkten Sprechakzenten, die sich bis in die Mimik und Gestik auswirken werden. Die Intonation soll hier also wieder eine wesentliche Rolle spielen.

📹 096
An Stelle von *zwei* sagt man auch *zwo*, wenn eine Verwechslung mit dem Wort *drei* ausgeschlossen werden soll. Eine falsche Zahl beim Telefonieren hat unerwünschte Folgen …

Kiki:	zwo, zwo, drei, drei, null, sieben, acht
(wählt am Telefon)	tüüüt tüüt
Amadeus:	Ja, bitte? – Amadeus.
(meldet sich)	
Kiki:	Kommst du mit ins Kino?
Amadeus:	Was gibt es denn?
Kiki:	„Amadeus."
Amadeus:	Ja?
Kiki:	Nein, nicht du! Der Film heißt so!
Amadeus:	Ach so? – Au ja! – Wann gehen wir?
Kiki:	Halb sechs?
Amadeus:	Das ist schlecht. Da kann ich nicht.
Kiki:	Geht's um Viertel vor drei?
Amadeus:	Ja.
Kiki:	Also gut.
Beide:	Tschüss, bis nachher!

Varianten

Die beiden Zeitangaben können abgewandelt werden, z. B.:
Um fünf? …
Geht's um Viertel nach acht?
Geht's um zehn vor halb neun?

Einzelne Schüler können je zwei Uhrzeiten (auf einem Uhrenmodell) vorschlagen, man probiert deren Rhythmisierung (Takte 10 bis 13), und dann wird der neue RAP zum Playback im Gruppendialog oder mit zwei Sprechern als Variante gespielt.

11b

Kino-RAP

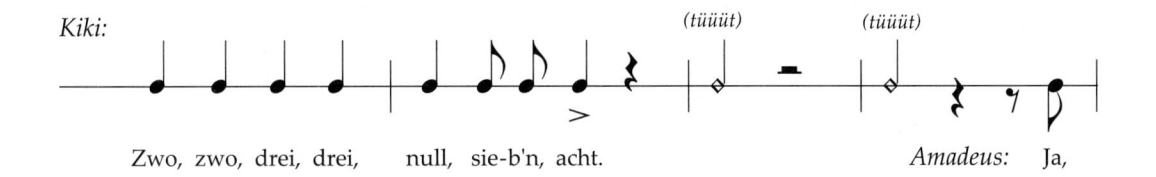

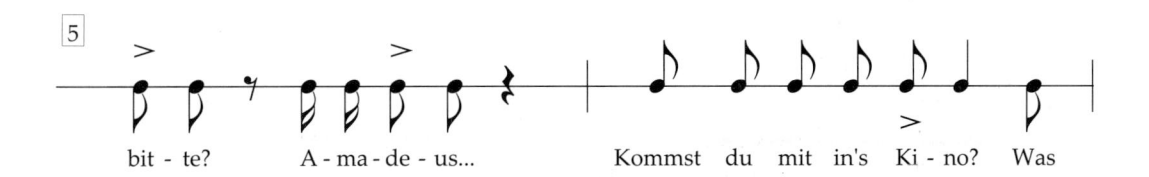

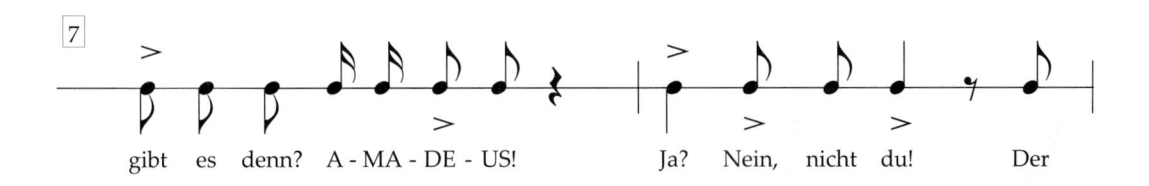

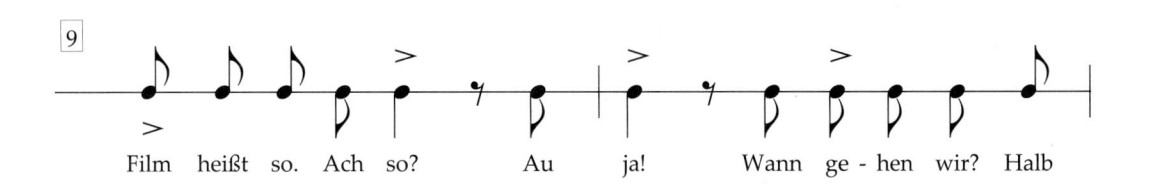

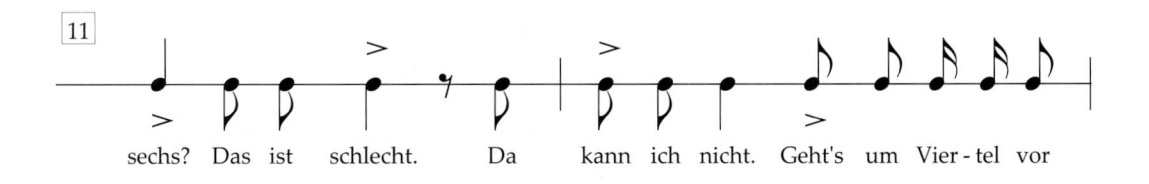

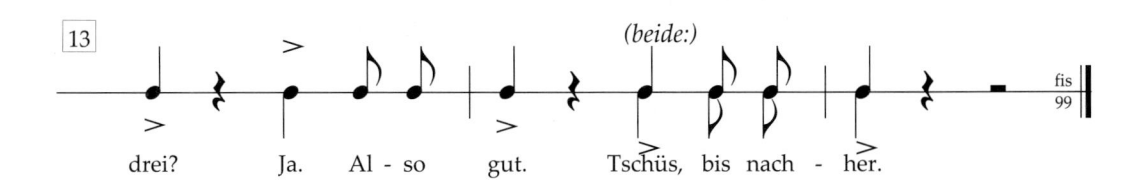

Kiki: Zwo, zwo, drei, drei, null, sie-b'n, acht. *(tüüüt)* *(tüüüt)* *Amadeus:* Ja, bit-te? A-ma-de-us... Kommst du mit in's Ki-no? Was gibt es denn? A-MA-DE-US! Ja? Nein, nicht du! Der Film heißt so. Ach so? Au ja! Wann ge-hen wir? Halb sechs? Das ist schlecht. Da kann ich nicht. Geht's um Vier-tel vor drei? Ja. Al-so gut. *(beide:)* Tschüs, bis nach-her.

Für dich   12a

Dieses Suchspiel kann man auf die eigenen räumlichen Verhältnisse abwandeln und zu einem realen Spiel machen. Nur die letzten zwei Zeilen bleiben gleich: In dem Kuvert soll eine kleine Überraschung oder ein nettes Wort zu finden sein.

> *Für dich*
>
> *Im Erdgeschoss rechts, die Treppe nach oben,*
> *im ersten Stock der Gang nach links,*
> *dann geradeaus, zur zweiten Tür rechts.*
>
> *Vor dem Musikraum*
> *Hinter der Palme*
> *Neben dem Fenster*
> *In einem Kuvert:*
> *Da findest du mehr ...*

das *Kuvert* [ku'veːɐ̯]
= der Briefumschlag

Spielform

- Jeder Schüler schreibt in besonders schöner Schrift und mit dekorativem Rand einen „Suchbrief" und steckt in das Kuvert in ebenso schöner Form einen kleinen Zettel mit einem netten Satz (*Du bist mein Freund./Du hast schöne Haare./Du kannst gut Deutsch.*). Das kann man zu Hause vorbereiten, vielleicht sogar mit dem Computer.
- Das Kuvert versteckt man an dem Platz, der im Suchbrief beschrieben wurde. Dann legt man demjenigen den Suchbrief hin, an den man beim Schreiben gedacht hat.
- Jeder macht sich auf die Suche nach seinem Kuvert. Zum Schluss liest man zum Playback mit guter Intonation seinen Suchbrief vor, anschließend den Inhalt des Kuverts. Wer den nicht verraten möchte, zeigt nur, was er gefunden hat.
- Damit auch jeder einen Brief erhält, spricht man vorher ab, wer für wen einen Suchbrief schreibt.

12b   Für dich

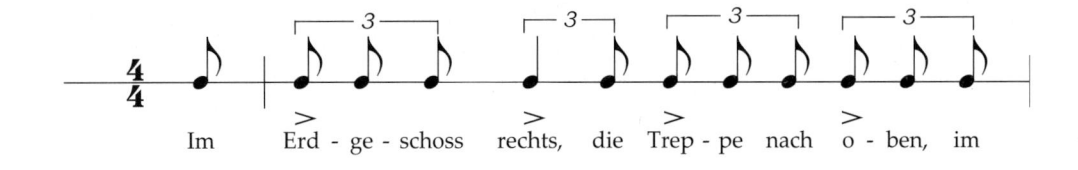

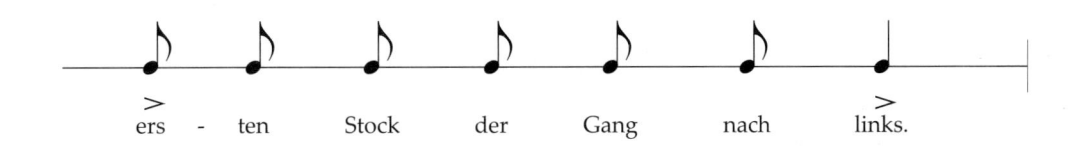

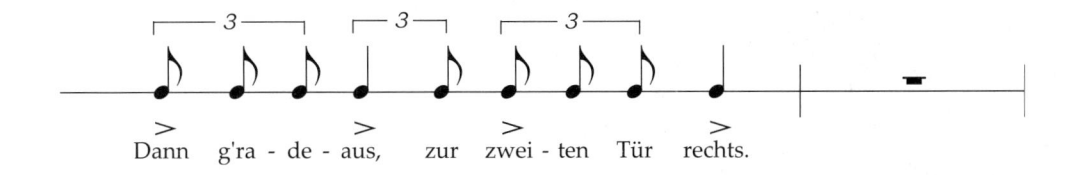

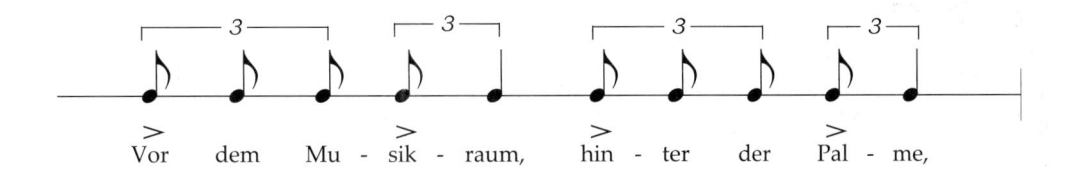

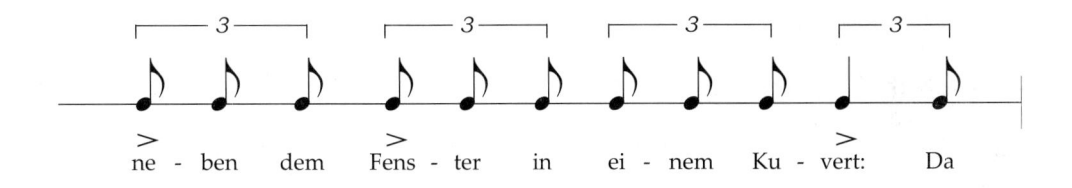

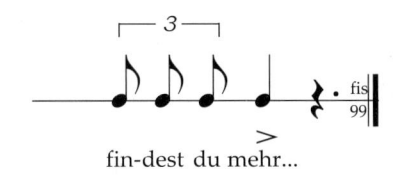

Im Erd-ge-schoss rechts, die Trep-pe nach o-ben, im ers-ten Stock der Gang nach links.

Dann g'ra-de-aus, zur zwei-ten Tür rechts.

Vor dem Mu-sik-raum, hin-ter der Pal-me,

ne-ben dem Fens-ter in ei-nem Ku-vert: Da

fin-dest du mehr...

Gut und gern 13a

Hinweise zur Phonetik

- Kontrastpaar stimmhafter/ stimmloser Frikativ <w> und <f> in *Wie findest du?*
- langer Vokal und behauchtes Schluss-T in *gut* [guːtʰ]
- vokalisiertes <r> in den unbetonten Schluss-Silben von *besser* [ˈbɛsɐ] und *lieber* [ˈliːbɐ]
- reduzierte Schluss-Silben in *am besten* [amˈbɛstn̩] und *am liebsten* [amˈliːpstn̩]

| *tutti* 2 x | gut gern | besser lieber | am besten am liebsten |

Kiki:	Amadeus, wie findest du Mathe?
Amadeus:	Mathe finde ich gut.
Kiki:	Amadeus, wie findest du Fußball?
Amadeus:	Fußball find´ ich noch besser.
Kiki:	Amadeus, wie findest du mich?
Amadeus:	Am besten find´ ich nur dich!
Kiki:	Danke, das will ich nur wissen.

| *tutti* 2 x | gut gern | besser lieber | am besten am liebsten |

Amadeus:	Kiki, wie findest du Wasser?
Kiki:	Wasser trinke ich gern.
Amadeus:	Kiki, wie findest du Cola?
Kiki:	Cola trink´ ich noch lieber.
Amadeus:	Kiki, wie findest du still sein?
Kiki:	Still bin ich am liebsten.
Amadeus:	Danke, dann sei endlich still!

Deutsch lernen mit Rhythmus

13b Gut und gern

Kiki: Gut, besser, am besten; gern lieber, am liebsten. gern, lieber, am liebsten. Amadeus, wie findest du Mathe?

Amadeus: Mathe finde ich gut. Amadeus, wie findest du Fußball? Fußball find' ich noch besser. Amadeus, wie findest du mich? Am besten find' ich nur dich! Danke, das will ich nur wissen.

Gut, besser, am besten; gern lieber, am liebsten.

Kiki, wie findest du Wasser? Wasser trinke ich gern. Kiki, wie findest du Cola? Cola trink ich noch lieber. Kiki, wie findest du still sein? Still bin ich am liebsten. Danke, dann sei endlich still!

Deutsch lernen mit Rhythmus

Jens und Sandra 14a

🎧 111 112

Der Dialog entstammt weitgehend einem Originaltext aus dem auf S. 138 genannten Buch: ein weiteres Beispiel dafür, wie viel Rhythmus in jedem Prosatext steckt. Abwandlungen beruhen nur auf rhythmisch-melodischen Gründen und das Ende des Dialogs wurde inhaltlich stärker pointiert. Dort taucht auch das Titelwort wieder auf: *sowieso!* Der Rap stellt an die Sprechfähigkeit erhöhte Anforderungen. Er enthält schnelle Sprecherwechsel und fordert eine hohe Konzentration.

> *Jens:* Sag mal, Sandra, was ist denn mit dir los?
> Du hast seit zwei Tagen
> nicht mehr mit mir geredet.
> Du hast nicht mehr gelacht.
> Ist was, bist du sauer?
> Ich halt das nicht mehr aus!
>
> *Sandra:* Wieso? Was ist?
> Was hab' ich denn gemacht?
>
> *Jens:* Du warst am Samstag
> auch nicht auf der Party.
> Ich hab' auf dich gewartet.
> Ich habe nicht getanzt.
> Es war total langweilig!
>
> *Sandra:* Aha? – Und was war mit Martina?
>
> *Jens:* Mit Martina? – Wieso? – Nichts!
>
> *Sandra:* Wirklich nichts?
>
> *Jens:* Nein, sie hat die Teller gespült und
> ich hab'n bisschen aufgeräumt.
> Die Party war echt blöd.
>
> *Sandra:* Ach so, ich dachte …
> Ich konnte nicht.
> Hast du nachher noch Zeit?
>
> *Jens:* Sowieso! Alles klar. – Bis gleich in der Bar!

Sprechstil

Der Sprechstil definiert sich aus der Situation – wie immer: Jens und Sandra mögen sich. Sandra sieht die Beziehung lockerer als Jens. Er gerät gleich in Panik, wenn sie mal eine Party auslässt. Er versteht das als Desinteresse, sie tröstet sich damit, dass es ja auch noch Martina gibt. Er will sich nicht zu heftig beklagen, aber ihr doch klarmachen, dass er es ohne sie „total langweilig" findet. Sie versteht und sucht nach einer Ausrede. Erleichtert lenkt er ein und freut sich auf nachher.

Möglicher Weg der Einführung

Die Schüler äußern sich nach dem ersten Anhören über die Stimmung zwischen den beiden Dialogpartnern. Sie stellen Hypothesen darüber auf, wo sie gerade sprechen, wie sie aussehen und welche Gefühle sie füreinander haben.

Spielform

Die Ergebnisse dieser Äußerungen werden sich in der Körpersprache bei der eigenen Darstellung des Rap widerspiegeln. Es wäre denkbar, den ganzen Dialog zum Playback als Disco-Tanz-Performance beim Schulfest zu realisieren.

14b Jens und Sandra

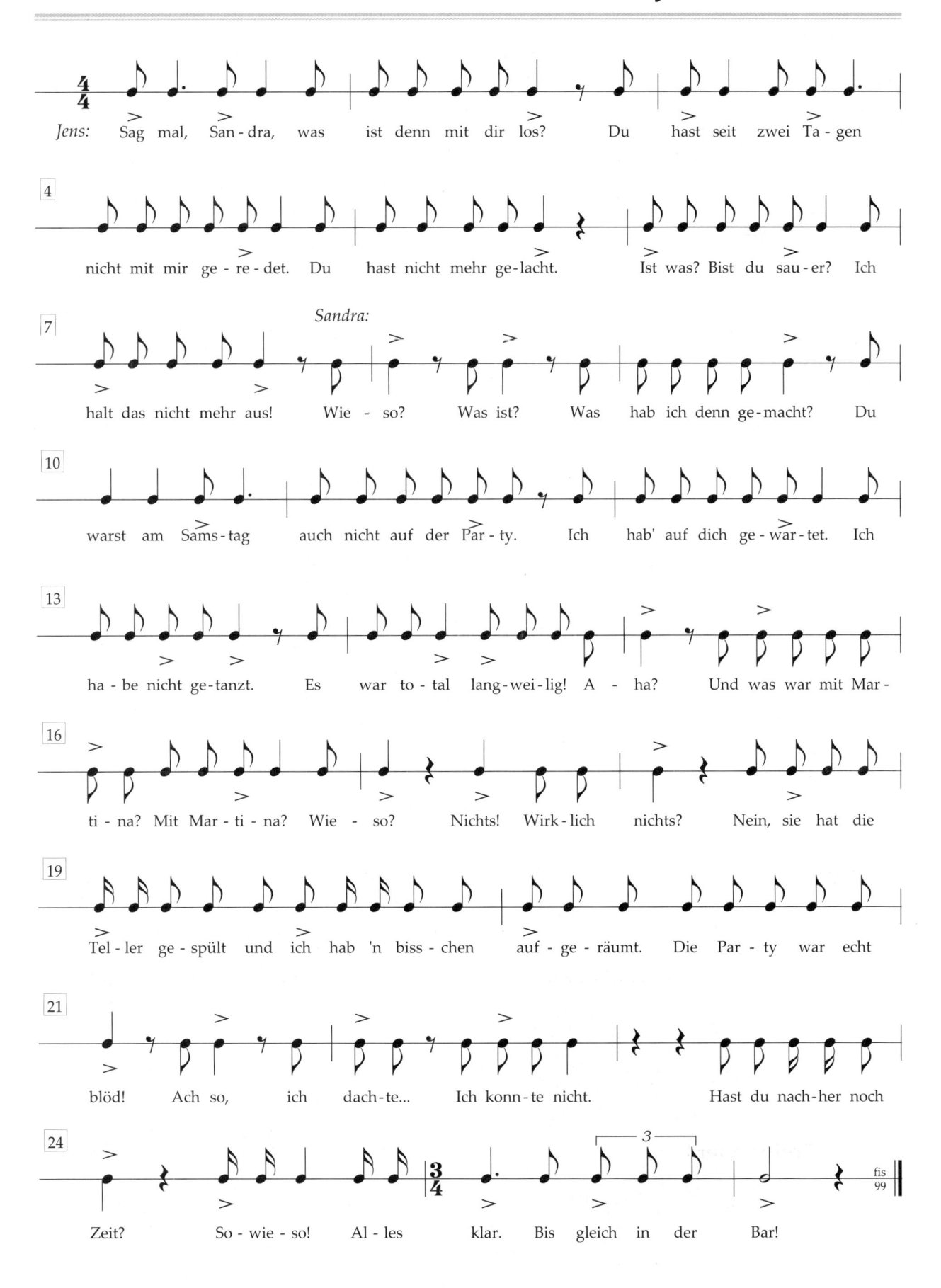

Jens: Sag mal, Sandra, was ist denn mit dir los? Du hast seit zwei Tagen nicht mit mir geredet. Du hast nicht mehr gelacht. Ist was? Bist du sauer? Ich

Sandra: halt das nicht mehr aus! Wieso? Was ist? Was hab ich denn gemacht? Du warst am Samstag auch nicht auf der Party. Ich hab' auf dich gewartet. Ich habe nicht getanzt. Es war total langweilig! Aha? Und was war mit Martina? Mit Martina? Wieso? Nichts! Wirklich nichts? Nein, sie hat die Teller gespült und ich hab 'n bisschen aufgeräumt. Die Party war echt blöd! Ach so, ich dachte... Ich konnte nicht. Hast du nachher noch Zeit? Sowieso! Alles klar. Bis gleich in der Bar!

Schüler-Zeichnungen zum Thema „ß" (Abc-RAP)

[vgl. S. 144]

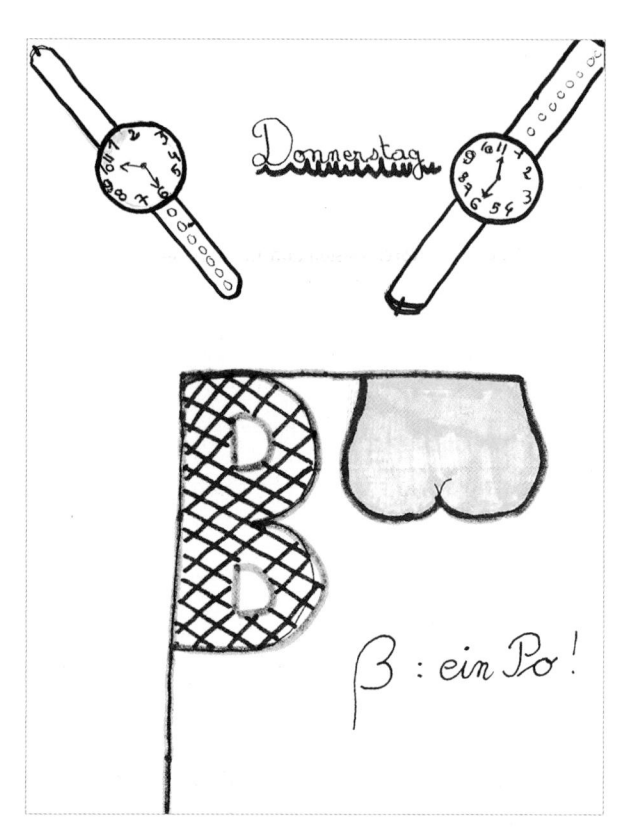

166 Deutsch lernen mit Rhythmus

Literaturverzeichnis

Bakalarska, M.: Deutsch als Fremdsprache in der Primarstufe – Unterricht mit „Hand und Fuß". Magisterarbeit Uniwersytet Jagielloński, Krakau, 2000
Bastian, H. G.: Musik(erziehung) und ihre Wirkung. Eine Langzeitstudie an Berliner Grundschulen. Mainz: Verlag Schott Musik International, 2000
Binocq, S.: Compte-rendu de stage [Manuskript], 1994
Bufe, W.: Prosodie und Fremdsprachenunterricht unter besonderer Berücksichtigung des Deutschen und Französischen. In: Materialien Deutsch als Fremdsprache. Heft 23/1983, S. 249–314
Butzkamm, W. und J.: Wie Kinder sprechen lernen. Tübingen: Francke, 1999
Butzkamm, W.: Psycholinguistik des Fremdsprachenunterrichtes. Tübingen: Francke, 1993
Campadieu, P.: Der gute Fremdsprachenlerner, eine strukturale Beschreibung seiner kognitiven Gesten und Lernstrategien. In: Praxis des neusprachlichen Unterrichts. 1998, Heft 3, S. 225–235
Canetti, E.: Die gerettete Zunge. Frankfurt/M.: Fischer, 1979
Carle, E.: Chamäleon Kunterbunt. Hildesheim: Gerstenberg, 1984
Cauneau, I.: Hören, Brummen, Sprechen. Stuttgart: Klett, 1992
De Florio-Hansen, I.: Authentizität und Neue Medien. Zum Beitrag der Neuen Technologien für selbstbestimmtes Fremdsprachenlernen. In: Neusprachliche Mitteilungen aus Wissenschaft und Praxis, 4/2000, S. 204–212
Dieling, H.: Neue Akzente im Phonetikunterricht – Überlegungen zur Arbeit an der Intonation. In: Deutsch als Fremdsprache, 1/1989, S. 50–54
Dieling, H.: Phonetik im Fremdsprachenunterricht Deutsch. Berlin: Langenscheidt, 1992
Dieling, H./Hirschfeld, U.: Phonetik lehren und lernen. Fernstudieneinheit mit 3 Kassetten. München: Goethe-Institut/Langenscheidt, 2000
Eckert, H./Laver, J.: Menschen und ihre Stimmen. Weinheim: Beltz, 1994
Fink, D.: Introduction. In: Receuil de Poèmes, Chants, Jeux et Comptines. Hrsg. von Jaffke, Ch.; Stuttgart: Päd. Forschungsstelle beim Bund der Freien Waldorfschulen, 1992, S. II–IV
Fischer, A.: Es fliegt ein Vogel, ganz allein. Goethe-Institut Nancy, 1999
Fischer, A.: Kannst du tanzen, Johanna? In: Primar 11/1995, S. 25–29
Fischer, A.: Nicht allein mit Worten: Wie man in Sprechstücken das Reden mit dem Fühlen verbinden kann. In: Primar 24/2000, Themenheft der Körpersprache, S. 19–22
Fischer, A.: Sprache ist Klang. In: Frühes Deutsch 3/2004, S. 20–23
Fischer, A.: TEMPO – On le chante encore? Fremdsprache Deutsch als körperliches Erlebnis mit „Hand und Fuß". Video, Lyon 1995
Fischer, W. R.: Wagnis Aussprache oder wie man sich am Gummiseil in die Lehre stürzt. In: Fremdsprache Deutsch 1/1995, Themenheft Nr. 12 „Aussprache", S. 11
Fischer, W. R.: Wie man germanische Stolpersteine wegräumt. Seminarskript und Video, Lyon 1997
Fremdsprache Deutsch: Themenheft Aussprache Nr. 12, 1/1995, Sonderheft Fremdsprachenlerntheorie 1995
Götze, L.: Der Zweitspracherwerb aus der Sicht der Hirnforschung. In: Deutsch als Fremdsprache, 1/1999, S. 10–16
Goldschmidt, G.-A.: Als Freud das Meer sah. Zürich: Ammann, 1999
Günther, H.: Sprachförderung: Die Fitness-Probe. Weinheim: Beltz, 2003
Häussermann, U./Piepho, H.-E.: Aufgaben-Handbuch DaF – Abriss einer Aufgaben- und Übungstypologie. München: iudicium, 1996
Hagège, C.: L'enfant aux deux langues. Paris: Editions Odile Jacob, 1996
Hanke, E.: Die stimmige Stimme. In: Primar 24/2000, Themenheft zur Körpersprache, S. 13–18
Heine, H.: Memoiren und Geständnisse. Düsseldorf: Artemis, 1997, S. 54
Heine, H.: Mit scharfer Zunge – 999 Aperçus und Bonmots. Ausgewählt von Hauschild, J.-Chr.; München: Deutscher Taschenbuchverlag, 1997
Hirschfeld, U.: Zum Problem phonetischer Einführungskurs. In: Deutsch als Fremdsprache 5/1986, S. 297–302
Hirschfeld, U.: Verständlich sprechen. In: Deutsch als Fremdsprache 1991a, S. 156–160
Hirschfeld, U.: Wer nicht hören will … In: Fremdsprache Deutsch 1991b, S. 17–20
Hirschfeld, U.: Besser wenig als nichts? In: Deutsch als Fremdsprache 1/1993, S. 32–34
Hirschfeld, U.: Phonetik im Unterricht DaF – Wie der Lehrer so der Schüler? In: Fremdsprache Deutsch 1995a Themenheft 12 Aussprache
Hirschfeld, U.: Phonetische Merkmale in der Aussprache Deutschlernender und deren Relevanz für deutsche Hörer. In: Deutsch als Fremdsprache 1995b, S. 177–183
Hirschfeld, U.: Früh übt sich … In: Primar 1995c, S. 50–54
Hirschfeld, U.: Welche Aussprache lehren wir? In: Jahrbuch Deutsch als Fremdsprache 23/1997, S. 175–188
Hirschfeld, U./Kelz, H. P.: Didaktische Empfehlungen für die Arbeit an der Aussprache im Unterricht Deutsch als Fremdsprache. In: Phonetik International, 2002 ff.
Hirschfeld, U./Reinke, K.: Phonetik Simsalabim. Video-Übungskurs für Deutschlernende (Video, Kassette, Arbeitsbuch). München: Langenscheidt, 1998
Hormaechea, G. und Koll.: Fremdsprachenlernen und Fantasie. Eine Pädagogik der Überraschung mit Vorschlägen zur didaktischen Improvisation. In: Anders lernen im Fremdsprachenunterricht. Hrsg. von Müller, B.-D.; München: Langenscheidt, 1989
Jaffke, Ch.: Fremdsprache und Bewegung in der Primarstufe. In: Primar 11/1995, S. 34–39

Kadar, Gisela: Lernschwierigkeiten und Unterrichtspraxis: Aussprache- und Intonationsprobleme Frankophoner. In: Zielsprache Deutsch, 1977, S. 24–31

Kaiser, H. J.: Wie viel Theorie, wie viel Philosophie braucht ein Musiklehrer? In: Musik und Bildung 3/1999, S. 2–6

Kelz, H. P.: Phonetische Übung und sprachliche Kreativität. Übungsformen im Aussprachetraining. In: Deutsch als Fremdsprache 3/1999, S. 131–134

Keßler, Ch.: Phonetik und Körpermotorik. Anmerkungen zu einem körpermotorischen Ansatz in der phonetischen Ausbildung. In: Phonetik – Intonation – Kommunikation. Hrsg. von Breitung, H.; Goethe-Institut München, 1994

Kirsch, D.: Übrigens. In: Primar 11/1995

Körpersprache, szenische Interpretation, rhythmische Verse, Pantomime, Reden und Fühlen. Themenheft der Zeitschrift Primar, 24/2000

Krusche, D. /Krechel, R.: anspiel. Konkrete Poesie im Unterricht Deutsch als Fremdsprache. Goethe-Institut München, 1999, 107 Seiten + 24 Folien + Hörkassette, im Ringordner

Lehmann, D.: Zum Verhältnis von Sprachlernbefähigung und Musikalität. In: Deutsch als Fremdsprache 4/1998, S. 237–241

List, G.: Zwei Sprachen und ein Gehirn. In: Fremdsprache Deutsch Sondernummer 1995, Themenheft Fremdspachenlerntheorie, S. 27–35

Lorenz, T.: AllerHand. 66 rhythmische Hand- und Fingerspiele, Spielformen für Kinder und Erwachsene. Boppard/Rhein und Salzburg: Fidula Verlag, 1995

Maier, W.: Fremdsprachen in der Grundschule. München: Langenscheidt, 1991

Mossienko, Z.: Zum Rhythmus der unvorbereiteten monologischen Rede im Deutschen. In: Deutsch als Fremdsprache 5/1985, S. 299–303

Müller, M. T.: Ausspracheübungen mit Fantasie und Bewegung – Anregungen aus dem Schauspieltraining. In: Deutsch als Fremdsprache 1/1996, S. 39–40

Neumann, F.: Deutsch gerappt – Acht deutschsprachige HipHop-Songs zum Singen, Rappen und Spielen. Musik & Bildung, Spezialheft mit CD und Midi-Diskette. Mainz: Schott, 1998

Nürnberger Empfehlungen zum frühen Fremdsprachenlernen. Hrsg. von Breitung, H./Kirsch, D. Köln: Stam, 1996

Perrefort, M.: La culture étrangère au quotidien: Réflexions sur la communication et l'apprentissage interculturels, Seminar Kopenhagen, 1994 (Handout)

Petit, J.: Eine Nation, eine Sprache? – Ein Plädoyer für ein mehrsprachiges Frankreich. Bibliothèque des nouveaux cahiers d'allemand, Collections « Outils » Vol. IV, 2ème édition Mai 2000, Nancy

Phonetik International. Von Afrikaans bis Zulu: Kontrastive Studien für Deutsch als Fremdsprache. Hrsg. von Hirschfeld, U./Kelz, H. P./Müller, U. – www.phonetik-international.de

Phonothek Deutsch als Fremdsprache (Arbeitsbuch mit Kassetten, Lehrerhandreichungen). Hrsg. von Stock, E./Hirschfeld, U. München: Langenscheidt, 1996

Reinke, K.: Ein Babylon der Emotionen? – Das Problem der kultur- und sprachenübergreifenden Erforschung der phonetischen Emotionssignale. In: Deutsch als Fremdsprache 2/2000, S. 67–72

Riegler, M./Thuret, M.: Machst du mit? Arbeitsmaterialien für den Deutschunterricht mit Kindern. Dürr+Kessler, 1991

Rues, B.: Standardaussprache im Gespräch und Phonetikunterricht. In: Deutsch als Fremdsprache 2/1995, S. 111–118

Samson, C.: 333 idées pour l'allemand. Paris: Nathan, 1996

Schneider, W.: Deutsch für Profis. Hamburg: Goldmann/Stern, 1984

Schwerdtfeger, I. Ch.: Alltag und Fremdsprachenunterricht. München: Hueber, 1987

Spitzer, M.: Lernen: Gehirnforschung und die Schule des Lebens. Heidelberg, 2002

Stock, E.: Ausspracheschulung. In: Deutsch als Fremdsprache 2/1993, S. 100–103

Thalmayr, A.: Das Wasserzeichen der Poesie. Nördlingen: Greno, 1985

Tönshoff, W.: Fremdsprachenlerntheorie. In: Fremdsprache Deutsch, Sondernummer Fremdsprachenlerntheorie 1995, S. 4–15

Völtz, M.: Das Rhythmusphänomen. In: Zeitschrift für Sprachwissenschaft 2/1991, S. 284–296

Völtz, M.: Sprachrhythmus und Fremdsprachenerwerb. In: Deutsch als Fremdsprache 2/1994, S. 100–104

Wild, J.: Wenn der Laut nicht rauskommt. In: Primar 10/1995, S. 28–31

Witte, S.: Theater im Fremdsprachenunterricht – Fremdsprachenunterricht im Theater. In: Deutsch als Fremdsprache 2/1998, S. 10